引航家庭教育
YINHANGJIATINGJIAOYU

如何帮助学生适应 新环境

孙道荣/著

（共有17篇文章被选入中考阅读）

宝宝上学啦！新班级！新学期！家庭环境变化……

每一次变化，对于孩子都是生理和心理的双重考验！

尽快地学会适应新环境的能力，才不会让孩子输在
起跑线上，也会使他受益终生！

吉林文史出版社

图书在版编目（CIP）数据

如何帮助学生适应新环境 / 孙道荣著.
——长春：吉林文史出版社，2012.7（2021.6重印）
（引航家庭教育）
ISBN 978 - 7 - 5472 - 1118 - 2
Ⅰ．①如… Ⅱ．①孙… Ⅲ．①中学生 - 心理交往 - 中
学教师 - 继续教育 - 教材 Ⅳ．①G635.5
中国版本图书馆 CIP 数据核字（2012）第 169331 号

引航家庭教育

如何帮助学生适应新环境

RUHEBANGZHUXUESHENGSHIYINGXINHUANJING

编著/孙道荣
责任编辑/高冰若
封面设计/大禹
出版发行/吉林文史出版社
地址/长春市福祉大路5788号
邮编/130118
网址/www.jlws.com.cn
印刷/三河市燕春印务有限公司
开本/710mm×1000mm 1/16
印张/14 字数/170千字
版次/2012年10月第1版 2021年6月第3次印刷
书号/ISBN 978 - 7 - 5472 - 1118 - 2
定价/39.80元

引子：孟母三迁的另类解读

孟母三迁的故事，家喻户晓，几千年来，影响着一代代中国的父母。可以说，孟母是作为中国最伟大也是最成功的母亲，而美名垂播天下。

这个故事的积极意义在于，它告诉了人们一个简朴的道理：环境对人的巨大影响力，即所谓的近朱者赤，近墨者黑。在远古时代，孤儿寡母，搬一次家，何其不易！但为了给孟子营造一个良好的环境，孟母宁愿一次次吃苦受累，也要找到一个能让孟子耳濡目染礼仪好学的优质环境。天遂人愿，孟母终于找到了这样一个地方，学宫之地，并将家搬到了其旁边。孟子也因而得以受到熏陶，走上了孟母期待的人生道路，成就了他的人生理想，孟母因而成为自古迄今天下父母的楷模。

一个多么美好的故事。

对于孟母的良苦用心，我们没有理由质疑，可是，有一个问题一直困扰着我，那就是，如果孟母不是屡次搬家，被动地逃离生活现实，而是让孟子努力融入环境，并在相对混杂的环境中，锤炼自己的适应能力，依旧勤奋好学，不断进取，孟子又会怎样？

结局也许有两种：孟子被环境所淹没，成为和他身边的人完全一样的市井人物；另一种可能是，孟子发奋图强，出淤泥而不染，最终脱颖而出，成就辉煌人生，并因为其特别强大的适应能力，而在诸雄纷争的乱世中，成就其更大的雄心和事业。

之所以可能会出现两个完全不同的结局，其中的一个重要因素就是，是被环境同化、湮灭，还是适应环境，并将环境转化为内在的动力。

1

很多时候，我们无力改变环境，但我们可以改变自己。

讲一个故事。有这样一条河流，河流的两岸生活着同一个种群的鹿。人们奇怪地发现，北岸的鹿强壮，并且奔跑能力和生殖能力都很强，而南岸的鹿则逊色多了。同一个品种，生活在同一个地区，为什么差别会如此之大呢？后来，人们了解到，原来，河流的北岸，有狼群出没，而南岸没有。北岸的鹿群每时每刻都生活在警觉当中，一有风吹草动，它们就警觉是不是狼来了，如果是狼来了，为了保住自己的性命，它们就不得不拼命地奔跑，正是环境中的危险因素焕发了它们的警惕和斗志。而南岸的鹿群每天却生活得无忧无虑，慢慢地，它们的生理机能逐渐下降，直至衰退。

当然，没有哪一只鹿愿意与狼共处，但是，客观的现实是，狼就在那儿，这就是生存环境，要么逃离，迁徙到一处没有狼群没有危险的草地，要么就是适应环境，与狼共舞。北岸的鹿群倒未必是自愿选择与狼群生活在一起，但可以肯定的是，它们适应了与狼为邻的环境，并在险恶的环境中，使自己坚强、健壮起来。

谁都希望拥有一个稳定的、安逸的、适宜的、优良的环境，好的环境，显然更宜于我们的生活、学习和工作，然而，很多时候，我们不得不直面自己所处的环境，以及各种原因所造成的环境变化。别无选择。

我们的孩子，从步入校门的第一天开始，就注定了要在不断变化的新环境中学习和成长。我们有理由像孟母那样，为孩子尽可能地提供或创造一个良好的学习和生活的环境。不过，在我看来，帮助孩子学会适应环境，也许更加重要和有益。如果你无法替孩子改变环境，何不帮助他，传授他适应环境的能力呢？良好的适应能力，不但有助于孩子平稳、健康、快乐地度过学生时代，还将使他终生受益。

目　录
contents

1

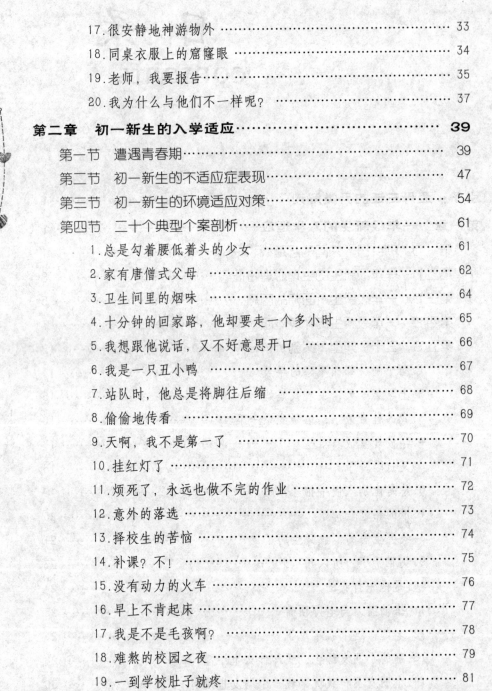

3

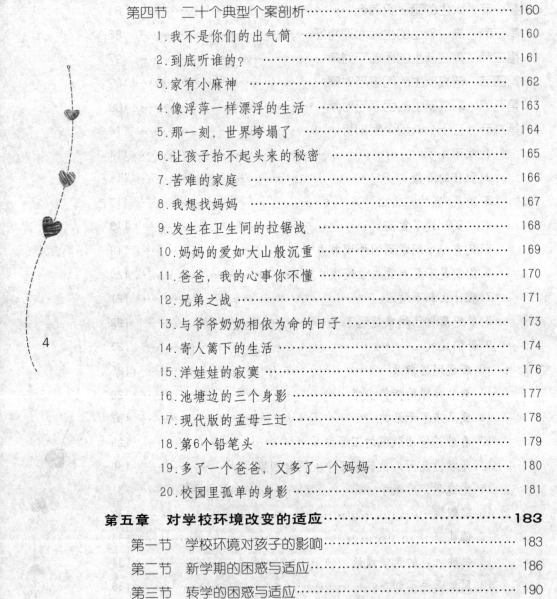

第一章 一年级新生的入学适应

从入学的第一天开始，在基础教育阶段，每一个孩子，都将不得不面临三次环境的改变，即小学、初中、高中三个阶段。我们习惯将小学一年级、初中一年级和高中一年级的孩子，称为入学新生，这个"新"字，其中的一个很重要内涵，就是新环境。对孩子来说，每一次环境的改变，都是一次极大的生理和心理的考验，能不能尽快地适应这个新环境，融入新环境，将直接影响到他在这个阶段的学习和身心的成长。因此，帮助孩子适应新环境，成了摆在老师和每一位家长面前的一道难题。

1

第一节 9月1日，共同的起跑线

9月1日，将注定成为我们每个人一生中，至关重要的一天，因为，都是在某一年的这一天，我们第一次背起书包，跨进了学校的大门，正式成为一名学生。学生这个身份，成为我们每个人的第一个社会身份，将至少伴随我们九年的漫长时光，很多人还将拥有更长久的时间，直到有一天，我们接受了足够的教育，掌握了足够的知识和技能，我们才卸下学生的身份，走向社会，完成另一个重要的角色转变——社会人。

作为父母或老师，我想请你们先来回忆一下，还记得当年自己是怎样第一次跨进学校的大门的吗？也许你至今印象深刻，也许你已经记忆模糊，但有一点可以肯定，那就是你一定为此紧张过、兴奋过、忐忑过、不安过、焦躁过，甚至害怕过、恐惧过、逃避过。无论你有过怎样的心情和境遇，那一天都已经离我们远去，成为记忆深处的一抹彩云。不过，我要告诉你的是，那一天绝没有从你的身上消失，一天也没有消失过，它依旧在时时刻刻影响着你，你今天的生活，你目前的状况，一定都能找到那一天的影子，无论你有没有意识到这一点，也无论你承不承认这一点。这不是夸大其辞，也不是危言耸听，如果你有时间和耐心，去认真寻找，细细体味，你就不难发现，那一天，已经为你这一生打下了深深的烙印，直接影响并左右着你此后的情绪、性格和态度，并进而直接影响到你一生的方向。

不是那一天，有什么特别的魔力，区别只在于，那是人生的第一道门槛，第一次境遇，第一个改变，有的人很快适应了，如鱼得水，迈出了人生第一个坚实的步伐；有的人却久久未能适应，仿佛戴上了脚镣手铐，变得低落消沉，甚至产生抵触情绪，人生踌躇不前。以怎样的状态来应对人生的第一次环境突变，将直接影响到一个人对学习、集体和未来的态度，并可能延续到他的一生。有的人一辈子不喜欢学习，不愿意改变，不敢接触新环境、新事物、新观念，这其中或多或少都能找到那一天的影子。

这就是为什么我要将一个人跨入小学一年级视为人生的第一次环境突变，这次变化，对一个七岁左右的孩子来说，既是必然的，也是突然的，一时无所适从，一度茫然失措，都很正常，但作为父母或老师，我们有一万个理由正视这一次变化，重视这一刻的到来，尽你所能，帮助我们的孩子，迈过这个槛，度过这段重要而艰难的时光。道理很简单，因为这是孩子第一次面对新环境、新变化，而这个新环境、新变化又是如此重要，如此关键。

这几年，有一个很时髦的说法，就是不要让孩子输在起跑线上。很多人错误地理解为，就是让孩子尽可能早一点接受启蒙教育。因此，各种识字班、兴趣班在幼儿园阶段就大行其道，以为让孩子多识几个字，多数几个数，多会几个乐器，就是跑在了别人的前面。这是一个多么荒谬的想法。在我看来，如果真有一道起跑线的话，那么，孩子入学的第一天，就是这样一条线，而在这样一条共同的起跑线上，你的孩子有没有输，一个很重要的衡量标准就是，他能不能适应全新的小学环境，是不是很快融入进了这个新环境，有没有精神饱满地起跑。

如果把孩子的一生比喻为一幢高楼大厦的话，那么，今天你和他共同打下的，就是第一桩。这个桩打得有多深、有多牢，将有可能直接影响到整幢大厦，能造多高。

当然，我这里所说的 9 月 1 日，并非特定的一天，而是指孩子入学之后，所用于适应环境和角色转变的时间总量，有的孩子，一两天就适应了，有的孩子也许需要一两周，还有的孩子，可能得花费更长的时间。谁花费的时间更短，谁适应的更快，谁就跑在了前头。

第二节　一年级新生的生理心理特征

在进入小学学习之前，大多数孩子，都已经经历了幼儿园阶段的磨练。幼儿园期间的生活，对于孩子来说，是一个宝贵的学前积累，健康、快乐的幼儿园生活，无疑有助于孩子适应小学的学习和生活。但是，幼儿园与小学，有着本质的区别，不少人以为孩子已经有了好几年的幼儿园生活，以及学习的经验，跨入小学，无非是换个地方而已，不存在适应的问题，这个观念大错特错，且不说小学与幼儿园的教育重点有着天壤之别，单就孩子自身来说，从幼儿进入儿童阶段，其生理、心理，也都不断地发生着变化。而这些变化，又伴随着环境的改变，如果没有相应的引导，孩子必然陷入茫然之境。

考察孩子在这个特定阶段的心理特征，有助于我们正确估量孩子可能遇到的问题，并有的放矢地帮助他们。

注意力的困惑。所谓注意力，就是心理活动对一定对象的指向和集中。注意力分为有意注意和无意注意。无意注意，就是没有预定目的、不需要意志努力的注意，因此又称为不随意注意，也就是我们经常说的不经意。无意注意是注意的初级形式，在人的成长过程中，最初产生的都是无意注意，而后才逐渐产生有意注意。动物也具有无意注意的能力。

3

而有意注意是人所特有的一种心理现象，它是有目的，具有一定意志努力的注意。在有意注意时往往需要一定的努力，人要积极主动地去观察某种事物或完成某种任务。有意注意常常服从于活动的任务，人会自觉地提出任务，并在进行活动时有意识地决定在这种情况下要注意些什么。一个人能否做成事、做好事，很大程度上取决于他能不能自觉有效地把自己的注意集中于关注的对象之上。

心理学研究发现，七岁左右的孩子，注意力仍然以无意注意为主，注意带有强烈的兴趣性、直观性和感情色彩；注意力不稳定，容易分心；注意的范围小，注意力的分配和转移能力都较弱，并且不善于调节和控制自己的注意力，意志力薄弱，自制力差。弄清楚孩子的这些心理特征，我们就不难明白，为什么有些孩子在进入学习时，难以进入状态，常常走神、分心了。

思维水平的局限。思维同样是一个心理学概念，它是人脑对客观现实概括的和间接的反映，它反映的是事物的本质和事物间规律性的联系，包括逻辑思维和形象思维。

婴儿时期思维的典型特征是直觉行动思维。而到了学前期，幼儿的思维开始呈现两大特点，即思维的主要特征仍然是具体的形象性思维，同时，逻辑思维开始萌芽。而进入童年期，也就是进入小学阶段后，孩子的逻辑思维会迅速发展，完成从具体形象思维向抽象逻辑思维的过渡。而这种过渡要经历一个演变过程，从而构成童年期儿童思维发展的基本特点，即从具体形象向抽象逻辑水平过渡，但形象思维仍占优势。意义记忆逐渐发展，但机械记忆仍是主要的记忆方法。

人对于世界的认知能力，主要靠逻辑思维来实现。孩子学习的过程，学习的效果，很大程度上取决于孩子的思维能力，特别是逻辑思维能力。认识到孩子思维水平的局限和发展规律，可以使我们有针对地帮助孩子顺利地完成这次过渡。

情感波动。孩子的可爱之处，就是你向他微笑，他就一定会还你一个灿烂的笑脸。但孩子又是喜怒无常的，稍有不如意，就会哭闹不止。这是孩子的天性。进入学龄期的孩子，情感的稳定性和控制力也在增强，也就是我们成人常说的开始懂事了。但是，这个阶段的孩子，情感依赖性依然特别强烈，凡事依赖成人监督。没有成人的监督和管束，孩子爱玩爱闹的天性，就会暴露出来。

同时，这个阶段的孩子，表现出对老师极大的信任、敬仰和依赖，甚至超过父母。老师的一言一行，对他们都影响极大，很多人一辈子忘不掉自己的启蒙老师，就是这个原因。

孩子的情感波动和变化，一定程度上反映了孩子成长过程中的心路历程，了解这一点，可以使我们在孩子的教育中适时打好感情这张牌。

求知欲的雏形。幼儿期的孩子，往往表现出特别好动、好模仿、易受暗示的特征，他们对一切都充满了好奇心，有着强烈的求知欲望。

心理学告诉我们，求知欲是人的一个重要的天性，它是人之为人的一个重要的内在需求。儿童在5、6岁时，初步的求知欲就开始出现。随着年龄的增长，儿童在生活、学习中，特别是在入学后系统地学习知识的进程中，求知欲得到了进一步的发展。

但是，孩子的求知欲也并非随年龄的增长而自然提高，它需要有适宜的环境和正确的引导与培养。无数的经验表明，父母和老师表现出来的强烈的求知欲，会对孩子发生潜移默化的作用，助长孩子求知欲的发展。作为内在精神需要的求知欲一经形成，就又成为构成学习动机的一个重要心理因素，从这一点说，求知欲将有利于促进学生对学习过程本身发生兴趣，从而提高学习的效果。

除了上述几个主要的心理特征外，这一时期的孩子，还可能呈现出其他个别的心理特征和因素，如性格、人际交往、行为等方面，所表现出的变化和困惑。这些问题，我将在后面的章节中，予以剖析。总之，弄清楚这一阶段孩子的心理特征，可以有助于我们对孩子有更多的了解和理解，并帮助他们完成人生的第一次的转变。

第三节 一年级新生所面临的困惑

孩子第一次跨进校园，意味着他进入了一个全新的环境，从此打开了人生崭新的篇章。孩子也许还不能意识到这次转变的重要意义，但作为父母，我们必须清醒地认识到，孩子的这一步走得稳不稳，能否安全、平稳、健康地过渡，将有可能直接影响到他的一生，因此显得至关重要。

初入学的孩子，必然会面临这样那样的问题，这很正常，一点不奇怪，也一点不可怕，它需要我们和孩子共同面对。

新环境之下，一年级新生所面临的困惑，会有很多，个体所遭遇的困惑，也会各有不同，但总体来说，无外乎以下几个方面：

对正规学习的不适应。从幼儿园进入小学后，孩子的主导活动，从游戏为主过渡到以学习为主。出现不适应，几乎是一种必然，这也是大多数孩子表现出来的共性特征。

对学习的不适应，主要体现在：一是学习时间不一样了。幼儿园每天上午有 1 小时左右的集体教学时间，其他全是游戏、劳动和生活时间，而小学每天都有 3 至 4 小时的集体教学时间，比幼儿园多出 3 倍。二是学习强度不一样了。教学内容增多了，要求提高了，幼儿园的孩子每天是空手入园，空手离园，无作业，无负担。而进入小学之后，每天要完成一定数量的作业，致使有的孩子难以适应。三是学习要求不一样了。上幼儿园的时候，父母一般只要求孩子吃好、玩好，长得白白胖胖健健康康就行了。到了小学，父母常常会检查孩子的作业，过问孩子的考试成绩，孩子就会觉得肩上有一种无形的压力。

对校纪校规的不适应。不少刚入学的孩子，还没有能够及时地完成从幼儿园小朋友向小学生的角色转变，在面对规范的校规校纪的时候，出现了种种不适应的症状，主要表现在：一是对作息规律的不适应。必须准时到校，按时离校，不能迟到，不能早退，让散漫惯了的孩子不适应。二是对课堂纪律不适应。上课时不能讲话，不能做小动作，不能随意走动，不能上厕所，让一些好动的孩子感到约束。三是对言行的规范不适应，再也不能像幼儿园那样，想玩就玩，打打闹闹了，让有的孩子感到不自由，不好玩。四是对独立生活不适应。以前，什么事情在家里有父母，在幼儿园有生活老师，现在，诸如收拾书包、个人生活等很多事情，都需要自己解决了，一时无法适应。

对人际交往的不适应。进入小学后，孩子的交际面，也随之扩大，而很多孩子，显然还没有做好这个准备。现在的孩子，在家里都是被宠惯了，习惯了以自我为中心，对他人颐指气使。进入小学后，如何与同学保持良好的关系，如何与老师礼貌地相处，如何与其他小朋友友好地交往等等，都不同程度地出现障碍，在与他人交往中常常是唯我独尊，不能理解他人；遇到困难不能克服，也不想克服，缺乏自信心，从而致使自己不能也不会与他人正常交往。有的甚至在与他人接触中常出现过重的恐惧感，过强的防范心理，其结果是封闭自己，孤立自己。

对集体生活的不适应。应该说，幼儿园阶段，已经培养了孩子一定的集体观念，对集体意识有了模糊的认知，但还只是停留在最初的状态，而且，对于自己与集体的关联性，也体会不深。这就使得一些孩子在进入小学后，无法快速融入班级和学校的集体之中，表现出对班级活动，不愿意参加；对班级事物，不愿意承担相应的责任；对集体荣誉，感到与己无关；对班级或其他同学遇到的问题，漠不关心。对集体生活不能适应，往往使孩子游离于集体之外，变得越加孤独，对班级、校园和学生生活充满恐惧和厌恶。

第四节 一年级新生的环境适应对策

既然小学新入学的孩子，在面对一个全新的环境时，不可避免地会出现这样那样的问题，作为父母或老师，我们就必须直面这些问题，并努力帮助孩子解决。早一天解决，孩子就主动一天，孩子的未来，就会多一份希望。

先来看一个故事。

这是一家普通的幼儿园。刚刚入园的儿童被老师带进图书馆，很随便的坐在地毯上，接受他们的人生第一课。

"孩子们，我来给你们讲个故事。"于是，老师从书架上抽下一本书，讲了一个很浅显的童话。

"孩子们，"老师讲完故事后说，"这个故事就写在这本书中，这本书是一个作家写的。你们长大了，也一样能写这样的书。"老师停顿了一下，接着问："哪一位小朋友也能来给大家讲一个故事？"一位小朋友立即站起来："我有一个爸爸，还有一个妈妈，还有我……"幼稚的童声在空中回荡。然而，老师却用一张非常好的纸，很认真、很工整地把这个语无伦次的故事记录下来。

"下面，"老师说，"哪位小朋友来给这个故事配个插图呢？"又一位小朋友站了起来，画一个"爸爸"，画一个"妈妈"，再画一个"我"。当然画得很不像样子，但老师同样认真地把它接过来，附在那一页故事的后面，然后取出一张精美的封皮纸，把它们装订在一起。封面上，写上作者的姓名和插图者的姓名，"出版"的年、月、日。

老师把这本"书"高高地举起来："孩子们，瞧，这是你们写的第一本书。孩子们，写书并不难，你们还小，所以只能写这本小书；但是，等你们长大了，就能写大书，就能成为伟大的人物。"

这是一个美国的故事，题目是《人生第一课》。

人生的第一课，到底应该怎么上？讲什么？有人说，应该讲一讲爱的主题，因为有爱的人生，才是美好的；有人说，应该谈一谈责任，因为只有有担当的人生，才是有意义的；有人说，还是说一说理想吧，因为人生只有有理想，有目标，有追求，才不会虚度……

爱、责任、理想，这都是高尚的命题，都是我们这一生宝贵的财富，什么时候都不应该丢弃。

不过，对于一个刚刚跨入校门的小学生来说，我以为，为他们上的人生第一课，应该是怎样适应新环境。道理很简单，一个连环境都无法适应的人，何谈爱与付出，何谈责任和理想，又何谈人生的宏伟蓝图？

教会他适应环境，就是教会他怎样选择人生的方向，怎样朝着自己的目标，迈出坚定有力的步伐。

⊙父母怎样给孩子上这一课？

天下没有哪个父母，不深爱着自己的孩子，也没有哪个父母，不期望自己的孩子成为健康、快乐、有益之人。从孩子牙牙学语开始，父母在无私地付出爱的同时，就会不断地向自己的孩子灌输讲解人生的道理。我相信，你一定已经教会了孩子很多很多，但这仍然不够，你的教诲，你的言行，可能要伴随孩子一生。而眼前迫切地需要你和孩子共同面对的，就是怎样让你的孩子适应新环境，有的需要你告诉他，有的需要你引导他，有的则需要你亲自去做。

1. **真了不起，你马上就要成为小学生了。**虽然对即将到来的小学生活，有所疑虑，有所恐惧，但大多数的孩子，在成为小学生之前，对上学这件事，还是充满了一定的向往和期待，因为在他们看来，那表示自己又长大了一点，可以像哥哥姐姐一样，背上书包，走进校园，戴上光荣的红领巾了。对孩子的这种情绪，父母一定要妥加保护，精心善待，并在平时的言行中，表现出对孩子即将成为小学生这件事，也充满了期待和向往，要告诉孩子，你马上就要成为一名小学生了，你真了不起。从而激发孩子对于上学的渴望，对于校园生活的期待，增强他的自信心。在实际生活中，我接触过一些家长，他们苦于孩子太顽皮，有时候会吓唬孩子："你再不听话，将来让学校的老师管你。""老师可厉害了，看你上学后还敢调皮。"我不得不说的是，多少孩子对于上学的兴趣，对于小学生活的神往，就是这样被扼杀的。

2. **提前带孩子去看看他的学校。**在孩子入学前，父母可以带上孩子，一起去看看他即将进入的学校，让孩子熟悉一下校园环境。如果你对这所学校有所了解的话，不妨给孩子讲一讲她的故事，让孩子产生亲近感。也可以趁机和孩子一起重温一下你当年第一次跨入校门的感受，让他知道，父母曾经也和他一样，虽然忐忑，却充满信心地走进学校，开始有趣的学生生活，这不但会无意中拉近你和孩子的距离，还可以适度减轻孩子对于上学的不安和畏惧。如果你预备让孩子自己上下学的话，那么，让他熟悉路程，以及上下学路上所注意的事项，就更加必要了。出于好奇心，孩子也许不满足于一次这样的行动，会主动提出来再去看一眼。这是一个非常好的兆头，千万别以任何理由，无视孩子的这一要求，你应该知道，每一次走近或走进校园，都不仅仅是路途和环境的熟悉过程，而是孩子与校园，也是与他即将开始的学生生活的一次亲密接触。

3. **放手，孩子的事让孩子处理。** 孩子上学之后出现的很多不适应症，都是因为孩子的独立意识弱、自理能力差所造成的，别小看了自理能力，它会直接影响到孩子的自信心，进而产生畏惧心理。爱是什么？爱不是包办，不是事无巨细越俎代庖，而是放手，教会他处理自己事务的能力，平时就可以教会他自己洗脸、自己洗澡、自己收拾书包等。刚开始的时候，孩子可能会手忙脚乱，丢三落四，但是父母要有耐心，可以在旁边多加指点，但是千万不要代劳。记住，你每放一次手，孩子就会前进一步。

4. **倾听，这时候你离孩子最近。** 很多人都有这样的体会，孩子会讲话之后，特别是到了六七岁的时候，话会特别多，他听到的、看到的、想到的，都会拉住你，讲给你听。你可能对他讲的，一点也不感兴趣，这不奇怪，以孩子的智力，所能接触到的，对你来说，都不是新鲜的东西，但我要告诉你，不要打断他，尽可能耐心地听他把话讲完，特别是他自己的想法，他的内心的声音，这是你了解孩子的一个最好的窗口。人都有倾诉的欲望，孩子也一样，他的喜悦需要有人分享，他的苦恼需要有人关注，他的困惑需要有人解答，而父母无疑是他最好的倾诉对象。当你安静、耐心、诚恳地倾听孩子的声音的时候，也是你离孩子最近的时候。他如果遇到问题而不告诉你，你又如何找到症结，并帮助他呢？有的孩子长大之后，不愿意与父母沟通，甚至不愿意和父母讲话，就是因为，他的倾诉一次次被大人打断，甚至被无情地喝止，当这样的事情一而再再而三地发生，哪个孩子还会自讨没趣呢？

5. **培养孩子良好的习惯。** 人的很多习惯，都是小时候养成的，而习惯一旦养成，再想改变，就难乎其难。好的习惯，一定要从小抓起，从小培养。包括生活习惯和学习习惯。生活习惯则包括卫生习惯、作息习惯、饮食习惯等等。好的生活习惯，能使孩子以最快的速度，适应校园生活，遵守校规校纪，而不良的生活习惯，势必会影响到孩子在学校的表现。对刚进入校园的孩子来说，从一开始就养成良好的学习习惯，则不但能够使他适应并跟上校园生活的节奏，还将使他终生受益。学习习惯应从基础做起，比如孩子的姿势，写字的姿势、坐的姿势、拿笔的姿势等，都不能够马虎，姿势的正确与否直接影响孩子身体骨骼的发育，而好的身体，是日后学习、工作的资本。学习习惯中，很重要的一条就是正确的学习态度。要教会孩子学习时要专心，不能三心二意，一会做作业，一会玩玩具，一会吃零食。此外，还应教会孩子正确的学习方法。刚入学的孩子，注意力集中时间有限，一般只能维持在 30 分钟左右。不要让孩子长时间坐着学习，也不能让他三两分钟就走动一次，鼓励孩子在一段适当的时间里，专心完成一件事情之后，才休息，或做一些适当的运动。

6. 孩子的品质比天大。优秀的品质，是一个人能够成材和有益于社会的基础。一个人赤条条来到这个世界，本没有好坏优劣之分，而是后天的塑造，将人推向了完全不同的境地。品质的养成，非一朝一夕之功，父母是孩子的第一任老师，这个老师为孩子树立了什么样的榜样，会很大程度上左右孩子的价值取向。因此，希望你的孩子成为品质优秀的人，首先请我们做父母的，自己成为品质优秀的父母。你的一举一动，都会在孩子身上，找到投影。不良的品质，比如自我、自私、狭隘、是非不分，都会成为孩子在未来的集体生活中的绊脚石。而热情、友善、大度、团结的品质，可以帮助孩子很快地适应环境，得到友谊，融入到集体中，体会到校园生活的乐趣。

⊙老师怎么给孩子上这一课?

一年级的老师，特别是班主任，将是孩子人生道路上，真正意义上的启蒙老师，老师对于孩子的影响，将是最直接的，也是最深刻的。所以，一个好的老师，一定是孩子人生路上，重要的指引者、关爱者、呵护者。与其他老师有所不同的是，一年级的老师，除了要传授知识外，一个很重要的工作，就是帮助这些新入学的孩子尽快地适应新环境，力争使每一个孩子都不落下。这个基础打得越扎实、越牢固，孩子的成长就越顺利、越健康。如果说每个老师的手中都握着一把钥匙的话，那么，一年级的老师，他的这把钥匙，打开的不仅是知识的大门，还是一个孩子人生的大门。

1. 一堂别开生面的班会。这是孩子与老师及同学的第一次见面，

11

众多甚至完全陌生的面孔，会加剧孩子的不安，一堂别开生面、富有情趣的班会，无疑是一剂最好的良药。可以组织一次"大手拉小手"活动，让高年级的同学，与新入学孩子结队，共同认识新校园、新集体；也可以组织主题类的班会，比如感恩主题、爱的主题、才艺秀主题等等，让孩子在展示自我、互相认识的同时，得到一次心灵的净化和提升；甚至可以在班级内开展一次搞笑的欢乐的"洋相百出"的班会，让孩子在轻松愉悦的氛围中，慢慢适应和融入。总之，第一次班会，形式一定要多样、灵活、有趣，内容丰富多彩，简单而不单调，让孩子在轻松活泼的气氛和环境中，对老师、同学有一个初步的认识和了解，从而使他们尽快地适应这个集体，热爱这个集体。

2. **帮孩子交一个朋友**。伙伴和朋友，是孩子最好的心灵慰藉。新入学的孩子，有的可能会有幼儿园时的同学，有的可能是邻居家的伙伴，但也有很多孩子，可能一张熟悉的面孔也没有，孤单是新入学的孩子患不适应症的重要根源。因此，帮助孩子尽快地结交一个或几个朋友，就显得非常必要。有的孩子天生就是社交家，能够很快地与同桌或其他孩子打成一片，也有的孩子性格内向，不太会与陌生人相处，这就需要老师适时地帮他们一把，有意识地为他创造这样的条件。有好伙伴的孩子，就不会孤单，不会乖僻，更容易融入到群体之中。除了让孩子们学会互相交朋友找伙伴之外，我要特别说的一点是，亲爱的老师们，千万别忘了你自己，你就是孩子们最好的伙伴，最亲密的朋友，很多孩子，就是从喜欢上老师开始，然后喜欢上班级，喜欢上学校，继而喜欢上上学。

3. **多一朵小红花，就多一张笑脸**。小学阶段的老师，都会延续幼儿园阶段的奖励措施：一朵小红花，或者一枚红五星。这是一个非常有效的办法，也就是我们常说的赏识教育的作用。可以说，你给孩子们多发一朵小红花，就会多出一张笑脸，就会给获得小红花的孩子多一份自信，多一份学习的兴趣。要像不吝啬小红花一样，不吝啬你的表扬、肯定和鼓励。因为，这个阶段的孩子最在乎大人，特别是教师的认可或赞许，对于完成一件事之后所获取的成就感最为看重，因而老师要了解这一点，对学生多鼓励关爱，少批评责备，以培养学生乐观、进取和勤奋的人格。

反之，学生遭受挫折过多，或努力一次次受到漠视，很容易形成自卑感。

4. **让教室像家一样温暖**。班级是孩子一天中大半时间度过的地方，孩子对于班级的感情，很大程度上决定了他对学习的态度，对集体生活的感情。良好的班级秩序，温暖的班级环境，能够让孩子更乐意身在其中，并在这个舒适优美的环境中，快乐地学习，健康地成长。因此，营造一个美好的班级环境，是十分必要的。而要让班级像孩子的家一样温暖，既需要硬件设施的美化，比如在班级中适度地做一些装点，开辟一个小的趣味角，在后墙的黑板上设置光荣榜等等；而尤其重要的是，要在班级中营造一个良好的氛围和风气，形成互相关心、团结友爱、积极向上的凝聚力，让每一个孩子都能感受到集体的温暖和力量，这些软设施，更能够令孩子找到归属感和依赖感，从而激发他们对于班级的热爱。

5. **态度比方法重要**。进入小学后，孩子的重心，就转向以学习为主，这也是很多孩子一时不能适应的原因所在。学校是传授知识的地方，这一点勿庸置疑，但是，在我看来，对于新入学的孩子来说，及时帮助他们形成正确的学习态度，比教会他们学习的方法，更加重要。仅有学习的方式方法，仅有知识的灌输，那只能让孩子机械地、被动地去学习。而有了端正的态度，孩子自然会主动地、积极地、有效地进入学习状态，并从学习的过程中，获得知识和成就感的满足，这又会反过来激励孩子更加勤奋自觉地学习，形成良性循环。而有的孩子因为学习态度不端正，学习效果不好，急功近利而不成，对学习产生畏惧心理，进而感觉到更加不能适应，以致无所适从。态度是方向，只有明确了正确的方向，孩子才会感到有希望、有成就、有乐趣。

第五节　二十个典型个案剖析

一年级孩子入学之后，遭遇的困惑和不适应症，既会有一定的规律性和共性特征，也会各有不同，呈现出各自不同的特点，表现的形式可以说千变万化，因此，很难用几种类型，就将它们模式化。我将试图通过一些比较典型的个案，来进行有针对性的剖析。也许你会发现，这些

13

特征，在你的孩子身上，也会有或多或少的体现，这或许会有助于我们的家长和老师，早一天找到孩子的问题症结所在，从而探求适合自己孩子的解决办法，帮助我们的孩子早日适应新环境，健康、快乐地度过这段特殊而重要的时期。

 典型个案

1.两个闹钟都叫不醒的早晨

小惠从二岁半开始，就上幼儿园了，但从进幼儿园的第一天开始，每天早晨，爷爷都要到九点多钟，才将她送到幼儿园，原因很简单，小惠晚上喜欢看电视，或者缠着大人讲故事，习惯了晚睡，早晨则赖床，根本起不来。幼儿园阶段还好，反正也就是去玩玩，要求并不严。上小学之后，问题出来了，一大早还是起不来，怎么办？常常是妈妈一边忙着做早饭，一边三番五次地到屋里喊她起床。父母着急，小惠自己也很难为情。她让爸爸给她买了一个闹钟，时间定在每天早晨的7点，这样起来之后，刷牙洗脸吃早饭，然后去上学，时间还比较充裕。第一天，闹钟在七点钟，准时"丁零零"响了起来，小惠迷迷糊糊睁开眼，翻个身，又睡着了，闹钟一直闹了15分钟，愣是没将小惠闹醒，直到妈妈做好了早饭，走进房间，才将她从床上拖起来。连续几天，都是这样。看来一个闹钟，没办法将女儿闹醒，爸爸又买了一个闹钟，都摆在小惠的床头，一个设定的时间仍然是七点，另一个设定在七点一刻，这样，第一个闹钟没闹醒的话，第二个闹钟会继续接着闹。然而，两个闹钟还是没能将小惠从床上唤起来，仍然都是妈妈死拖硬拽，才将小惠从梦乡中喊起来。这时候，离上学的时间已经很迫近了，常常是早饭都来不及吃，就得匆匆背上书包往学校赶，还是免不了三天两头迟到。

原因分析：孩子需要的睡眠时间，比成人长，晚上睡得迟的话，早晨自然起不来。尤其是冬天，睡在温暖的被窝里，更是不愿意起床。小惠之所以早晨起不来，除了孩子固有的容易赖床的原因外，她在幼儿园阶段养成的睡眠习惯，是她早晨起不来的一个很重要的原因。因为起床迟，造成上学的时间紧迫，甚至迟到，会让孩子更容易出现上学的不适应。

对策：良好的生活习惯，需要从小抓起。孩子小的时候，特别是在进入幼儿园之后，就要让他养成良好的作息习惯，做到早睡早起。如果孩子晚上不肯睡觉，就要向他讲明白，你现在是小学生了，再也不能像幼儿园的孩子那样了，要学会对自己的行为负责，晚上不肯睡，早上起不来，造成上学迟到，老师批评，小朋友笑话，都要自己面对。给孩子一个闹钟，让他自己安排起床的时间，确实比依靠大人叫醒，更有用。因为，这会让他学会自己合理地安排作息时间。

2.上学第一天，哭着找妈妈

小龙的爷爷奶奶，都退休了，平时很闲，也没什么事，所以，就承担起了照顾小龙的责任。爷爷奶奶带，既省钱，生活也能照顾得比较好，而且，奶奶是退休教师，在照顾孩子的同时，也顺带着教小龙认识了不少字。所以，小龙一直没上幼儿园，直到5岁半了，才进了幼儿园的学前班。每天，奶奶将小龙送到幼儿园后，都要趴在班级的窗户外，看几眼小龙，怕他不适应，怕他哭闹。小龙走进教室后，也习惯了从窗户看着奶奶，然后向奶奶挥挥小手，奶奶才放心地离去。有一次，奶奶因为有事，将小龙送到幼儿园后，就匆匆离开了。小龙坐在教室里，向窗户外张望，没有像往常一样看到奶奶的身影，小家伙一下子放声大哭起来。老师哄了半天，也没将小龙的哭声止住。无可奈何，老师拨打了奶奶的手机，奶奶闻讯后，心疼地赶到幼儿园，安抚了半天，才将小龙的情绪缓过来。

小龙到了上小学的年纪。那天，妈妈将第一次背着书包的小龙，送进了小学的大门。在校门口，妈妈又鼓励了小龙半天，看到小龙情绪稳定，妈妈才放心。小龙快乐地走进了学校。没想到，开学典礼刚开完，回到教室，小龙突然哭了起来，吵着要回家，要找妈妈。最后，在老师的安抚，和几个小伙伴的抚慰下，小龙才勉强停止了哭泣，中午放学回到家后，小龙却死活不肯再去上学了。

原因分析：这是典型的没有断奶症。孩子在家里得到了太多的照顾，习惯了亲人围在他的身边，兼之没有及时得到幼儿园阶段的磨练，孩子一时无法适应离开亲人的生活，感到孤独无助，想家，想妈妈，哭闹不止。

孩子上幼儿园的第一天，一般都是在哭声中度过的，这是一个必然的断奶过程。而小龙几乎没有经历过这个过程，即使后来上了一段时间的学前班，但因为奶奶的不当行为，使孩子仍然没能真正适应亲人不在身边或眼前的状况，及至到了小学，才来补习这个阶段。在小学门口，我们仍然能够看到，有的孩子不愿意上学，每天进校门前都要抱着妈妈大哭一场，拉着妈妈的衣角不愿放手。还有的小朋友找借口，说这里痛，那里不舒服，到医院检查又没病。

对策：让孩子早一天习惯脱离亲人的怀抱，不要让孩子整天黏着大人，多带孩子和同龄孩子一起玩耍，多进行一些有趣的户外活动，让孩子在和自然和社会的接触中，适应环境的变化，以及培养独立活动的能力。早一天放手，孩子就早一天得到磨炼，早一天适应在不同环境下的生活。

3.我的鞋带散了，谁帮我系一下

16

小豪是个开朗好动的孩子，在哪里都能很快和小朋友们打成一片，找到要好的伙伴。和有的哭哭啼啼的孩子不同，他是高高兴兴地走近学校大门的。自从上学后，每天一大早，他都是赶在父母的前面，走出家门，又蹦又跳地跑向学校。孩子对上学这么感兴趣，对小学生活适应得这么快，让小豪的父母非常欣慰。接送了几天后，他们就让小豪自己上下学了。

在班里，小豪也是个乐观的积极分子，成了同学们的开心果。老师也特别喜欢他，因为小豪使整个班级的气氛，一下子变得和谐有趣了，很多孩子在他的感染下，也慢慢适应了校园生活。一下课，小豪总是第一个冲出教室，和孩子们一起玩耍、游戏，甚至没几天他就和一些高年级的学生混熟了。他的快乐的小学生活，就这样开始了。

没想到，一段时间后，小豪每天早晨往学校走的时候，变得有点垂头丧气了。父母一再询问，才得知，原来因为特别好动，他的鞋带总是会散掉，而他自己又不会系，刚开始的时候，他会请别的会系鞋带的同学帮忙，可是，鞋带老是松散，老是让别人系，别人烦，他自己也不好意思。于是，经常他是拖着鞋带，走来走去，有几次差点被自己绊倒，这让他很烦恼。

原因分析：动手能力差，自己的事情自己解决不了。进入小学后，在学校里有些事需要孩子们自理。比如吃饭前要去洗手，还要准备自己的毛巾、饭勺，上厕所等等，有的孩子像小豪一样，不太能自己解决，往往因此感到泄气，无法适应。

对策：孩子在校园中，除了学习之外，也必然会遇到一些生活中的琐事，而离开了父母，这些事情，大多又需要自己解决，老师不可能再像幼儿园时一样，代替父母去做，这就需要孩子们提前学会一些最基本的生活自理能力，尽量做到自己的事情，自己解决。自理能力越强的孩子，遇到这方面的困惑就越少，就越容易适应。有的父母担心小孩子在学校不会自己擦屁股，为了不让孩子为难，而要求孩子尽可能不要在学校里大便；有的父母因为孩子不会系鞋带，而专买不用系鞋带一脚蹬的鞋子。这虽然也不失为一种临时的办法，但因为对小孩身体无益，或者没有根本性地解决问题，所以绝非长久之计，因此，最简单最有效最根本的办法，就是教会他的自理能力，从"替"到"帮"，再到"扶"，直到可以放心地放手。

17

4. 学校食堂饭真难吃

小芹的家，离学校比较远，所以上学后，小芹中饭都是在学校吃的。低年级的学生，饭菜都是送到班级，分发给孩子们吃的，一般是一荤二素，搭配好的。学校为了孩子们营养均衡，健康成长，一周的菜谱都是变换的，今天吃鸡肉，明天吃排骨，后天吃鸡蛋。小芹在家里，从来不吃鸡蛋和肥肉，吃鸡也只喜欢啃鸡腿。遇到吃鸡蛋或者菜里肥肉比较多的日子，小芹就特别痛苦，往往是就着菜汤，勉勉强强咽下几口饭；即使是碰到她不讨厌吃的鸡肉，也常常因为没分到鸡腿，而让她心情郁闷。只有晚上回到家，面对自己喜欢吃的菜，她才狼吞虎咽。在学校没吃几天，小芹就明显就瘦了一小圈，父母还以为她是刚上学，学习紧张才瘦下来的，所以，也没怎么过问。而因为对学校食堂的伙食不习惯，吃不下，原本活泼的小姑娘，变得郁郁寡欢，尤其是上午第二堂课后，她的厌烦情绪就加重，有时弄得第三堂课都无法认真听讲。

原因分析：不只小孩，我们每个人，都会有自己的口味和偏好。吃惯了妈妈烧的饭菜，对别的口味，有时候就难以适应。特别是很多小孩，从小就偏食、挑食惯了，在家里就像个小皇帝一样，难以伺候，到了学校，吃统一配置、口味单调的大锅饭，就更是难以下咽了。我见过一个最极端的例子，因为孩子从小就不肯老老实实地吃饭，孩子的饭菜，一直都是根据孩子的口味，特别制作的，而且，嫌孩子吃饭慢，乱撒一地，没个吃饭的样子，孩子的饭都是大人喂吃的。及至到了上学年龄，孩子上学了，吃饭也是一个最头疼的问题。

对策：让孩子喜欢学校的伙食，确实很难，但我们至少可以做到一点，就是从小就不要让孩子偏食、挑食，荤菜要吃，素菜也要吃；喜欢的菜要吃，不喜欢的菜也要吃。要养成良好的进餐习惯，该吃饭的时候吃饭，吃饭就要有吃饭的样子，吃饭要有定量，不能想吃多少就吃多少，平时要少吃零食。当然，在孩子刚入学的适应阶段，平时晚上可以为孩子加加餐，弥补一下营养。老师在为学生分配菜肴的时候，也应该注意方式方法，比如打饭菜的时候可以先少一些，不要让孩子觉得自己不太爱吃的饭菜很多，量上面少一点，孩子容易战胜恐惧心理，少吃肯定比不吃好，这样可以一点点解决问题。同时，因为是集体就餐，别的同学吃得有滋有味，也会客观上刺激不太愿意吃饭的孩子的食欲。

5.又打瞌睡了

小武调皮好动，在家里就是一个调皮大王，上学后，一下课，他就到处乱跑，找同学玩耍打闹，显得精力特别充沛。奇怪的是，一到下午，特别是第一节课，他就会变得蔫头耷脑，常常是老师讲着讲着，小武的头一歪，趴在桌子上就睡着了。有时，还会打起细细的呼噜，引得全班同学哄堂大笑。开始，老师以为小武一定是头一天晚上睡得太迟，所以，才会到了下午就犯困，可是，连续几天，竟然都是这样。通过家访，老师才了解到，原来小武以前上的是一家私人幼儿园，每天的午休时间都很长，从12点一直到下午2点半，都是午休时间。小武已经习惯了幼儿园的作息规律。到了小学后，虽然中午也有一个多小时的午休时间，但因为是要趴在桌子上睡，和很多孩子一样，小武也根本睡不着，一旦监督老师离开，他就会和身边的同学讲话，或者小打小闹，一刻不消停。于是，到了上课时间，瞌睡虫袭来，小武招架不住了。

原因分析：几年的幼儿园生活，养成了小武的生活习惯，使他的生物钟到了某个时刻，就会产生混乱。特别是春天和初秋，人本身就容易犯困。加上学校安排的午休，小武没有好好地用来休息，上课之后，自然无精打采，甚至打起了瞌睡。

对策：幼儿园养成的生活习惯，如果不在入学前的最后一个暑假，进行改变，就很难适应学生生活。因此，在入学前，父母就应该有意识地帮助孩子养成新的作息习惯，做好幼儿园阶段和小学阶段的衔接，不要等到入学了，才来解决这个问题。同时，要求孩子在学校午休时，争取慢慢习惯趴着睡，哪怕是小眯一会，也可以养养精神，而不要将精力用来玩闹。家离学校不远的家庭，可以让孩子中午回家休息一会，躺下睡一二十分钟，比趴着睡一个小时，更有效果。孩子需要的睡眠时间比成人多，因此，晚上一定要让孩子尽量早睡，有了充足的睡眠，孩子就不会在教室犯困打盹了。

6.总是比别人慢半拍

小翔是一个小个子男孩，人长得很机灵。开学一周后，其他孩子早晨到校已经知道拿出书本参加早读了，小翔则没有这个概念，走进教室后，书包往桌子上一放，看着同学读书，愣了半天，才想起来自己也要读课本，这才慢腾腾地翻出课本，跟着同学读几句，只有等到老师提醒了，小翔才会融入其中。课间的时候，小翔总是忘了上厕所，直到上课铃响了，才突然感觉到有点内急，于是急冲冲地跑向厕所。待他返回教室，桌子上还是上节课的用品，再慢慢地照着同桌的样子，从书包里抽出要上的课本。做作业的时候，老师讲完要求，小翔常常要等同桌做完一题，才会照着样子做下去。老师询问原因，小翔说：我不懂你的意思。每天放学回到家后，小翔又常常因为不知道做什么家庭作业，而四处打电话向同学询问。总之一句话，进入小学后，小翔的状态，显得总是比别人慢半拍。

原因分析：通过家访，老师了解到，小翔的学前教育比较宽松，在幼儿园阶段，由于这样那样的原因，小翔隔三差五不去幼儿园，缺课比较多。加上小翔的父母认为孩子的学前教育无关紧要，对孩子三天打鱼两天晒网的行为没有及时纠正，使孩子养成了拖拉、懒散的习惯，到了小学后，跟不上节奏，赶不上步伐，上课不知所措，不明白教师的要求，只能依样画葫芦。动作总比别人慢半拍，表现得与同龄人的动作速度不相一致，诸如整理书包、准备学习用品、搬凳子甚至写字等，都比别人"慢半拍"。

对策：这不是反应迟钝，更不是天资愚钝，而只是孩子在节奏的适应上，出了问题，所以不必慌张。父母在平时，应该有意培养孩子的办事效率，对孩子的要求一旦提出，就必须监督他按时完成，不得拖拉。在学校里，老师可以针对这类孩子的特征，适时进行一些必要的专项训练，比如给孩子提供一个力所能及的适宜岗位和任务，以提高他的责任心，并告知最佳方法，使孩子明白做事的顺序。同时，请别的孩子一起来帮助。对这样的孩子，课堂学习要求可以先放低一些，但要特别关注能否跟上其他同学，给予他更多的关注，更多的帮助，更多的鼓励，以增强其自信心。

7.谁的铅笔盒掉了

小朴长得虎头虎脑，很是可爱，而且活动能力特别大。下课音乐响起，他常常第一个冲出教室，上课则总是最晚一个进教室。课间十分钟经常是满操场奔跑。即使这样，小朴上课依旧精力旺盛，浑身上下有着使不完的劲。

刚入学那阵子，小朴上课很少坐在板凳上听讲，要么站在座位上，不管自己是不是真会，答案是否正确，总是第一个举手，手舞足蹈地抢着回答问题；要么一只脚垫在屁股下面，一边不停地把橡皮在桌子上扔来扔去，一边不时地插嘴表达自己的想法。每一节课，他的文具盒总要在课堂非常安静的时刻，突然掉在地上，发出刺耳的声响，让周围的同学吓一大跳，而他却会做出一脸无辜的样子，好像他的铅笔盒，是自己掉下去的样子。有一次，老师叫同学们描述一遍刚刚看到的画面，小朴居然站起来要求老师再重复一遍，理由是刚才钻在桌子底下找尺子没看清图画！总之，上课的时候，小朴随心所欲，好动，完全没有纪律概念。

原因分析：小朴的家，离爷爷奶奶家很近，以前上幼儿园的时候，就基本上都是爷爷奶奶接送的，放学之后，也是先到爷爷奶奶家，他也更乐于在爷爷奶奶家，因为在这里远比在自己家、在父母眼皮底下来得自由自在。可以说，他所接受的家庭教育来自爷爷奶奶的，远远大于来自父母的。现在隔代带孩子的现象比较普遍，在教育孩子的问题上，两代人常常意见不一。因为爷爷奶奶辈的溺爱和放任，孩子的行为比较自由，并逐渐变成了习惯，使得认知与行为之间的距离越来越大，行为难以自控。到了上学后，小朴一时无法改变在爷爷奶奶家养成的自由散漫、我行我素的习惯，表现在课堂上，就是特别好动，好讲话，好做小动作，没有纪律观念。

对策：父母必须承担起教育孩子的责任，而不能将这个责任全部推给爷爷奶奶或外公外婆，这是一种对孩子不负责任的行为。特别是在孩子上学之后，父母更应该多和孩子在一起，既是联络亲子感情，也是为其树立行为规范，养成良好习惯。在日常家庭生活中，要从培养孩子正确的坐姿、站姿、仪态这些小的行为细节入手，慢慢养成孩子的行为规范。

在学校，老师要给这类学生树立一个榜样，最好是其幼儿园同学，或邻居家的同学，且其他方面两生差异不大，让他们感觉到通过努力，就能和同学一样受到表扬。同时，用丰富多彩、生动有趣的课堂学习活动，吸引其注意力，提高其学习兴趣，适时提供发言、演示、表演的机会，也可以安排一些课中操或小游戏，让学生有一个释放能量的时空。

8.我会生病的，我又生病了

小辉是个早产儿，从小就体弱多病，天气一变化，他就会感冒；稍微吃了点什么生东西，就会闹肚子，抵抗力比较差。所以，他的身体健康一直是全家人最大的心事，全家人对他都心痛不已，倍加呵护。特别是母亲，总感到欠了孩子，没能给他一个健康强壮的身体，父母对他的要求是只要不生病，其他没什么奢求。在上幼儿园时，小辉就常常以身体不舒服为理由，不肯去幼儿园。有时候是真的不舒服，有时候是小辉自己不想去，而以不舒服为由，父母因为心疼孩子，他不想去就不去。

刚进入一年级，家长就向老师提出了照顾孩子身体的要求。课上，小辉也常常随心所欲地在老师讲解时趴在桌上休息；遇到难题或作业未完成时，他会愁眉苦脸地说：我一直生病的，不能多动脑，医生和爸爸妈妈都说了，要多休息；上体育课或开展户外活动，只要天气稍热或需要跑跳时，小辉就躲在教室里不肯出去，挂在嘴上的理由是：我身体不好，不能做这样剧烈的运动，不然又会生病的；集体劳动或打扫卫生时，小辉就更不愿参加了，他说，劳动时有许多灰尘，这会影响他的健康的。

有一次，小辉上课时突然喊肚子疼，要回家。老师让小辉父母将孩子接回家后，准备带他去医院检查，他却不肯去，没一会儿，就欢蹦乱跳地玩耍去了。此后，隔三差五，小辉就会以肚子疼、头昏、没力气等各种各样的理由，要老师打电话让父母来接他回家，而每次都一样，要不坚决不肯去医院，要不去了医院一检查，一切都正常。

原因分析：从小体弱多病养成了孩子的骄、娇二气，总是以自我为中心，对于小学生活准备不足，缺乏自信，不愿意上学。同时，自恃父母因为心疼他，只要自己表现出不舒服的样子，父母就会慌了手脚，将他接回家，不用上学，几次"甜头"一尝，小辉找到了其中的诀窍，无师自通地学会利用自己体弱多病的"优势"，要挟父母和老师，达到自己逃学的目的。

对策：孩子有一个健康的身体，是非常必要的，对体质差一点的孩子，给予多一点关注和呵护，很正常，也很必要。但呵护不是溺爱，更不能成为娇纵的理由，否则，孩子得不到适宜的锻炼，不但身体不能健康起来，而且，还会滋生娇气，以身体不好为理由，不愿意参加运动，不愿意承担学生应有的责任和义务，不愿意融入集体。在家里，父母除了给予他生活上的照顾外，也要让他积极地锻炼身体，做一些力所能及的自己的事务和家务活，在精神上多鼓励他。特别需要重视的是，一旦发现孩子并没有生病，而只是一个借口，一定要严肃地指出来，不能放纵。在学校里，老师每天单独和他（她）说说话，让孩子感受到老师的关注，当

22

孩子有进步的时候，给予及时的表扬，增强自信。还可以有针对性地为其选派同桌，邀其参加小组活动，让孩子感受到集体的温暖。

9.我胆子小，所以我不敢

小霄是个文静秀气的小姑娘，说话细声细语，胆子特别小，别说一只老鼠会将她吓得半死，就是路上看见一只宠物狗，她也会远远地避开，宁愿绕远一点路，也不敢从小狗身边走过。小霄的爸爸在外地工作，妈妈一个人带着她。小时候，妈妈有事出去，让小霄一个人在家，妈妈怕小霄跑出去玩，就会吓唬她，外面有很多人贩子，千万不能一个人自己出去，不然被他们拐走了，你就回不了家了。所以，小霄从来不敢一个人出门。到了晚上，小霄就更害怕了，太阳一落山，她就不敢出门，即使和妈妈一道，她也会紧紧地拽着妈妈的手，一刻也不敢松开。晚上小霄不敢一个人睡觉，都是和妈妈睡在一起的。虽然胆子特别小，但文静、内向的小霄，从来不会给大人捅娄子，倒是让妈妈省了不少心。妈妈也一点不觉得这有什么不正常。

上学之后，每天都是妈妈将她一直送到班级门口，哪怕送到校门口都不行。第一天的班会上，老师让每个同学站起来介绍一下自己，小霄涨红着脸站了起来，半天却没讲出一句话，直到老师鼓励提示她，她才像蚊子一样，轻声地说出了自己的名字。后来老师问她，为什么不敢向大家介绍自己，小霄回答说，我胆子小，我不敢在那么多同学面前讲话。课间休息时，如果没有同学陪着，她绝对不肯去上厕所，而宁愿憋着。老师提问的时候，她更是从来没有主动举过手，即使老师点名让她回答问题，她也是常常低着头，憋红着脸，不敢看老师，也不敢回答问题。一直让妈妈省心的小霄，在上学之后，让妈妈一点也不省心了。

原因分析：小时候大人有意无意的恐吓，在孩子的内心，埋下了一颗恐惧的种子。从不敢一个人出门，不敢走夜路，到不敢一个人呆在房间里，不敢一个人睡觉，及至上学之后，不敢讲话，不敢回答问题，不敢提问，不敢与老师和其他同学交流……生活和学习，都遭遇了极大的困惑。小霄的妈妈因为一个人既要上班，又要照顾孩子，忙不过来，又怕孩子出去玩会出什么事情，于是，吓唬孩子，以确保孩子不到处乱跑

乱玩，孩子是变安静了，让大人省心了，却也变得胆怯、懦弱了，甚至产生了严重的心理阴影。

对策：性格本没有好坏，孩子内向，还是外向，既有先天的因素，也有后天的培养熏陶。有的孩子喜欢安静，有的孩子喜欢热闹，都很正常，但我们不能根据我们的需要，吓唬孩子，恐吓孩子，使孩子的性格和本性发生扭曲。胆小的孩子，往往不会捅什么娄子，让大人省心，但胆子太小，就会对将来的学习、交际和生活，都产生严重的不利影响。孩子的胆量是可以锻炼的，要多鼓励孩子走出家门，和同伴一起玩耍，多接触外面的世界；在家庭环境中，让孩子适应一个人呆在自己的房间里看书或玩耍；晚上自己一个人睡觉，除非遇到特殊情况，比如雷雨天气。在学校，老师应给予这样的孩子多一点关注和鼓励，多和他们谈心，不歧视他们，保护他们的自尊心，特别是其他孩子起哄、嘲笑的时候，要及时制止，让孩子不感到孤立无助。

10. 是他先打我的

24

小齐父母工作很忙，经常晚归，出生以来一直由奶奶照料生活。在奶奶看来，让孩子吃好、穿好就是学前教育的主要目标。虽然孩子父亲认为不妥，但苦于和孩子在一起的时间太少，只能听之任之，孩子变得很淘气，经常和邻居家的孩子，玩着玩着，就发生了矛盾，继而扭打在一起。小齐很壮实，而且出手狠，别的孩子常常吃亏，不时有父母找上门来，兴师问罪。每次遇到这种情况，爸爸都是不管三七二十一，将小齐暴打一顿。挨一次打，小齐会乖几天，但没过多久，又旧病复发。

进入一年级后，小齐很快在班级中确立了自己的"霸主"地位，他有几个要好的"哥们"，对他言听计从。而对于他看不顺眼的同学，他总是想方设法找碴儿，别的同学如果不顺从，他就会以武力相威胁。在班级里，不是小捣小戳，就是趁老师不在，和其他同学扭打在一起。有一次，因为一个孩子无意中胳膊肘碰到了小齐一下，小齐认为是同学故意的，要求那个同学道歉。偏偏那个同学，也是个身体强壮的孩子，早对小齐的行为看不顺眼，言语不合，两个人你一拳，我一脚地打了起来，其他同学则围在一边观战、起哄。直到老师听到班级里有异常响动，从办公室赶来，才制止了一次打斗，询问情况时，小齐和那个同学都表示，是对方先动手的。因为小齐一而再、再而三地与同学打闹，老师多次批评，不见明显成效，只得将小齐的父亲喊到了学校。回到家后，小齐免不了又遭到了爸爸的一阵暴打，这回，倔强的小齐跑到奶奶家，嚷着不肯再上学了。

原因分析：男孩子天生有好斗的习性，大多数的孩子，在父母的调教下，会有意识地约束自己的行为。但是，遇到矛盾时，不会解决的孩子，有时还是会忍不住靠小拳头来解决。这需要家长的正确引导。小齐的父亲，却不问青红皂白，总是以暴治暴，以为将孩子痛打一顿，让他皮肉吃点苦，他就能长记性了，不会再惹事生非了。父亲错误的办法，不但没有解决孩子遇到的问题，恰恰给孩子树立了一个反面榜样，当孩子再次遇到矛盾或心有不快时，他还是会选择暴力，父亲打他有多狠，他就可能对他人出手有多狠，陷入恶性循环中。

对策：从孩子的身上，我们都能看到父母的影子。父母只会头脑简单、冲动地解决问题，孩子肯定也不会理智。有的家长会说，和孩子什么道理都讲了，他根本听不进去，只能靠打，让他吃一堑，长一智，记住教训。粗暴的办法，是最简单的办法，也是最无能最无效的办法，打孩子，永远不是解决问题的好办法。打能让孩子一时服软，却无法让孩子从内心深处，认识到自己行为的错误，并切实改正。真诚、平等、充满关爱和亲情的亲子关系，会让孩子感到安全、温暖、有依靠，因此，父母要从自身做起，多给孩子爱的教育，而不是皮鞭；多和孩子沟通，而不是简单粗暴的干涉。在家庭教育中，特别要避免互相矛盾、态度不一致的局面，有人棍棒，有人又无原则偏袒，很容易让孩子在大人不同的教育观中，找到自己的"庇护伞"，从而使行为变得更加有恃无恐。

11. 搭油嘴，与老师顶嘴

小强一岁不到，就会喊爸爸妈妈了，说话特别早，这让父母特别骄傲和开心。到了两三岁，小强更加能说会道，小嘴巴整天叽叽喳喳说个不停。大人在一旁讲话，他也特别喜欢插嘴，虽然他讲的话，往往与大人所谈的内容，根本八竿子打不着，但孩子能说会道，还是让大人既惊诧，又开心，会给予小强很多表扬。这让小强很开心，讲话的积极性更高涨了，只要有机会，他都要不失时机地表现一下自己。

上学后，课堂上的小强，一如既往地爱说话，老师有什么问题，他总是第一个举手发言，有时老师没点名让他发言，他也会主动地在一旁搭话。刚开始的时候，老师为了鼓励新入学的孩子大胆发言，给了积极发言的小强一些表扬，小强很得意。可是，时间一长，老师发现小强太爱讲话了，相干的、不相干的，他都要发表自己的意见。有时候，老师在上面讲课，小强就在下面插嘴搭茬，让老师很无奈，同学很厌烦。有的老师对小强太多话给予了批评，小强还很不服气地和老师顶嘴，引得其他同学哄堂大笑，课都无法正常上下去。老师不得不和小强的父母沟通，让小强不要在课堂上搭油嘴，更不要无理地和老师顶嘴，扰乱课堂秩序。

原因分析：小强之所以在课堂上搭油嘴，甚至和老师顶嘴，是基于他从小养成的习惯，因为在家中的同样表现，得到了大人的肯定和表扬，尝到了甜头，让他习惯了在别人讲话的时候，插嘴搭话，表现自己。所以，到了学校，一时无法改变。

从主观上来分析，孩子喜欢搭油嘴，或者顶嘴，有两种情况。一是孩子觉得好玩，因为家庭的环境不同，家长的要求也不同，有的孩子特别爱"对课"，让老师觉得孩子在顶嘴，其实孩子只是觉得好玩或希望引起老师的注意；另一种情况是孩子真的有自己的想法，特别是"逆反心理"比较强的孩子，他们希望把自己的想法表达出来，使别人觉得自己与众不同。

对策：孩子愿意主动发表自己的意见，应该说，这是件好事，应该予以鼓励。但是，父母应该让孩子明白，不是什么时候、什么情况下，讲话、插嘴、表现自己，都是好的行为。有时候，大人在讲与孩子无关的事情时，孩子如果插嘴的话，就应该予以制止，并告诉他，打断别人的讲话、乱插嘴、瞎打岔，是不礼貌的行为，不仅得不到表扬，还应该挨批评。要让孩子明白，什么情况下，可以讲话，什么情况下，不能插嘴，养成良好的语言行为习惯。

老师对待这样的孩子，也要正确地认识，不要觉得这样的行为是对老师不尊重，孩子就是孩子，他们应该是没有恶意的，如果上纲上线，老师很快会被"气煞"，而孩子也很可能从此变得郁郁寡欢，不敢发言，或不愿意发言。有了正确的认识，老师就会觉得这是孩子与自己交流的一种方式，只是不妥而已。可以和孩子正式谈一谈，要求或引导用其他的方式来表达，还可以进行一些规定性的要求。

12.老师，这个我学过了

小寒很小就开始上幼儿园了，而且，小寒所在的这家私立幼儿园，对孩子的学习抓得非常紧，这也是它与其他幼儿园竞争的一个重要手段。还别说，小寒上了这家幼儿园后，效果还真的很明显，第一天回来，就会唱一首儿歌了；不到一个星期，会"a、o、e"了；不到一个月，会简单的加减法了。这让小寒的父母大喜过望。几年幼儿园下来，小寒已经认得了几百个汉字，会十位数的加减法，甚至还会讲几十个英语单词。这个起跑线，跑得一点不比别的孩子慢，小寒的父母很满意。

从背上书包，正式成为小学生的第一天开始，小寒就一点也不怯生，每天都是蹦蹦跳跳地去上学，孩子对上学没有压力，不反感，很适应，父母自然也是很开心。

没上几天课，问题来了。课堂上，语文老师刚在黑板上写下一个字，小寒就大声地念了出来，这个字，他早学过了。算术老师刚写下一个算式，小寒也一口报出了答案，这个他也早学过了。小寒显得很得意。不过，一段时间后，小寒的兴趣没了，他发现，老师教的东西，他都学过了，早会了。小寒觉得，上课一点也不难，也一点没意思，于是，上课的时候，他不用心听讲了，开小差了，不是和同学低声说话，就是不停地做小动作；不是看着窗外发呆，就是埋头玩弄着铅笔；不是在作业本上偷偷给老师画像，就是将书上的人画，都画上胡子。老师发现了小寒的异常，提醒他注意听讲，他不服气地大声回答，老师，你讲的我都学过了，没意思。

小寒的表现，也得到了其他一些同学的呼应，不少孩子都表示，他们都学过了，会了，不用再学了。一次，语文老师给同学们做了一次测试，让孩子们一个个站起来，念他们学过的拼音字母。很多孩子果然都认识，可是一念下来却发现，发音存在很多问题，不少孩子虽然会念，却发音不准确，嘴型不对。小寒也有这么毛病。老师给他纠正口型的时候，没想到小寒反驳说，不对，以前的老师就是这么念的，是老师你错了。

原因分析：从小寒的身上，反映出了一些问题。孩子幼儿园阶段已被抓过文化课，但小学要照顾到没接受过学前教育的孩子，依然是零起点教学，这导致一些"超前"的孩子对上课兴趣"打折"；另外一点就是，孩子之前在幼儿园接受的教学，可能不够规范，但给孩子留下了很深的印象，与现在的老师教的不一样，对孩子造成了困扰。

对策：以语文教学为例，幼儿园的语言教育，一般没有规定"听、说、写、认"等方面的具体要求和任务，而是侧重于对幼儿语言学习中积极情感态度的培养。应该说，这种价值取向是适合幼儿身心发展特点的。但孩子进入小学后面临的却是大量不熟悉的拼音、汉字、作业批改符号等，使得不少孩子难以适应这一系列新的变化。因此，老师应该有针对性地进行一些适应性训练，在实际教学中，纠正孩子的一些错误发音、错误笔画习惯等，家长和老师都要告诉孩子，以前学过的东西，有的需要巩固，有的需要更新，不能因为有点学会，就骄傲自满，甚至不愿意再学习，家长可以根据孩子的实际掌握水平，加强一些课外的阅读和训练，满足孩子对新知识的求知欲。

28

13.别的小朋友都会，我却什么也不懂

小虎的父母因为在城里没有房子，租房子居住，生活不稳定，所以，在小虎小的时候，父母就将他送到了乡下的爷爷奶奶家，让爷爷奶奶照顾，一直到上小学了，才回到城里的父母身边。乡下虽然也有幼儿园，但小虎的父母觉得不太正规，怕既学不到什么东西，孩子的生活又没有照顾好，而且，小虎的奶奶平时也没什么事，正好可以带小虎，所以，就没让小虎上幼儿园。乡下的日子，小虎自由自在，整天和邻居家的孩子，在一起玩耍嬉闹，生活得很开心。

入学后，小虎的生活发生了巨大的改变：身边的小朋友都不认识，环

境一点也不熟悉，最要命的是，其他同学懂得的东西，比自己多多了，虽然自己熟悉的农村生活，这些孩子也几乎一无所知，但相比起来，自己还是显得孤陋寡闻，相形见绌，这让小虎很自卑，不能适应，不合群。尤其是学习上，小虎感到完全跟不上进度，显得力不从心。老师讲的东西，很多同学都早就会了，所以，老师的进度也很快，往往小虎还没整明白，老师已经讲授下一节了。小虎几次哭丧着脸，要求爸爸妈妈将他送到乡下爷爷奶奶家附近的学校去上学。这当然是不可能的。但是，学习跟不上，与同学的差距越来越大，小虎每天都是心情沉重地去上学，这个状况，让小虎的父母也忧心忡忡。

原因分析：小虎没有接受过正规的幼儿园学前教育，和其他受过几年幼儿园教育熏陶的孩子比起来，自然就吃力多了。虽然小学为了照顾孩子不同的学习水平和学习能力，实行的是"零起点"教学，但是，在大多数孩子都已经掌握的情况下，教学进度会明显加快，这就让少数没有接受过学前教育的孩子，跟不上进度，学习特别吃力。同时，像小虎这样的孩子，习惯了农村和家庭中相对自由、散漫的生活，对正规的学校生活，更加难以适应，产生孤独感、自卑感，影响其身心的健康成长。

29

对策：对小虎这样的孩子，父母应该提早预料到会出现的更加严重的入学不适应症，早一点做好入学前的准备工作。如果孩子能够早一点回城，进入学前班学习一段时间，就可以有效减轻孩子的不适应症。在孩子回到自己身边后，应该有意识地对孩子进行一些入学前的强化训练，教会他一些基础的知识点，以免孩子进入学校后，无法进入学习状态，与别的孩子差距过大产生自卑感。同时，要帮助孩子适应回城之后的生活，学会与城里孩子的相处，可以鼓励孩子多和邻居家的孩子在一起玩，交朋友；多带孩子与同事、朋友家的同龄孩子接触。孩子一时不能适应，学习跟不上，不能盲目地批评，更不能讽刺挖苦，而应多鼓励，为其树立信心。父母可以帮助孩子，一起做作业，预、复习功课，尽可能地跟上整体进度，不掉队。老师则应给予这样的孩子多一些关注，适当地开一些小灶，多鼓励。

14. 小朋友不和我玩，我一个朋友也没有

小材上学后，成了一个"闷葫芦"，怕和其他孩子玩耍逗乐，完全是个"独行侠"。别的孩子三五成群地在一起说说笑笑，玩玩闹闹，而他只是安静地坐在教室里，或者孤单地站在一边，眼巴巴地看着玩得正欢的同学们。有几次，他也试图加入一帮正在玩乐的同学，然而，只是脚尖往前挪了挪，他就打起了退堂鼓，他害怕别的孩子不让他加入，害怕别的孩子以异样的眼神看着他，更害怕别的孩子嘲讽他。

独来独往的小材，感到很孤单，对校园生活充满了恐惧。小材每天最盼望的事情，就是放学，将近放学时，眼睛总是盯住门口，等待下课铃一响，就第一个冲出去找父母。有时候父母没来接他，他就只好一个人孤单地闷头往家走，一路上，别的孩子都是三三两两结伴而行，有的女孩子还手拉着手，有说有笑，这让小材显得更加孤单。回到家后，情绪不佳的小材，变得脾气特别不好，稍有不顺心，就大发雷霆，甚至将课本扔得满地都是。一无所知的父母，却不知道在孩子身上，到底发生了什么，问他，他也只是摇头，或闷声不响。父母很担心，也很无措。

原因分析：现在的家庭大部分为独门独户，孩子回到家大门一关，就与外界"鸡犬相闻，不相往来"。父母往往又忙于工作，给小孩创造的社交活动很少，这样一来孩子与其他小朋友的接触大受限制。有的父母害怕孩子出门和其他小朋友一起玩，容易受伤，或发生其他意外，所以，不但不鼓励孩子走出家门，有时反而吓唬孩子，以使孩子"乖"一点。当他们进入小学的集体环境中，面对陌生的同学和老师，一时无所适从，不知道怎么与他人交往，更不会结交新朋友，寻找伙伴，难免会产生一种孤独感。

对策：为了让孩子在新环境中不怕生，家长要鼓励他们在住宅区内和其他小朋友交往，多带他们参加集体活动，教会他们与别人特别是陌生小孩交往的本领。有些家庭存在教育误区，把小孩困在家里学这学那，这是被动的、消极的做法。家不应该成为孩子的牢笼，在确保安全的前提下，多让他们和邻居小孩沟通，多参加一些户外活动。孩子在学校有

好伙伴，会让他们渴望去学校，渴望见到自己的朋友，在友谊中找到温暖。

15.离学校近了，离父母远了

小聪的家，离学校比较远，父母上班又都很忙，接送孩子上学成了难题，恰好小聪的外公外婆家，就在学校边上，走路只要四五分钟就能到了。于是，小聪上学之后，就搬到了外公外婆家住，每个周末，父母再来将他接回家。

外公外婆都已经退休了，平时也没什么事，就将主要精力，都用来照顾小聪的生活，这让小聪也很惬意，他和外公外婆的感情，本来就很好，这下子，他感到自己与他们更近了。

外公外婆只有小聪妈妈一个女儿，妈妈小时候，就受到了特别的宠爱，现在小聪来了，他们更是将全部的爱，都给了小聪，小聪成了他们的心肝宝贝。只要小聪需要什么，外公外婆都会有求必应，马上照办。聪明的小聪也很快意识到了这一点，有什么要求，从不对父母讲，而只要趴在外婆耳边一说，外婆就会立即笑眯眯地答应。外婆不但买给小聪很多玩具，小聪的学习用品，也是比别人多很多。小聪不会削铅笔，外婆就每天帮小聪削好十几只铅笔，装进他的文具盒里。对文具，小聪一点也不知道爱惜，开学不到一个星期，橡皮就用了三块，不是用完了，而是不知道被小聪丢在哪儿了。反正没了，外婆会买的。小聪变得丢三拉四，有时候放学回到外婆家，却发现课本不见了，外婆只得迈着碎步赶到小聪的班级，去帮他找回来。

小聪的父母，只是每天晚上打个电话，到外公外婆家，问问小聪的情况，周末再一家人团聚。一段时间下来，小聪的父母发现，孩子变得似乎离自己越来越远了，孩子的性格也变得任性乖张，稍有不顺心，就吹鼻子瞪眼睛，甚至背起书包，就要往外公外婆家跑。检查小聪的作业本，发现字写得东倒西歪，比幼儿园时写的还差，最可气的是，老师布置的作业，常常没完成，而家校联系本上，都签着外公或外婆的名字。小聪的父母这才意识到，他们和孩子之间，出问题了。

原因分析：类似的为了孩子上下学方便，而将孩子寄养在爷爷奶奶家，或外公外婆家，甚至是其他亲戚家的情况，比较普遍。好处是，孩子离学校近了，上下学方便，避免了父母为了接送孩子放学的麻烦。问

31

题是，孩子远离父母的视线和教育，得不到父母的关爱，也接受不到父母对孩子的教育、管教和言传身教的影响。换了一个居住、生活环境，使孩子在面临适应学校新环境的同时，还得适应新的生活环境，出现更多的不适应症。而隔代教育，又会使孩子缺乏相对严厉的管教，而变得任性、娇惯，缺少应有的约束。

对策：是上下学方便，还是肩负起父母应有的责任？对不少年轻的父母来说，这是一道艰难的选择题。我想，只要有可能，父母还是应该想办法克服困难，自己来管教孩子。正常的、良好的亲子关系，不仅是情感的需要，也是对孩子的未来负责。如果不得不将孩子寄托在爷爷奶奶或外公外婆家，父母也不能一托了之，只是打电话遥控，而应该更多地关注孩子的生活特别是学习情况，可以每天或隔天下班后，到自己的父母那里，一家人在一起吃饭，检查一下孩子的作业和学习情况，听孩子聊聊学校的事情，给孩子提一些具体的要求。同时，多和老人沟通，特别是教育理念上的沟通，保持相同的态度，让他们在照顾孩子生活起居的同时，不要过于娇惯孩子，该管教的时候一定要管教，不能让管教缺失，形成真空。

16.我看到树上飞来一只麻雀

7岁的小华，长得胖乎乎的，样子很可爱，脾气也好，还善于与人打交道。他的父亲是一位退役运动员，身体特别壮实，爱好运动，在他的影响下，小华从小也就特别喜爱运动，四岁多开始，就每天早晨跟着爸爸一起跑步、爬山、打乒乓球。但每项运动坚持不了多长时间，他就会厌烦，好在父亲懂的东西多，这样不喜欢了，就换一项运动。小华的兴趣还特别广泛，看到什么新鲜的东西，都喜欢研究一番，小时候的玩具，都被他拆得七零八落。不过，玩过一段时间后，他就会对这个玩具失去兴趣，转而对其他的新玩具、新东西，发生兴趣。

入学后，别的同学还找不到北，没能适应过来，他已经像个上了很长时间学的老生一样了，很快适应了小学生的生活。但是，没过多少时间，他的毛病就开始出现了，最大的问题是，上课时老是分心。教室外有一棵大树，树冠正好和二楼的教室差不多高，经常会有一些麻雀、燕子之类的小飞鸟，落在树枝上。这让小华来了兴趣。下课的时候，他喜欢趴在窗台上，观察树枝上有没有什么小鸟，上课了，他的心思还不能收回来，看到小鸟落在树枝上，或着听到小鸟的叫声，他都会特别兴奋，还喜欢用手捣身边的同学，悄悄地告诉他们，树枝上又有一只麻雀了。害得别的同学也无法安心听讲。而他自己，也因为老是走神，听不进老师的讲课内容，学习跟不上。

原因分析：幼儿期的孩子，对什么都会表现出强烈的兴趣，兴趣广泛，是一件好事情，但如果兴趣都是短暂的，不能持久的，朝三暮四，时间一长，孩子就很难专注于某件事。小华是个聪明伶俐的孩子，从他喜爱拆玩具这件事情就可以看出，他的兴趣很广，求知欲很强，但是，因为他不懂得专注，对什么东西都没有持久的兴趣，所以，很容易被新的东西所吸引，以致在课堂上也不能安心听讲，分不清主次。

对策：在培养孩子对新鲜事物的兴趣的同时，别忘了教会孩子的专注力和耐心、恒心。像小华喜欢拆玩具，弄懂其中的构造和原理，这本身是件好事，但家长要善于引导，不能让他拆完之后，就不了了之了。孩子的玩具构造一般比较简单，可以和孩子一起，在拆完之后，重新安装好，这会令孩子有很大的成就感，而且让孩子学会善始善终，集中注意力和精力。对特别好动、兴趣特别多又容易分散的孩子，可以有意识地培养他们的定力，比如有人让孩子用筷子将豆子从一只碗，撷到另一只碗中，就是培养幼儿集中注意力和耐心、定力的有效办法。

33

17.很安静地神游物外

和小宵一样，小丽也是一个很乖、很安静、也很胆小的女孩。无论跟谁在一起，都只用大眼睛静静地看，不出声。爸爸是一个采购员，经常出差，妈妈是三班倒的工人，经常加班，父母忙不过来，就把她交给外婆照顾。外婆年纪大了，喜欢安静，很少带她出门，家里也很少有客人来，常常是祖孙俩，一个安静地看电视，一个安静地发呆。小丽一见到陌生人或到了陌生环境，就感到强烈的不安。

入学后，小丽也没有表现出什么不适应，相反，她总是准时到校，遵守纪律，很乖巧的样子。但是，上学之后，她几乎没有和老师同学讲过一句话，问她事情，都是用点头和摇头回答，有时干脆什么表示也没有。碰到小组里同学做游戏，她只看不参加，即使大家高兴得哈哈大笑，她也无动于衷。下课铃响了，别的孩子都一窝蜂出去玩了，她却孤零零地坐在位置上发呆，从不和同学一起玩。同学叫她，她也不理不睬，好像对什么都不感兴趣。老师注意到，上课时，小丽坐得很端正，表现出很安静地听讲的样子，从不影响别人。但她从不举手发言，老师叫她起来回答问题，她只会无助地看着老师，一言不发。老师意识到，看起来认真、安静地听讲的小丽，事实上心根本不在课堂上，而是早不知道跑到哪里去了。

原因分析：这类学生往往在幼儿园表现不突出，不在老师特别关注范围之内，甚至因为外表安静、态度好、不惹事、不调皮、不捣乱，而得到老师和家长的表扬。这样的孩子，往往很容易沉浸在自己的世界中，神游物外，对老师的话，一点也没听进去，对身边的事情，也没什么兴趣。上学之后，看起来一切都很快适应了，事实上，学习的效果，却一点也没有，也很少与同学有正常的交往，是隐性的不适应。

对策：父母应该给予孩子更多的关爱，多和孩子交流，常与老师联系，及时了解孩子在学校的真实状态。每天倾听孩子讲述"学校发生的好玩的事"，通过这些非任务性的"汇报"，让孩子慢慢地将注意力引回到课堂，引回到班集体。对孩子表现出来的一点一滴进步，都要及时地给予肯定和表扬，使孩子觉得自己是有进步的，而进步是能得到表扬的。老师要根据这类孩子的特点，给予关注，引导孩子的注意力，捕捉到孩子的兴奋点，适时提供岗位锻炼，展示自我的机会，激发其对学校生活的乐趣，减少挫败感。

18.同桌衣服上的窟窿眼

虽然背上书包，成为一名小学生了，但上学一个多星期了，小楚都没能弄明白自己为什么上学，她也几乎不知道在课堂上，自己要做什么事。坐在课桌前，她总是一刻不停地摆弄着什么东西，一块橡皮，一支笔，书包上的一个扣子，衣服上的一个线头，都可能成为她的玩具，且百玩不厌。有时，老师正在讲课，她会突然说："我饿了，要吃点心了！""老师，怎么还不下课，我想出去玩了！"如果她的愿望没有及时满足，她便会闹个不停。

有一次，同桌的家长赶来学校，要求老师调换座位，原来小楚上课时因为小动作太多，同桌深受影响，家长还在孩子的衣服上，发现了很多的小洞眼，这些都是上课时，小楚偷偷用铅笔戳的……

原因分析：有的孩子在上学之后，还习惯幼儿园的生活状态，没能及时调整好。上课的时候，无法安心听讲，有的还偷偷地将玩具塞进书包，在课堂上拿出来悄悄地玩，同时，喜欢做各种各样的小动作，影响到同桌和其他同学的学习。这是生活习惯和心理状态都没有调整好的体现，还是像以往一样，随心所欲，没有纪律观念，爱玩，爱动，经常做一些小动作，而不知道上课需要认真听讲，遵守课堂纪律。

对策：小动作多，是小学生中普遍存在的一个现象，特别是刚入学和低年级的同学，因为还没有接受过严格的纪律约束，表现出比较任性，坐不住，爱捣乱。对待这样的孩子，需要足够的耐心，家长要及时帮助孩子树立纪律意识，学会在特定的时间，做特定的事情，不三心二意，更不能因为自己的行为，影响到他人。老师在课堂上，也要及时发现并制止这些小动作，对孩子的进步，给予鼓励和表扬，使孩子慢慢适应班级，适应课堂纪律，用心听讲。

35

19.老师，我要报告……

与其他小朋友相比，小伟的适应性，就显得强多了，开学没几天，他不但结识了几个要好的伙伴，还很快和任课老师都熟络了。一下课，别的孩子都跑到操场上去玩，他却一个人悄悄地跑进了老师的办公室。他去干什么呢？

他走进语文老师，也是班主任老师的办公室，对老师说：老师，我有事情要报告。老师问他有什么事，他如数家珍说开了：

老师，你上课的时候，小兵在打瞌睡。

老师，小宝欺负女同学，讲她妈妈的坏话。

老师，我的橡皮不知道被谁偷走了。

老师，小玲上课喜欢讲话。

老师，上算术课的时候，小卫老是做小动作……

都是鸡毛蒜皮的小事情，但小伟讲得很兴奋，好像发现了新大陆似的。老师为了鼓励他，对他露出了赞许的神情，这让小伟更加兴奋，也更加勤奋了。

他告诉算术老师，某某笑话你戴的眼镜，真难看。

他对体育老师说，某某偷懒，跑步的时候，跑到一半，他就躲到一边去了。

他甚至跟门卫大爷也套起了近乎，我们班有个同学说你凶，长得跟猪八戒似的。

一次次小报告，都让小伟异常兴奋，弄得上课时，都不知道老师在讲什么，他的注意力，都拿去观察别的同学有没有小动作，有没有打瞌睡，有没有走神，像个小侦探一样。

原因分析:要正确地分析孩子为什么爱打小报告。从心理学角度来看，一年级孩子对是非、善恶行为准则和社会道德规范有了一定的认识，并尝试着根据自己认识到的道德规范，对别的小朋友的行为做出判断，并通过报告给老师，达到自己对是非判断的直接诉诸，同时，他们渴望得到老师的认可和表扬，获得心理的满足；有时，他们在集体活动中出现矛盾纠纷，致使一方或双方感到委屈、愤怒等情绪，希望告诉教师以求得公正裁决，有时，他们甚至不追求公正裁决，只是使自己委屈的心理得到平衡，只是希望老师知道他受到了伤害，给予他安慰。

对策:很多孩子，都爱打小报告，有人作过统计，小学一年级的孩子中，几乎所有的人，都向老师打过小报告。对待爱打小报告的孩子，不能简单粗暴地对待，那样既可能伤害到孩子的自尊，也不利于实际问题的解决，因为很多小报告，是课堂纪律和孩子关系的真实反映，需要老师积极面对，妥善解决。在对待打小报告的孩子时，理解、体谅、宽容和善意，非常重要，同时要学会用眼神和孩子交流，而不是直截了当地给予回复，让孩子在不知不觉间发现，你已经知道了这件事，并会认真去处理。尤其要做到的一点是，不偏听偏信，既不能让打报告的孩子自尊心受损，也不能让"恶人先告状"的人尝到甜头，而让其他孩子受委屈。老师自身要做到：没有理清事情脉络不迁怒；没有问清事情原委先宽容。

20.我为什么与他们不一样呢？

小俊是个不幸的孩子。三岁那年，玩耍时不慎摔了一跤，因为不是很痛，当时父母也没有太在意，没想到，过了一夜，小俊感到大腿很疼，起不了床，这时候，父母才手忙脚乱地将小俊带到医院去检查。拍片的结果显示，小俊的左大腿股骨颈摔伤了，医生提供了两套治疗方案：手术治疗和保守治疗。考虑到孩子太小，动这么大的手术，恐对孩子不利，所以，小俊的父母选择了保守治疗。在床上躺了半个月，小俊感觉大腿不那么疼了，要下床玩。父母以为小俊已经痊愈，就答应了。虽然感到还是有点隐隐作痛，但孩子的顽皮心，很快使他忘记了这个茬。就这样，小俊一瘸一拐地下了床，像以往一样，顽皮开了。

从那以后，小俊走路，一直有点瘸拐，父母以为还在康复期，慢慢就会正常的。没料到，过了一段时间后，小俊走路还是一瘸一拐，父母又领着孩子到医院检查，结果出来了，小俊的左腿股骨，比右腿短了近两毫米，已经基本成型，没办法再改变了。就是这两毫米，让小俊从此走起路来，都一瘸一拐，再也没有正常过。小俊落下了轻微的残疾。

小的时候，小俊对自己的身体变化，还没有多少感觉，只是走路和跑步的时候，稍稍比别的孩子慢一点，样子难看一点。进了小学后，小俊忽然发现，自己与别的同学的这点不同，让他很不能适应，也很难过，特别是体育课跑步时，他的一瘸一拐的姿势，常常引来同学们的窃笑。小俊的心里，渐渐产生了阴影，一到教室，他就坐着不动，连下课都不愿意站起来，去教室外活动，他害怕同学们看到他走路的样子。小俊陷入了深深的痛苦之中。

原因分析：身体有残疾的孩子，是少数群体，也是引起他人关注，甚至被嘲笑奚落的特殊群体。因为身体上这样那样的残疾或缺陷，导致心理上产生失落、自卑、挫败的情绪，严重影响到孩子与其他孩子的正常交往，容易落单、孤独、封闭。同时，因为这些不健康的情绪，会使孩子不愿意参加集体活动，不愿意和别人打交道，进而对学校和学习都

37

产生畏惧，不愿意上学，不愿意学习。

对策：对身体有残疾或生理有缺陷的孩子，一定要付出更多的关注，更多的爱，更多的理解。这样的孩子，情感往往都比较脆弱，或多或少存在着心理阴影，这就需要父母和老师，以温暖的爱呵护他们，帮助他们树立自信心。在学校，老师要引导其他同学与这些孩子真心交朋友，要让孩子们明白，身体缺陷不是孩子自己的错，身体的缺陷也不是什么丢人的事情，不准嘲弄这些同学的生理残疾和缺陷。需要注意的是，爱不是过多盲目的关注，有时候，关注越多，越容易让孩子在意自身的缺陷，仿佛一个伤疤，一再被揭开。爱应该体现在润物细无声之中。除了给予爱和及时的表扬鼓励外，可以适当地为这些孩子提供一个岗位，让他感觉到自身的价值，以增强自信心。

进入小学一年级的新生，经历了人生的第一次重大的环境改变，可以说，这也是人生最重要的一次转身。能不能顺利地完成这次过渡，能不能尽快地适应新环境所带来的种种变化和不适症，将会直接影响到孩子此后六年的小学阶段的学习、生活和成长，甚至会影响到中学乃至一生。作为父母和老师，孩子成长过程中最重要的两个角色，我们有义务、有责任、也应该有能力，帮助我们的孩子，和他共同面对，一起去适应，一起去改变，你今天为他多做一点，他的人生，就少一点迷茫，多一点光明；少一点坎坷，多一点坦途。

第二章 初一新生的入学适应

第一节 遭遇青春期

完成小学阶段的学习，进入初中，是孩子人生面临的又一次重大改变和转折。而在这个重要关口，大多数的孩子又直接遭遇了一个重要的生理变化——青春期。这注定了孩子将面临双重的压力和考验：即初中新环境的适应与自身生理、心理变化所带来的适应性问题。

先来了解一下青春期的概念。所谓青春期，是指以生殖器官发育成熟、第二性征发育为标志的初次有繁殖能力的时期，在人类及高等灵长类以雌性第一次月经出现为标志。青春期是指由儿童逐渐发育成为成年人的过渡时期，是人体迅速生长发育的关键时期，也是继婴儿期后，人生第二个生长发育的高峰期。一般来说，女孩子的青春期比男孩子早，大约从 9 至 10 岁开始，而男孩子则从 11 至 12 岁开始。由于个体差异很大，所以，人们通常把 10 至 19 岁这段时间统称为青春期。这一期间，不论男孩或是女孩，在身体内外都会发生许多巨大而奇妙的变化。

一般的孩子，大约在 13 岁左右完成小学阶段的学习，进入初中，而这个时段，也正是大部分孩子已经或开始进入青春期的时间。所以，他们在作为初一新生入学的同时，还同步与青春期遭遇。

我之所以将青春期列为这个阶段孩子所面临的最大困惑与挑战，是

39

因为，在我们的一生中，青春期是一个非常重要的阶段，能否平稳、安全、理性、顺利地度过，对我们此后的人生影响至深。有人将青春期视为婴幼儿断乳之后的人生第二次危机，很显然，这次危机比第一次危机，来得更突然、更猛烈，也更壮烈。重视、理解并帮助孩子，完成这次人生的蜕变，是所有初中入学新生的父母和老师，所面临的最为迫切、最为紧要、最为关键的任务。

⊙ 脱茧而出的身体变化

有的孩子到了小学高年级后，身体会骤然发生显著的变化，身高、体重、胸围、头围、肩宽、盆骨等都在迅速增长，似乎在一夜之间，孩子就长高了，长大了，长壮实了。在这个时期，男孩子的声音会变粗，有的男孩子还冒出了胡须；女孩子的声音则会变高，乳房开始慢慢地变的突出……孩子体型体态的变化，往往让父母惊喜不已，因为这说明孩子长大了。这都是我们看得见的外在的变化，与之同时，是孩子身体内部的快速成长和变化，孩子身体的各个器官、系统都将在这个阶段，迅速地生长、成熟、完善和健全，值得高兴的是，孩子的大脑内部结构也逐步变得复杂起来，大脑皮层的沟回组织和神经元细胞逐步趋向成熟和完善，高级神经活动中的兴奋和抑制过程逐步平衡，特别是内部抑制机能逐渐发育成熟，为孩子抽象思维的发展奠定了基础。而尤其重要的一点是，他们的性机能也逐步发育成熟，性萌动、性幻想、性渴望，使他们陷入深深的迷茫、困惑和兴奋之中。

很多父母，对孩子身高、身材等体形的变化，表现出了极大的兴趣和喜悦，而对于掩藏在孩子体内的生理变化，却了解不多，知之甚少。有的父母虽然知道了，却羞于和孩子探讨他们的身体变化，认为这是每一个人都必然经历的正常的生理现象，孩子自然会慢慢弄明白的。这是一个多么错误而有害的观念，使孩子在成长的关键时期，失去了正确的、有益的、体贴的指导、关爱和呵护。父母应该明白，孩子此后所面临的许多困惑和不适应症状，都与他的身体变化，有着不可割裂的关系。

40

⊙我有一个小秘密

很多孩子，正是从这个阶段开始，有了自己的秘密，这个秘密，既有身体的，比如他不愿意向父母袒露自己的躯体了，不愿意与父母有明显的亲昵动作了，不愿意在寒冷的夜晚钻进父母的被窝了，也不愿意父母擅自进入自己的小房间了；更多的则表现为精神上的秘密，有些话，他不愿意向父母说了，有些东西，他不愿意让父母看见了，有的时候，他会一个人默默地静思发呆了。这个时段的孩子，往往在情感上，第一次有意识地躲避父母。这些变化，都是青春期心理变化的外在表现。了解孩子青春期的心理特征，有助于我们更好地了解自己的孩子，从而帮助他们正确地认识、摆脱青春期的困惑和苦恼。

青春期孩子的心理特征主要表现在以下几个方面：

情绪特点：青春期的孩子情绪容易波动，而且表现为两极性，即时而心花怒放，阳光灿烂，满脸春风，时而愁眉苦脸，阴云密布，痛不欲生，甚至暴跳如雷。情绪不稳定，容易偏激，走极端，是这个时期孩子最大的特点。

情感特点：在这段时期，孩子的情感由原来单一的对亲人的挚爱，逐步拓展到对同学、老师、明星、科学家和领袖人物的尊崇和追随，由自爱到爱他人、爱集体、爱家乡、爱祖国，也就是说，孩子的情感开始更多地体现出社会性。同时，他们的道德观也发生了变化，崇拜成功人士、名人和明星，对坏人坏事疾恶如仇，他们追求公平公正，一旦发现某人有私心杂念，他们就会嗤之以鼻。这种爱憎分明的情感特征，也往往使他们在现实生活中，因不愿意妥协和容纳不同意见，而很容易受到伤害。

思维特点：进入青春期后，孩子的抽象思维迅速发展，对一般的问题，能够透过现象进行概括和总结，开始尝试着从不同的角度，多维、立体地考虑问题，并且通过综合、分析、推理找出本质和规律。因此，这个时期的孩子，特别好辩论，喜欢钻牛角尖，打破沙锅问到底，敢于挑战老师和家长，呈现出初生牛犊不怕虎的闯劲。但也正因为如此，由于缺乏沟通交流技巧，很容易遭遇挫折。

41

交往特点：进入青春期后，孩子渐渐地从家庭中游离，更多地愿意与同伴一起交流、活动，喜欢结交志趣相投的同学，好朋友之间，无话不谈，形影不离，视友谊至高无上，甚至愿意为朋友两肋插刀。这是典型的心理断乳的表现，是很正常的现象，但因为发生得太快，父母往往没有做好足够的心理准备。特别需要提到的是，因为青春期也是性心理萌芽期，表现为开始比较注意自己的形象，特别是异性同学对自己的评价，也尝试与异性交往，但是在交往过程中心理变得很复杂，一方面渴望接近对方，另一方面又很害怕被别人发现，结果，交往过程神神秘秘，羞羞答答，这些又很容易成为同学们的谈资，从而诱发严重的心理负担，直接影响到学习和生活。

⊙青春期的矛盾与困惑

孩子进入青春期后，不可避免地会遭遇到这样那样的问题，由于经验不足，阅历不多，方式方法不当，致使他们往往深陷纷乱的矛盾与困惑之中，而不能自拔。只有了解了孩子这一特定时期的矛盾根源，我们才能在日常的生活中，有的放矢地帮助他们。

独立性和依赖性的矛盾：进入青春期的孩子，心智从儿童向成人转变，独立意识开始增强，表现在生活上不愿受父母过多的照顾或干预；有了自己对事物的价值和是非判断，不愿意听从父母的意见，并显露出强烈的表达自己意见的愿望等等。但由于生活经验和社会经验的先天不足，往往又到处碰壁，于是，他们又不得不转而寻求父母的帮助，兼之生活和经济上不能独立，以及父母的权威作用，又迫使孩子不得不依赖父母。

成人感与幼稚感的矛盾：青春期孩子身体的变化和心理的变化，都让他们觉得自己长大了，是个成人了，成熟了，可以有自己的生活和自己的主见了，因而在一些行为活动、思维认识、社会交往等方面，表现出成人化。他们特别渴望别人把他看做大人，尊重他、理解他，但由于年龄不足，社会经验和生活经验及知识的局限性，令他们在思想和行为上，又往往表现出较大的盲目性和冲动性，易做傻事、蠢事，带有明显的小孩子气，其言行都还显得很稚嫩。

心理闭锁与渴求理解的矛盾：由于自我意识的发展，青春期的孩子开始把注意力集中在自己的内心世界上，从而意识到自己的思想和情感的独立性。一方面，他们渴求倾诉和理解，愿意对知心朋友倾吐自己内心的秘密，另一方面，他们又瞧不起那些用导师式口吻对他们说话的人，也不愿同长辈透露内心，实行自我封闭。由于他们把内心的感受深深地隐藏了起来，以致常常产生孤独感。这类孩子往往通过写日记、画画、上网向陌生人倾诉等，来表现内心的苦闷和孤独感。他们很需要求得别人的理解，而又常常苦于别人不理解自己，找不到真正了解、理解自己的人。

进取心强与自制力弱的矛盾：学生一般都有积极向上的进取之心，这与他们强烈的求知欲、自尊心和好胜心是分不开的。但由于他们思考问题不周密，往往带着浓厚的主观情感色彩去看待周围的人和事，因而有时会片面地坚持己见，对父母、教师或集体的要求，合乎己意的就去办，不合己意的就盲目地拒绝或顶牛，不能控制自己，凭冲动行事，事过之后又非常后悔。

渴求与压抑的矛盾：由于性的发育和成熟，青春期的孩子出现了与异性交往的渴求。他们开始关注异性，也渴望得到异性的关注；喜欢在异性面前表现自己，甚至出现朦胧的爱情念头；对性知识很渴求，试图通过各种渠道对异性和性知识，有更多的了解。但由于学校、家长和周围环境、社会舆论的约束和限制，以及自信心的不足，使青春期的孩子在情感和性的认知上，存在着既非常渴求，又羞于表露的状态。

愿景与现实的矛盾：进入青春期的孩子，往往特别争强好胜，这是因为，他们的心中，都有一个美好的愿景，对未来充满着憧憬、冲动和向往。他们幻想将来做一个有学问的、成功的、受人尊重的人，而实际情况却是，他们或努力不够，或方法不当，或只想不做，因而，成绩不理想，人生的目标显得遥不可及，于是对现实失望、不满，甚至颓唐，造成美好的愿望与残酷现实的矛盾。

⊙对策：沟通是一把金钥匙

　　每一个孩子都是奇迹，都是上苍赠给我们的瑰宝。孩子在青春期出现一些生理和心理问题，产生这样或那样的矛盾和困惑，这都是极其正常的现象，父母完全没有必要惊慌失措，手忙脚乱，甚至如临大敌。父母的态度，是孩子能顺利地克服缺点、解决矛盾、排除疑惑的前提保障。而帮助孩子适应青春期的变化，走向成熟，最有效的办法，就是学会和孩子沟通，沟通是父母与子女之间的桥梁，是情感交织的纽带，也是一把解决问题的金钥匙。

　　沟通是一门艺术，特别是与敏感、脆弱、易激动的青春期孩子的沟通，必须讲究策略，使孩子易于明白，乐于接受，沟通才能是可行的、有效的、可持续的。在沟通中，应掌握这样八个关键词。

　　理解：不要把孩子的行为看成无理取闹。理解是沟通的基础，是前提条件。倘若你对孩子青春期的变化和情绪反应，丝毫都不能理解的话，那么，就绝对不可能有良好的沟通。当然，理解是相互的，本质上应该是一种互动行为，父母理解孩子的困惑和苦恼，孩子理解父母的良苦用心，才能搭建成一个顺畅的沟通渠道。但首先是父母要理解孩子，只有你理解了孩子，孩子才有可能理解你。有的父母会觉得，我很理解孩子啊，但孩子却不能理解我们；或者是虽然理解了，却无法进行沟通。那我告诉你，你的理解，很可能只是一种误解，只是基于自己良好出发点的一种单向的理解，事实上，你并没有从内心深处理解孩子，没有站在孩子的角度去理解。

　　尊重：留点空间，尊重孩子的秘密。在家庭当中，最主要的是要相互尊重，不要把孩子看成是自己的私人财产，生杀予夺，全由父母来决定，父母端着高高在上的架子，只会使孩子和你不是站在一个平等的高度上，其结果也只能是他离你越来越远。尤其是要尊重孩子的秘密和人格，沟通不是为了窥探孩子的隐私，不是为了挖出他的秘密，而是为了更好地了解自己的孩子，因此，如果有些事情和感受，孩子一时不愿意向大人诉说，请尊重他保守自己秘密的权利。

平等：是家长，更是朋友。对很多父母来说，做到这一点，往往很难。很多家庭中，父母都是绝对的权威，这既是传统观念的惯性延续，也因为大多的父母会自认为，自己是过来人，有着丰富的履历和经验，比孩子更了解人情世故，更了解真相，更接近真理。有的父母错误地以为，自己的所有的出发点，都是为了孩子好，孩子就应该听自己的，不听就是大逆不道。还有的父母认为孩子想要什么，就满足他什么，特别是物质方面的需求，以为这就是平等了。这些是平等应有的态度吗？当然不是。高压、打压，或者纵容、溺爱，都不是真正的平等。父母与子女，没有绝对的平等，那既是不现实的，也是无益的，真诚地将孩子当成朋友，平等面对，坦诚相待，这恐怕是父母与子女之间，所能达到的最好的平等关系和状态。

自由：孩子慢慢长大了，他的地盘他做主。给孩子一定的自由，对青春期的孩子来说，非常必要，也是与之有效沟通的前提条件之一。这个自由，包括空间、行为上的自由，也包括思想、精神的自由。比如孩子的房间和私人用品，就有自由支配、不受侵扰的自由；孩子在学习之外的时间，就有娱乐、交友、玩闹的自由；孩子对一些家庭事务，特别是牵涉到他的生活和学习的部分，有充分表达个人意愿和意见建议的自由；孩子对自己的未来，有自行规划的自由，等等。没有自由的身体，就不可能有自由的行为；没有自由的思想，就不可能有自由的灵魂；同样，没有自由，就不可能有自在、顺畅、有效的沟通。

真诚：向孩子敞开心扉，让孩子了解真实的父母。前面我们已经提到，有的父母会觉得，孩子不理解自己，无法与之沟通。出现这种局面的一大原因可能是，你根本就没有真诚地向孩子敞开自己的心扉，孩子没有感受到你的诚意，没有体会到你推心置腹真诚交流、沟通的愿望，认为你不过是换一种方式，来灌输你的观点，对他进行管教。有的父母会觉得，我将心都掏给他了，他怎么就不能稍稍理解一下做父母的苦心呢？我见过很多这样的父母，他们在面对"不听话"的孩子时，一脸阶级斗争，一脸苦大仇深，一脸恨铁不成钢，如果说这些极端的表情有什么作用的话，我告诉你，这除了只会加重孩子的心理负担，甚而产生厌烦的情绪

外，一定别无帮助。道理很简单，那不是真实的、真诚的、可爱的父母，那只是一颗没有达到自己愿望而表现出来的焦躁且无能之心。父母的无助，只会令孩子更加茫然无助。

信任：让孩子打开心灵的窗户。会有不信任自己孩子的父母吗？这个命题会让很多父母感到不解、委屈，在这些父母看来，自己一直围着孩子转，从小到大，都是认为自己的孩子是最好的，天地良心，我怎么会不信任他呢？我可以帮孩子问问，你有没有偷看过他的日记，或手机短信？孩子告诉你明天不用上学，你有没有打电话向老师或他的同学求证？你有没有趁帮他收拾房间之际，乱翻他的物品？也许你会说：有过，但我那是怕他说谎，担心他走歪路，防止他被不良的东西影响，或陷入早恋的泥潭。没错，我能够理解你的用心，但这丝毫也不能改变，你对孩子的不信任或不够信任的态度和事实。信任不是放任，不是信马由缰，但信任是人与人之间交往的基石，父母与孩子，概莫能外。父母对孩子不信任，孩子就不可能信任父母，而一个不信任父母的孩子，他就不可能向你打开心灵的窗户，不可能向你讲知心话，父母和孩子，也就不可能进行沟通。

宽容：失败的孩子更需要呵护。孩子进入青春期后，因为生理和心理的诸多不适应，难免会使学习兴趣和学习劲头减弱，甚至出现成绩快速下滑，产生厌学情绪，有的孩子还可能因为与同学关系处不好等原因，造成心理失衡，产生强烈的挫败感。孩子的这些变化，往往令父母着急、茫然、担心、焦躁，这些负面情绪又可能会传染给孩子，加剧他的失败感；反过来，父母又会陷入新一轮的焦虑之中，从而形成恶性循环，而又找不到症结所在，没有行之有效的解决办法。其实，父母应该明白，孩子在这个阶段出现的问题和挫败，都很正常，只要我们和孩子进行沟通，找到问题的根源，就不难有针对性地帮助孩子，走出眼前的困境。给孩子多一些宽容，就是帮孩子减压，就是理性地和孩子共同面对。

支持：告诉孩子"你能行"。父母对于孩子的支持，更多的表现在生活上的照顾，比如为孩子做一些好吃的，让他增加营养；为孩子营造一个安静的学习环境，让他可以安心地学习；孩子需要什么学习用品，及时帮他购买等等。这些都是十分必要的。大多数的父母都能做到一点，那就是再苦不能苦孩子，父母都会想方设法为孩子在生活条件、学习环境上，提供尽可能好的便利。但我们绝不能忽视的是，及时地经常性地给予孩子精神上的支持和鼓励，告诉孩子"你能行"，也许比为他烧一顿美味佳肴，更能让他感受到父母的关爱和支持。虽然青春期的孩子，对于一些成人特别是父母的言论，开始出现盲目的抵触情绪，但是，对于父母真诚的肯定、鼓励和表扬，孩子一定乐于接受，并转化成积极的能量。因此，无论是在与孩子正式沟通的时候，还是在日常的琐碎生活中，都别吝啬你的赞美和赏识之辞，别忘了做孩子最坚强的精神后盾。对孩子精神上的支持，既是给他动力，也是为他解除后顾之忧，何乐而不为呢？

第二节　初一新生的不适应症表现

跨入初中门槛的孩子，除了上述的因为身体进入青春期后，所带来的诸多困惑与不适应之外，全新的中学生活和学习，也必将给他们带来完全不同的环境和感受，等待他们的，是又一次严峻的转型和适应性挑战。

虽然同属九年义务制教育阶段，但初中作为中学，与此前的小学，不仅在名称上有了根本的改变，而且，在课程设置、学业要求等方面，都有了很大的提升和改变，与小学阶段迥然不同，需要孩子们尽快适应。同时，虽然初中仍然是按学区划分的，但终归不同于小学升级的延续，学校不同了，班级改变了，老师、同学变化了，各方面的要求不一样了，这一切的环境改变，都必然造成孩子生理和心理的极度不适应。可以说，从小学跨入初中，是孩子人生面临的一道分水岭，而种种的不适应症，无疑就是一道道横沟，帮助孩子顺利地跨越，无论对孩子，还是父母老师，都是一次意义重大的挑战。

⊙一次忧心的小调查

这是一位初中老师进行的一次初一新生入学情况调查。在对528名初一新生进行问卷调查后，老师发现，初一新生出现的心理问题，非常普遍。

80.7%的学生存在情绪障碍（其中入学有焦虑情绪的占73.3%，有孤独感的占41.4%，有压抑感的占57.5%，有恐惧心理的占10.5%）；

23.9%的学生自信心不足，存在自卑心理；

44.7%的学生感到学习压力很大，在校时间过长；

29%的学生存在人际交往不适应；

12.5%的学生对自我定位不清晰；

21.9%的学生对老师的教法感到不适应，学习兴趣不浓，学习成绩下滑；

0.5%的学生出现逃学、厌学等行为问题；

0.6%的学生出现较严重的综合性心理问题。

这次小调查说明，初一新生比较普遍地存在不同程度的入学适应不良问题，其中多数属情绪障碍，近一半学生学习压力大，入学后学业适应有困难，还有少数学生存在自信心不足、行为问题和较严重的心理问题。

这些初一新生所出现的种种心理问题和不适应症，可以说是预料之中的结果。在我与很多初中老师交流中，他们都提到了这个问题，几乎每一位带过初一新生课的老师，都会遇到类似的这样那样的问题，而他们也会有意识地在学期初始，对孩子们进行相应的心理辅导，或给予其他帮助。我接触过的很多家长，在孩子进入初中阶段后，对于孩子的学习立即抓得紧了，关注孩子的时间多了，这其中最主要的原因是，三年之后，他们的孩子将面临人生的第一次筛选——中考。所以，众多的家长，未雨绸缪，在孩子一进入中学之后，就对孩子的学习特别是考试成绩，给予了过多的关注和重视。但很少有父母，提到或关注孩子进入初中后，所面临的困惑和问题。孩子每天都正常地上学放学，没什么变化啊。这是很多父母的真实感受。这才是问题的症结，也是令人担忧之处。

如果我们的父母，连孩子遇到的问题和不适应症，都意识不到的话，怎么会去有意识、有目的、有针对性地帮助孩子呢？而一味关注孩子的学习和成绩，只会使孩子更加不能适应，问题和后果更严重。因此，我要告诉父母们的是，如果你想孩子在三年后的第一次筛选中，站在一个有利的位置，得到一个满意的结果，那么，从他进入或即将进入初中学习之时开始，就请务必正视和重视孩子将面临的诸种不适应症，及时地帮他们一把。

⊙初一新生环境不适应的症状

初一新生的不适应症，可以概括为三种：认知上的不适应，情绪上的不适应和行为上的不适应。

一、认知上的不适应

刚入学时，由于学校、老师、同学的改变，处在一个新环境之中，新生常常会有意无意地拷问自己："别人喜不喜欢我？我有没有吸引力？老师对我怎么看？同学怎么看？在这个班级中，我还有没有优势？"等等。这是一个自我探询、自我认知的过程。其实不独孩子，我们每一个人在面对一个新环境时，都会产生类似的疑问。正确的认知，可以帮助我们尽快地适应新环境，找准自己的位置。但初一新生因为对自我和他人、环境认识上的局限性，往往很容易产生一些对自己的不合理认知，致使自己不能正确地估量自己，产生负面影响。

在环境适应方面，孩子容易对自我形成的错误认知主要表现在：

没有归属感，觉得什么都是小学的时候好。不少孩子进入初中以后，依然沉湎在过去之中，心理上还是把自己归属于原来的小学班级。在新的集体里，很多新生总认为自己原来的班级是最好的，同学是最棒的，做任何事都喜欢与原来的班级比较，总会说"我们班的某某同学怎么怎么有趣，我们班的某某老师如何如何好。"而他所指的"我们班"，并非现在新的班级，而是一个已经不存在了的集体。对过去恋恋不舍，使一些孩子很难适应新的环境，把自己归属到现在这个新的集体中来。因为没有归属感，恋旧心理便产生，产生对新环境的不适应和不喜欢。

49

周围没有人喜欢我。 刚入学的初一新生，可能还没有找到新的伙伴和朋友，面对陌生的面孔，很容易疑神疑鬼，认为新同学不喜欢自己，总感到有人在背后讲自己的坏话；认为新老师也不喜欢自己，对自己看不顺眼，什么事情都偏袒别的同学。

新同学态度不诚恳，待人不真诚。 已经习惯了相处六年的小学同学，对新同学，因为不了解，容易出现矛盾，认为新同学不够真诚，没有友谊，不能跟他们讲真心话，不能坦诚相待。

我连班干部都没选上，不必再像以前那样严格要求自己了。 有的孩子在小学时，可能担任过班干部，到了初中，不再是班干部了，因而产生挫败感，认为自己不如从前了，也没必要像以前那样严格要求自己了，错误的认知使孩子放松了对自己的要求。

在学习适应方面，孩子容易对自我形成的错误认知主要表现在：

学习节奏太快，我跟不上了。 相对于小学来讲，初中阶段的学习内容增多了，节奏加快了，骤然变快的学习节奏，会打乱很多孩子在小学阶段养成的习惯，感到跟不上，适应不了。

学习太苦、太枯燥，没劲透了。 应该说，学习本身就是一个艰苦的事情，而如果又感受不到进步，则更加难以体会到学习的乐趣，使孩子感到学习是件枯燥乏味的事情，从而失去学习的兴趣。

我无法适应新的学习方法。 进入初中后的学习，开始由被动的灌输类的学习，向主动的探知类的学习转变，学习的方式方法，都必然有着很大的改变，致使一些孩子难以适应，因找不到正确的学习方法而苦恼。

我没别人有后劲。 看到别的新同学成绩提升快，而感到自惭形秽，认为自己可能能力有限，水平有限，小学阶段就把自己的能量用完了，不像别人那样后劲十足，从而产生颓丧的情绪。

我变笨了。 因为在学习方式方法上的一时不适应，学习吃力，成绩下滑，转而陷入深深的自责之中，认为自己身体长高了，长壮了，脑袋却变笨了，所以才跟不上节奏，达不到效果，提不高成绩。

我觉得自己成绩差，又不够勤奋，我没希望了。 成绩变差，无疑对孩子的自信心，形成很大的打击，而学习兴趣的丧失，又会使孩子不愿意更多地付出，形成的恶性循环就是，成绩差→颓丧→成绩更差。结果是有的孩子会对学习心灰意懒，认为自己反正就这样了，没希望了。

力不从心，我不是读书的料。学习上的力不从心，会导致孩子精神上的颓废情绪，兼之不能及时得到应有的疏导和鼓励，有的孩子会由此走向极端，甚而自暴自弃，认为自己压根就不是读书的料，混一天算一天吧。

二、情绪上的不适应

由于环境变化大，压力大，初一新生很容易出现害怕、嫉妒、焦虑、自卑、反复无常等情绪表现。对学习感到力不从心，产生厌恶情绪，总认为班上其他同学比自己强，容易自卑、生气，进而产生强烈消极情绪和孤独感。

恐惧。初次面对新的环境，人都会有一些不适应，甚至会出现短暂的害怕、畏惧，这都是正常的情绪反应，但有的孩子，在进入初中后，因为生活、学习、人际关系上的不适应，会出现强烈的恐惧心理，甚至害怕走进学校，回到教室。有的同学上课时，感觉非常紧张、害怕，不敢进校门、教室门，甚至会出现胸闷、胃不适、呕吐等激烈的身体反应。这都是恐惧心理造成的。

嫉妒。嫉妒是一种普遍的社会心理现象，是一种影响团结，使力量内耗、损己害人的消极心理。现在的孩子,大多会有一种天然的"优越感"，父母的偏爱和娇惯，使一些孩子从小产生了唯我独尊的心理，不允许别人超过自己，否则就迁怒于别人。进入初中后，由于竞争的加剧，孩子的成绩和表现，必然会出现差距，争强好胜的心理，又使一些孩子容不得其他同学在某一方面超过自己，从而产生强烈的嫉妒心理。

焦虑。焦虑是由紧张、焦急、忧虑、担心和恐惧等感受交织而成的一种复杂的情绪反应，是预期即将面临不良处境的一种紧张情绪，表现为持续性精神紧张（紧张、担忧、不安全感），或发作性惊恐状态（运动性不安、小动作增多、坐卧不宁、激动哭泣），过度的焦虑，还会出现口干、胸闷、心悸、出冷汗、双手震颤、厌食、便秘等自主神经功能失调表现。孩子初入新环境，对一切都不熟悉，不适应，产生紧张、焦

51

虑的情绪，是完全可以理解的。但过度的焦虑，或长时间得不到有效缓解，则对孩子的身心都会造成伤害。

厌烦。进入初中后，孩子的学习任务加重，要求比小学严格多了，家庭作业会大量增加，各种测验考试应接不暇，超量的学习任务，以及未必同步的学习效果，很容易使孩子对学习产生厌烦情绪。讨厌做作业，讨厌考试，讨厌课堂，讨厌老师，讨厌比自己成绩好表现好的同学，总之对一切都看不顺眼，打不起精神，提不起兴趣，心生厌烦。

生气。由于对新环境不能适应，自身的坏情绪得不到及时排解，进而对自己产生失望情绪，感到郁闷，心情不爽。稍稍遇到一些小事，就会无端地生自己的气，生家长的气，生同学的气，甚至看到书包、作业本，都会产生怒气、怨气。

自卑。刚跨入初中大门的孩子，跟小学阶段相比，心理波动大，情绪不稳定，往往会产生两极分化，要么极度自信，要么沮丧不堪，走向盲目自信与过度自卑两个极端。有的孩子感到学习跟不上，对新知识掌握慢，无法适应初中生活，看到自己的同学学习积极主动，效果明显，成绩优异，就会感到相形见绌，产生自卑心理。除了学习之外，有的同学，还会因为长相、身材、家庭条件等因素，觉得不如其他同学，得不到同学的尊重，感到自卑，抬不起头。

孤独。刚进入初一的孩子，是孤独感最强的时候，有的是因为没有熟悉的同学，有的是因为自卑而产生自我封闭，有的是因为不擅交际找不到新朋友，有的是因为从走读变成住校不能适应。还有的孩子，则是因为成绩好，从而感到被同学孤立，难以找到知心朋友，产生孤独感。强烈的孤独感，会让孩子感到形单影只，困惑无助，找不到学习和人生的意义。

三、行为上的不适应

不适应新生军训。初一新生都必须参加为期一周左右的军训。对孩子来说，军训是个很新鲜、很刺激、很有趣的活动，特别是穿上训练服的时候。但军训又是艰苦的、严格的，对有些习惯了饭来张口、衣来伸手、娇生惯养、自由散漫的新生来说，军训又是一件痛苦的事情，无论是对肉体还是精神，都是一次难以承受的磨砺，感到不适应、不舒服、不理解。

不适应新群体。长达六年的小学阶段，孩子少有改变环境的经历，对原来的班级、校园环境、学习等，都已经熟悉而习惯，产生了情感上的依赖，形成恋旧心理。恋旧心理，使孩子难以摆脱对过去班集体、老师、同学、生活等的留恋，容易寂寞、孤独、没有归属感，从而使孩子更加难以适应新群体、新环境，感到自己与初中生活格格不入。

不适应住校。进入初中后，一部分孩子从原来的走读，转为住校生。离开家庭舒适、自由、温暖的环境，进入全新的集体生活后，不能适应集体住宿，表现为想家，个人事务不能自理，独立能力差，感到寂寞枯燥，对同学的缺点不能包容，一点小事就可能引发一场纠纷。

不适应自主学习。到了初中以后，老师不再像小学时那样面面俱到的管理学生。作业可能都不留，留了也可能不再检查，学习从小学时完全依赖老师布置、家长检查的模式，转为自觉、自主学习、自我管理为主，孩子不能适应。特别是小时候学习比较好的同学，在进入初中后，成绩变得不再突出，再也不像小时候那样，能得到老师特别的关注和表扬，内心产生失落感，逐渐失去对某门课的兴趣。结果，恶性循环，成绩越差，越厌倦，到最后，自己也自暴自弃了。

不适应多门学科。小学课程设置比较简单，平常考试也只重视语、数、英几门主课，师生大部分时间都围着这几科转。进入初中，除了这几门主课之外，地理、生物、历史、政治等学科也都成了考试科目，有些同学就深感无能为力，不知从何下手，不知所措，无所适从。

不适应竞争。进入中学以后，孩子学习的压力会增大。这对不同的孩子，会出现两种不同的情况：有的孩子心理素质好，变压力为动力，压力越大，动力越大，与其他的同学你追我赶，互相促进，共同进步。但也有的孩子，心理承受能力弱，在压力加大的情况下，不堪重负，成绩直线下滑，于是，产生恐惧、抱怨、逃避的情绪。

53

第三节　初一新生的环境适应对策

有一个寓言故事。

两只青蛙在觅食中，不小心掉进了路边的一只牛奶罐里，罐里还有为数不多的牛奶。一只青蛙想："完了！这么高的一只牛奶罐，我是永远也出不去了。"于是它很快就沉了下去。另一只青蛙在看见同伴沉没于牛奶中时，并没有一味自己沮丧、放弃。而是不断地告诫自己："上帝给了我坚强的意志和发达的肌肉，我一定能够跳出去"。它每时每刻都在鼓足勇气，鼓足力量，一次又一次地奋起、跳跃。不知过了多久，它突然发现粘稠的牛奶变得坚实起来。原来，经过它的反复践踏和跳动，已经把液状的牛奶变成了一块奶酪！不懈的奋斗和挣扎终于换来了自由的那一刻，它从牛奶罐里轻盈地跳了出来，重新回到绿色的池塘里。而那只沉没在罐底的青蛙，恐怕做梦都没有想到会有机会逃离险境。

这个寓言故事，生动地说明了一个道理，当环境改变，尤其是遭遇困境的时候，是心灰意懒，绝望地等待，还是适应新环境，并通过自身不懈的努力，改变环境，力求摆脱困境，结局大不相同。

进入初中后，我们的孩子不得不面临着一个全新的环境，出现困惑、迷茫，感到不适应，这都是人的正常的反应，但是，就像那两只青蛙一样，我们是选择怨天尤人，悲观绝望，在被动的等待中无所事事，不求改变，还是不停地奋起、跳跃、尝试、突围？人生同样会呈现出两条截然不同的道路。

在我们漫长的一生中，必然会遭遇一次次的环境改变，必然会碰到这样那样的难题，小升初，只是人生道路上的一次转折，一次改变。如果连这样一次小小的转折，我们都难以适应，不能改变的话，何谈理想的追求，何谈辉煌的未来？小升初的完美转型，是对孩子生理和心理的一次考验，也是家长和老师所面临的一次艰难而又必须战胜的挑战。

⊙我和青春有个约会

初一新生对环境的适应，其中至关重要的一点，就是对青春期的了解和适应。从小学升入初中，也是孩子自身从儿童向青少年的一个过渡，是成长过程中，最重要、最迷茫、问题最多，也是人生最美好的一段时光。帮助孩子平稳、健康、积极地度过青春期，就可以为孩子的将来，打下最坚实的基础。如何适应初中生活，很大程度上，也就是如何适应青春期这个人生最特殊的阶段。

那么，通过班会的形式，让我们一起为青春上一课，共同撩开青春的面纱，打开人生最美好的篇章：

我的身体变化：让孩子们就自己身体方面发生的变化，畅所欲言。会有很多孩子，特别是女孩子，因为害羞而不愿意面对、不敢说出身体方面出现的变化。要告诉孩子们，这些变化很正常，很健康，只有了解自己，才能坦然面对，才能健康成长。

对青春期自我的认知：可以进行一次课堂小调查，让同学们就以下每个问题，进行选择回答，通过对这些问题的回答，使孩子们在无形中，加深对自我的认识，大声地说出自己的困惑，也大声地表达自己的情绪。

——我特别不喜欢大人们夸我是个乖孩子。

——我变得爱顶撞家长和老师。

——我不屑于再玩小学生热衷的游戏。

——我想独自决定与自己有关的事。

——我愿意模仿自己崇拜的人。

——我特别喜爱幻想，总是做白日梦。

——我对新鲜事非常感兴趣。

——我容易冲动。

——我容易后悔。

——在和他人争论时，明知自己输了，还要硬撑下去。

——我对大人的话反感透了。

——我的心里话不愿与大人说了。

——我喜欢一个人沉思默想。

——我希望自己更整洁、漂亮、潇洒，喜欢照镜子。

——我突然发现异性同学变得陌生了。

55

——我不好意思与异性说话和交往了。

讨论：让同学们就青春的话题，展开讨论。美好的青春已经来了，我们该怎样有意义地度过这段人生最美好的时光？

讨论之前，可以启发性地给同学们讲一个故事：

英国有一位哲学家，一次在建筑工地上碰到三个正在干活的青年工人，于是哲学家问他们："你们在干什么？"第一个工人头也不抬地说："我在砌砖。"第二个工人抬了抬头说："我在砌一堵墙。"第三个工人热情洋溢满怀憧憬地说："我在建一座雄伟的殿堂。"听完回答，哲学家在心中对这三个人的未来，作出了判断：第一个工人心中只有砖，他一辈子能把砖砌好就不错了；第二个工人眼中有墙，心中也有墙，好好干或许能当一个工头、技术员；唯有第三位才会有更大的作为，因为他有更大的目标，他的心中有一座殿堂。果然30年后，第三个人成了英国最著名的建筑师。

让孩子们明白，只有心中有殿堂的人，才能铸造出人生的辉煌。那么，我们的青春，应该是什么样的呢？是一个有理想的青春，还是一个有追求的青春？是一个富有正义感的青春，还是一个勇于担责的青春？是一个充满爱心的青春，还是一个敢于挑战的青春？青春是多姿多彩的，青春是丰富浪漫的，青春是激越昂扬的。选择怎样的青春，就是选择怎样的人生，怎样的道路，怎样的未来。

青春寄语：让孩子们每人写下一句话，一段对青春的寄语。这句话，可以是自己的目标，也可以是自己的理想；可以是对未来的展望，也可以是脚踏实地的步伐；可以是爱的宣言，也可以是心迹的袒露。今天的一个音符，将谱成明天灿烂的篇章；今天的一颗种子，将长成明天的一棵参天大树；今天的一滴汗水，将汇成明天壮观的湖泊。也许若干年后，孩子们会惊讶地发现，青春，就是从这一刻，迈出它坚实而绚丽的第一步。

最后，在《明天会更好》的合唱声中，与孩子们一起，勇敢、自信、坚定地迎接青春，也迎接全新的中学生活。

⊙行为养成，适应初中生活

著名教育家叶圣陶说："什么是教育？简单一句话，就是要养成习惯。"培根说："习惯真是一种顽强而巨大的力量，它可以主宰人生。"习惯的养成并不是一朝一夕的事，一旦养成了坏习惯，就会使你受害终生；相反，养成了一个良好的习惯，也会使你受益终生。因此，抓好初一新生的行为习惯养成教育，对学生的健康成长，是至关重要的。

初一学生思想敏感，行为可塑性强。他们有较强的上进心、荣誉感，这一时期是养成良好的学习、生活、行为习惯的最佳时期。

生活习惯的培养和适应：进入初中后，生活环境和孩子的身体生长发育，都有了很大的改变，这就需要孩子及时适应这些变化，合理、科学、健康地安排好自己在家中和学校的生活，养成良好的生活习惯，尽快适应中学生活。

作息时间的适应。小学时，上学时间一般是早八点，晚四点半放学；进入初中后，一般是早七点上学，晚五点半甚至于六点才放学。这就需要孩子们适应作息时间的变化，合理地安排时间，做好个人内务，做到早睡早起，不迟到，不早退，而不能疲疲沓沓，不是上学迟到，就是课堂上昏昏欲睡，进入不了学习状态。

个人仪表的适应。进入青春期后的孩子，往往对自己的形象很在意，对外在的东西比较注重，却又没有形成正确的审美观和价值观。有的孩子不愿穿校服，有的孩子喜欢标新立异，甚至喜欢奇装异服；有的女孩子开始学会打扮，甚至学着大人的样子偷偷化妆，有的男孩子特别注重自己的发型，不愿意理发，开始喜欢蓄长发；有的家庭条件好的孩子，喜欢追逐名牌，戴着名表，挂着首饰……父母和老师要教育和引导好孩子，美是内在的，是仪表和气质的自然流露，而不是靠包装，更不是靠伪装。特别是初中学生，应有学生的样子，符合自身身份的仪表，才是最健康最可爱最美丽的，让孩子保持一个整洁、干净、利落，符合学生身份的仪表和举止。

语言适应。孩子到了青春期后，往往喜欢标新立异，对新事物接受比较快，喜欢跟风。有的孩子，热衷于流行词汇，网络语言，讲出来的话，仿佛是外星语言。还有的孩子，受到影视和社会不良习气的影响，出口成"脏"，讲话喜欢带脏字，黑话，以为这样很有个性，很潮，很有派。

父母和老师要给予孩子正确的引导，以免孩子误入歧途。

行为适应。进入初中后，孩子大了，独立性开始增强，父母在培养和保护好孩子独立意识的同时，要让孩子规范好自己的行为，做一个守纪律、懂礼貌，有责任心的中学生。

课堂上，不要东张西望，注意力不集中，思想开小差；不要懒于动手，对班务袖手旁观，对集体活动漠不关心；上课时要专心听讲，不做小动作，不扰乱课堂纪律。对老师要尊重，对同学要友爱。

课间，不要追逐打闹，大声喧哗；不要吃零食，乱丢垃圾；不要损坏公物；不要做出有碍观瞻有损形象的事情。

放学后，按时回家，不在路上打闹，不进网吧等不宜场所；回家途中，遵守交通规则，如果是乘公车回家，应做到尊老爱幼；回到家后，要适量地帮助父母做一起力所能及的家务，不摆少爷、小姐架子；认真做好家庭作业，做好预复习，有效利用时间；不结交社会不良人员。

学习习惯的培养和适应：进入初一后，孩子的学习内容会增多，学习难度会加强，学习压力会更大，竞争更紧张激烈。孩子在校的时间多了，上下学往返的路程远了，个人可支配的时间少了，这一切，都无形中会使学习任务加重。培养良好的学习习惯，可以帮助孩子充分有效地利用时间，提高学习能力，增强学习效果，适应中学紧张的学习和生活。

良好的预习习惯。同样的年龄，坐在同一间教室里，听同一位老师讲同样的内容，为什么孩子们对新课的理解和吸收程度却有很大的差别？其原因就在于不同的同学听课的起点和接受能力不同。有的同学课前不预习，上课时才匆匆打开课本，对新课内容一无所知，听课完全处于一种盲目被动的状态，听天由命，一节课下来有的听懂了，有的似懂非懂，有的甚至就是听天书。而有的同学听课是有备而来，课前做了充分的预习，对所学新课有了整体的了解，对新课要讲什么，重点是什么，难点是什么，自己哪里不太明白，都做到了心中有数，听起课来自然就如鱼得水，提高了课堂效率。

认真听课的习惯。听好每一节课，将老师讲授的知识点，在课堂上消化，是学好一门学科的重要手段。一位专家说过："你讲给我听，我是要忘记的；你做给我看，我说不定记住了；你若让我参与，我肯定能够学会。"认真听课，不是安静地、被动地听一听就算了，而是需要耳、脑、手、嘴并用，集中注意力，全神贯注，全身心地投入。小动作、分心、走神、左耳进右耳出、不动脑，都无法听好老师的课，也无法真正地领会掌握知识的要点。尤其是刚入学的初一新生，对老师的讲课方式方法还有个适应过程，就更需要在课堂上认真听好每一堂课。

记笔记的习惯。刚升入初一的新生，有的在小学时没有养成记笔记的习惯，有的则不会合理记笔记，通常是教师在黑板上写什么学生就抄什么，往往是用"记"代替"听"和"思"。有的笔记虽然记得很全，但收效甚微。正确的记笔记的方法，包括这样五个步骤：一是记录，在听讲过程中，将重点记录下来；二是简化，学生不是速记员，不可能也完全没必要将老师的话都记录下来，记录需要简化，要记下重点；三是背诵，将记下的重点、要点、难点记住；四是思考，记的同时，要动动脑子，想一想，为什么是这样，我到底弄明白了没有？没搞清楚的要记下记号；五是复习，在课堂之后，要将课堂笔记进行整理、复习，特别是不清楚、不太明白的部分，要及时向老师或同学请教，直到完全搞懂、全部消化为止。有效地记好、利用好课堂笔记，可以达到事半功倍的效果，从而更快更好地适应初中的学习。

勤思考的习惯。学习不是一个知识的简单接受，更重要的是消化、吸收的过程。在学习中，要养成多思、勤思、深思的习惯，大胆提出问题和质疑；还要善于思考，在听、看和观察中，去联想、清理、归纳；同时，要学会反思，找到问题的症结。"听"是"思"的基础、关键，而"思"是"听"的深化，只有会思考、善思考的人，才是一个真正会学习、效率高的人。

在作业中复习的习惯。初中的作业量，会远远大于小学。因为量多了，科目增加了，有的孩子往往因急于完成书面作业，而忽视必要的巩固、记忆和复习，为做作业而做作业，把作业当成了简单的任务来完成，以致出现照例题模仿、套公式解题的现象，起不到作业的练习巩固、深化理解知识的应有作用。为此父母应指导孩子，每天先阅读教材，结合笔

59

记记录的重点、难点，回顾课堂讲授的知识、方法，同时记忆公式、定理，然后独立完成作业，解题后再反思。将作业变成与复习、理解、加深同步的一件事情来认真对待，提高学习效率。

自学的习惯。小学阶段的孩子，大多以老师教学和完成家庭作业为主，对自学的要求不是很高，而进入初中后，学生需要从被动学习向主动学习过渡和转变，仅靠课堂学习，远远不能适应。必须培养好孩子自主学习的意识和能力。首先要有明确的学习任务，没有任务，没有目标，自主就可能成为漫无边际的自由，只有孩子明确了具体的学习任务，才能保持良好的注意力及情趣状态，积极地参与学习。其次要有自学的动力，树立远大目标，并乐意为实现目标而努力。同时，要循序渐进，结合课堂学习和孩子的兴趣，适量地安排自学的任务，让孩子看到成果，感到进步，一步一个脚印，不断巩固。

交流探讨的习惯。萧伯纳曾说过："如果你有一个苹果，我有一个苹果，彼此交换，那么每人只有一个苹果。如果你有一个思想，我有一个思想，彼此交换，我们每个人就有了两个思想，甚至多于两个思想。"孩子在学习中难免会遇到难题，自己多动脑子，下功夫自行解决，会有一种豁然开朗的感觉，从中体验到学习的乐趣，使学习能力和自信心都得到很大的提升。但如果自己实在是想不通，做不出，解决不了，就应主动和同学交流，共同探讨，或者直接向老师请教。在和同学或老师的交流过程中，往往出现多种不同思路、方法的碰撞，从而迸发出绚丽多彩的思维火花。通过交流探讨，相互合作、相互启发、相互借鉴、相互补充，达到共同提高的目的。同时，有效的交流和沟通，也帮助孩子解决了与新同学在交往上的困惑，有利于孩子融入集体之中。

纠错的习惯。学习既体现在对知识的掌握上，也是对错误的一个及时认识、纠正的过程，不能发现、纠正错误，就无法巩固掌握的知识，无法避免再次发生错误。建立一个纠错本，养成对错误的认定、纠正和反思的习惯，是提高学习效率的一个有效途径，它可以帮助学生发现自己学习的薄弱环节，并快速有效地解决，起到很好的提示和警醒作用。

纠错过程中，需要做到以下几点：一是分门别类。首先为各科准备一个纠错笔记，其次为各科的纠错笔记分成若干个部分，做到有条有理，有助于系统地进行整理；二是找出"病根"。纠错的目的是提高，找出错因才是关键，可以将错误与正确答案加以对照，从而达到长效记忆以防再犯的目的；三是温故知新。人都有一个通病，那就是容易忘记错误，这就需要我们不断回头看。同时，还可以在旁边注上自己的见解、体会与领悟；四是归纳总结。通过对自己所犯错误的分析，归类整理，找出解决它的思路与方法，通过多问几个为什么，把一道错题弄懂弄会，从而达到做一题会一类，错过一次，绝不再错的境界。

第四节　二十个典型个案剖析

与小学一年级相比，初中入学新生，因为同时遭遇青春期，身体和心理的变化都特别巨大，再加上对六年漫长小学生活的过度依恋，因而，必然会出现更多的不适应。这个时段的孩子，自我意识开始觉醒，独立意识明显增强，伴随着青春期所特有的叛逆意识，使他们变得特别刺头，特别不听话，特别难以管教和沟通。不少父母，对孩子身上发生的这些变化，表现出强烈的担忧和无奈，却又茫然无措，找不到有效解决的办法。必须看到，孩子的问题，发生在孩子身上，其实往往根子在父母、在家庭、在社会。本节仍然试图以典型个案的方式，通过对一些带有共性问题的剖析，找到症结，帮助孩子顺利度过这段困难时期，尽快适应初中阶段的生活和学习。

61

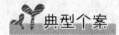 典型个案

1.总是勾着腰低着头的少女

小雪是个多才多艺的女孩，从小学二年级开始，就练习弹钢琴，小学六年级的时候，就考出了钢琴八级。整个小学，她都是班里的文体委员，无论是班级里，还是学校里的大型活动，她都积极参与，是人见人爱的小主持人。

一进初中，班主任老师很快就发现了她文娱方面的天赋，让她继续担任

文体委员。奇怪的是，小雪并没有因此而高兴，反而变得郁郁寡欢，仿佛和小学时完全变了一个人，对集体活动提不起劲，甚至有拒绝心理。曾经挺直的小腰杆，忽然变佝偻了，经常看见她一个人勾着腰走路，身体蜷缩在一起，好像不舒服的样子。老师关切地问过她，是不是身体不舒服，小雪摇摇头。以前，她是同学崇拜的对象，身边总是围着不少女同学，进了初中后，她却很少和同学在一起了，特别是上厕所的时候，她从不和其他同学一起去，总是熬到上课铃声响起来了，厕所里没人了，她才急匆匆地冲进去。

小雪的变化，让老师和父母都很焦心，小雪这是怎么啦？

原因分析：这是女孩子进入青春期后，很容易出现的因为身体变化，而造成的心理困惑。从六年级下学期开始，小雪就进入了青春期，出现了月经，胸脯发育了。骄傲的小雪对自己的身体变化，感到很难为情，特别是挺起的胸脯，让她很窘迫、很自卑，因为好多别的女生，并没有出现她这么明显的变化。为了收敛起胸脯，所以，她才总是勾着腰；为了避免被别的女同学看到她使用卫生巾，所以她总是选择在厕所没有人的时候进去。这一切让她产生了严重的心理问题，直接导致她无法适应新的生活。

对策：只有让孩子正确地认识青春期，了解自身的变化，才能使孩子不被青春期所困扰。尤其是女孩子，她们往往对身体的变化，更敏感，更害羞，更不愿意和别人说起。需要指出的是，女孩子进入青春期后，也更容易迷茫，更容易遭到伤害，这就要求我们的父母，特别是母亲，尽到责任，给予孩子呵护和引导，走出青春期的困惑。

2.家有唐僧式父母

小强聪明好学，小学阶段，成绩一直排在年级前列，这让父母感到特别自豪。小强的父亲，是九十年代的大学生，但因为工作不太顺心，感到事业无成，很苦恼。看到儿子成绩好，又肯学习，父亲总算看到了希望，一家人将所有的希望，都寄托在了小强身上。从小，父母就将所有的精力，都花在了小强身上，特别是父亲，几乎天天晚上坐在一边，陪小强做作业，指导他。这也是小强学习成绩比别人好的原因之一。

还没进入初中，早在小学毕业之后的那个暑假，父母就不断地向小强灌输学习的重要性，要他立下志向，长大之后，考一个好大学，做一个出类拔萃的人，别像自己一样，一事无成，悔恨终身。所以，小学的最后一个暑假，小强也基本上是在父母的监督下，提前进入角色，在父亲的帮助下，完成了初一上学期很多课程的学习。

　　进了初中后，小强的父母，对小强的学习，更上心了。每天，小强一回到家，爸爸就会详细地询问他一天的学习情况，哪门课上到哪了，有没有没弄懂的地方？上课有没有守纪律？是不是专心听讲了？等等。有时候，小强表现出一点惰性，父母就不停地轮番做他的思想工作，什么你这样不用心，怎么比别人学得好？你现在跑得比别人快，别人就很难追上。你忘记你的理想了吗？等等。

　　小强都是一声不吭地，听爸爸妈妈一遍遍地谈学习，谈成绩，谈理想。小强知道，如果自己对父母的话表现出哪怕一丁点不耐烦的话，他们就会讲更多的话，更多的道理。所以，在家里，他还是像小学一样，表现出很乖巧听话的样子，可是，小强放学回家的时间，越来越晚了。父母问他，他就回答是老师补课。有一天，小强爸爸从学校门口开始，偷偷跟在小强的身后，惊讶地发现，小强走到小区后，并没有直接回家，而是趴小区凉亭的石凳上做作业，一直到天黑，才像以往一样，背起书包回家。父母不明白，放着家里舒服的桌椅不用，而宁愿趴在冰凉的石凳上做作业，小强这是怎么了？

　　原因分析：很显然，小强不愿回家。因为一旦回到家，就会面对父母无休无止的追问，就会面临一大堆的问题和意志灌输。父母的唠叨，让小强厌烦，父母的期望，让他背上了沉重的思想包袱。所以，他选择了逃避。

　　对策：孩子是父母的希望，是父母的未来，但孩子不是实现父母愿望的机器和工具。很多父母，对自己的人生失望，转而将所有的希望，都寄托在孩子身上，这在无形中，给孩子造成了巨大的压力和困惑，当他们无法排解的时候，逃避，是他们唯一的选择。对孩子，要关心，但不应该是唠叨；要关注，但不是强行灌输。那只能适得其反。事实上，

要想孩子有进取心，父母的榜样，远比说教重要。父母不必做成什么惊天动地的伟业，你为生活、为工作、为自己的兴趣爱好所做的努力，都会让孩子汲取到精神力量。因此，与其像唐僧一样唠叨取经的重要性，不如自己也拿本书，或做一些有意义的事，给孩子以正面的激励。

3.卫生间里的烟味

有一天，妈妈下班后回到家，发现儿子小骅已经放学回来了，正在自己的房间里，关着门做作业呢。妈妈欣慰地笑了，孩子进初中了，长大了，自觉性果然强多了。

妈妈走进卫生间，准备洗衣服。隐约闻到，卫生间里有一股残留的淡淡的烟味。妈妈使劲用鼻子嗅嗅，没错，是香烟的味道。可是，香烟味是从哪儿来的呢？丈夫不吸烟，家里也没来过别的客人啊。看看儿子紧闭的房门，妈妈忽然意识到了什么。她冲进儿子的房间，拿起儿子的手闻了闻，果然有一股未散尽的香烟味。妈妈生气地问小骅是怎么回事？小骅低着头，颤颤巍巍地从书包里掏出一个香烟盒，交给了妈妈。妈妈一看，里面还剩八支烟，和一个打火机。

一会儿，爸爸也下班回来了。听说了这件事后，夫妻两个人商量了一下，决定好好和儿子谈一谈。小骅轻声说，是从学校门口认识的一个大个子小青年那儿买的。他觉得他们抽烟好玩，有派头，所以，他就和另一个同学合伙买了一包，已经偷偷抽了两根。

原因分析：青春期的孩子，模仿能力特别强，有的孩子感觉自己长高了，长大了，很想做出大人的样子，学潇洒，但他们对很多事情，不能正确地认识和判断，如果受到不良诱导，很容易走入歧途。

对策：孩子因为好奇而模仿，甚而做出一些出格的事，父母应该认真对待，谨慎处理。不问青红皂白地责骂，甚至棒打，并不能解决问题，有时候，反而会使容易叛逆的青春期孩子，走向极端，来一个破罐子破摔。应该耐心地和孩子沟通，弄清楚他为什么会这么做，然后，告诉他这样做为什么不对，有什么不好。这一点，父母自身应做好表率。我认识一个父亲，自己是个老烟枪，孩子也不知不觉地偷偷吸烟，而且，有了点小瘾。气急败坏的父亲发现后将孩子一顿痛打，要他立即戒掉，保证从此不再抽烟。倔强的孩子回他：你戒掉，我就保证不抽。将了父亲一军。可见，要求孩子做到了，父母首先应做到。同时，要留意孩子的交友倾向，因为辨别能力差，这时候的孩子，如果交友不甚，很容易被带坏。

4.十分钟的回家路，他却要走一个多小时

小平的家，离初中的学校不是很远，走路只要十分钟，就可以到家了。所以，进了初中后，小平都是自己走路去上学。

小平的父母，感情不太好，经常因为一些小事，发生争吵。自小平记事起，这个家庭，就争吵不断，暴躁的爸爸，常常因为一些鸡毛蒜皮的小事，对妈妈拳脚相加，有时候，还会迁怒于小平。好在小学的时候，小平住在离校比较近的爷爷奶奶家，只在周末才回到自己家中。远离爸爸妈妈，小平总算平稳地度过了小学阶段。

上初中后，小平不得不搬回了自己的家。父母还是像以往一样，三天一小吵，五天一大吵。每次父母吵架时，小平都是躲进自己的房间，将房门关上，耳朵捂起来。小平实在恨死了这个家，可是，一个孩子，又能有什么办法呢？

每天晚上，小平都要七点多钟，才背着书包，姗姗回家。爸爸感到不对劲，问他为什么总是这么迟？小平回一句，放学晚呗。有一天，爸爸给老师打电话，一问，五点半就放学了，孩子都早就回家了。爸爸沿路找到了学校，没有看到小平的影子。往回走的时候，正好看见小平背着书包，从一个网吧走了出来。爸爸什么都明白了，难怪小平每次都那么晚才回家，十分钟的路，他总要走一个多小时，原来是偷偷上网吧了。

回到家，怒气冲天的爸爸，将小平一阵暴打。小平没躲，咬着牙，一声不哭，也一声不吭。妈妈又气又心疼地对他说：你就不能答应爸爸，今后不再去网吧了，一放学就回家吗？小平偏着头，恨恨地说：你们天天吵吵吵，我回家有什么意思？

原因分析：家应该是我们最温暖的港湾，而小平不但没有在这个家感受到温暖，还倍受煎熬。不回家，迟一点回家，既是他唯一可选择的逃避方式，也是他无声的抗议。又经受不住一些黑网吧的诱惑，于是，

65

才一次次溜进了网吧。

对策：孩子不愿意回家，问题的根源在父母，所以，解决的办法，只能从父母开始。一个和谐温暖的家庭，是家庭凝聚力的关键。没有爱，就不可能有吸引力，就会让它的每一个成员，都感到窒息。小平的父母，首先要学会夫妻之道，互相给对方以宽容和爱，才能真正给孩子以爱和温暖。只有家庭温暖了，孩子才会对家有依恋，也才能听进父母的话。暴力永远不是解决家庭问题的有效途径，无论是对夫妻，还是对孩子。

5.我想跟他说话，又不好意思开口

小慧长得高高的，瘦瘦的，性格外向，好动，像个男孩子。可是，自从上了初中后，小慧像换了一个人一样，变得内向，文静，遇到生人，未开口讲话，脸先红了。

在班里，小慧也总是安安静静的，不是低着头，就是眼神迷离，好像有什么心事。上课时，人虽然坐在教室里，样子似乎也是在听老师讲解，可是，心不知道跑哪儿去了。小学时，小慧的学习成绩一直很好，进了初中，第一次摸底考，就掉到中游。

父母很着急，又不知道问题出在哪儿。班上的一个女同学，从幼儿园的时候，就和小慧同班，双方的父母也认识。小慧的父母找到了那个同学，询问小慧在班里的表现。同学告诉他们，小慧最近是有点心事，好像是对班里的一个男孩子有好感，小慧跟她说起过，她觉得小慧是不是得了单相思，爱上那个男同学了。

早恋？小慧的父母吓了一大跳，这还了得，才上初中，就发生这样的事，父母无法接受。冷静下来后，他们及时和班主任老师沟通。班主任也隐约觉出，课堂上，小慧的眼神，是经常有意无意地瞟向男孩子的方向。那个男孩子是学习委员，成绩好，长得又高大帅气。一次，班主任老师和小慧谈心，在耐心的询问下，小慧终于说出了心里话，她是有点喜欢那个男孩子，但还从没有跟他讲过话，有时在上学的路上碰到他，她想和他打个招呼，却总是开不了口，所以，很郁闷，很沮丧。

原因分析：青春期的孩子，对异性会有懵懵懂懂的好感，产生接近的欲望。但因为害羞，往往越想接近，越不好意思开口，越若即若离。需要指出的是，这份情愫，大多止于好感，属于正常的同学情谊，并非早恋。所以，父母和老师完全没必要慌了手脚，如临大敌。

对策：到了初中后，男女同学往往会自动分成两拨阵营，各玩各的，有的男女同桌，还会划出所谓的"三八线"，如果有哪个男同学和女同学稍稍接近一点，其他的孩子就会起哄。这是很正常的微妙的青春期心理。父母和老师不但不应阻止异性同学之间的交往，而应鼓励孩子，像与同性同学的交往一样，和异性同学交往，在和异性同学健康的交往中，共同学习，共同娱乐。越是大方的交往，越不容易出事；相反，越遮遮掩掩，越容易糊涂。

6.我是一只丑小鸭

乐观开朗的小芬，进了初中后，忽然变得沉默寡言。不愿意参加集体活动，经常一个人埋着头，在看书，或做作业，奇怪的是，虽然学习看起来很认真，成绩却直线下滑。

回到家后，小芬的情绪，也是一天三变。有时候，会一个人兴致勃勃地在镜子前，摆出各种姿势；有时又会突然生起闷气来，将自己房间里能照出人影的东西，摔得满地都是。

开学不久，小芬忽然对妈妈说，她想转学。妈妈惊问原因，小芬神情落寞地说，自己长得太丑了，经常感觉有人在背后对她指指点点，说她太难看，像个丑小鸭。特别是脸上冒出的小痘痘，难看死了。所以，她不愿意去学校，不愿意面对同学。

原因分析：青春期的孩子，开始注重起自己的容貌和外在气质，男孩子希望自己高大帅气，女孩子希望自己美若天仙。但他们总是感到，现实与自己的期望值太遥远，因而表现出对自身极度不自信，又喜欢疑神疑鬼，总觉得别人在背后议论自己的长相，久而久之，产生自卑心理，将自己封锁起来。

对策：在意自己的相貌，没有错，谁不希望自己长得英俊一点、漂亮一点呢？但我们要告诉孩子，真正的美，是由内而外的，是一个人综

67

合素质的外在体现，这也就是为什么在天底下的父母眼里，自己的孩子都是最美丽，最可爱的缘故。这个阶段的孩子，特别需要自信心，而自信心的培养和树立，不应该基于外在的形象上，而应该是内在的提升。同时，要告诉孩子，到了青春期，脸上长一点小痘子，很正常，这恰恰是青春的标志，我们有什么理由为青春而自卑呢？

7.站队时，他总是将脚往后缩

小君从小就特别爱好运动，小学时，他就是学校里的小足球队的主力队员，平时在楼下，也经常能见到他顽皮的身影。乡下奶奶一年要为他做四五双鞋，最先破的地方，一定是大脚趾，踢球太费鞋了。

初中他上的是离他家比较远的一个学校，他家住在城郊，附近没有中学。每天，他都是自己坐公交车上学。刚开始，父母也没发现他有什么不适应，以他从小就养成的大大咧咧的性格，应该很快能够适应的，父母很放心。可是，开学没多少天，他的性格忽然有点变了，回到家，也很少说话，心事重重的样子。他的父亲在一家私人小厂做工，母亲在家里种蔬菜，平时都要将菜拉到农贸市场去卖，两个人都没多少时间管他。

在学校，一向活泼好动的小君，也变得不那么好运动了，有时同学喊他一起去操场踢球，他也以种种借口拒绝，时间一长，同学也不喊他了。每天早晨做早操的时候，他总是站在最边上，排队的时候，姿势也总是怪怪的，班主任批评过他几次，但一切依旧。后来班主任留心才发现，每次站队的时候，因为他老是要将脚往后缩，所以，姿势才显得特别别扭。班主任留意到，总是穿着校服的他，脚上穿的是一双有点破旧的布鞋，在其他同学漂亮的运动鞋面前，显得很醒目。难怪他总是将脚往后缩。通过家访，班主任了解到，小君的家庭条件不太好，为了省钱，他穿的鞋，都是乡下奶奶自己做的。

原因分析：青春期的孩子，一般都会比较在意自己的仪表，特别是衣着打扮，爱臭美。家庭条件好一点的孩子，穿的都是名牌，不喜欢穿着松松垮垮的校服。特别是鞋子，往往不是耐克，就是李宁。虚荣心还会使他们互相攀比，谁买了新鞋，都会在同学们面前"显摆显摆"。我曾经听一个孩子讲过，每次他穿着新鞋到学校，别的同学一旦发现，都会用脚踩几脚。当然，其他的同学要是穿着新鞋，他也会和他们一样，互相踩几脚。这是既羡慕，又嫉妒的心理表现。

　　对策：爱美之心，人皆有之。进入青春期的孩子，希望穿得漂亮一点，精神一点，这一点也没有错。但是，如果追逐名牌，甚至盲目地攀比，就很不应该了。父母要从小就培养孩子正确的审美观和价值观，不过度地关注外在的东西。当然，像小君这样的孩子，父母也应该考虑到孩子在集体中的感受，不要让他感到自己太寒酸，产生自卑心理，可以在力所能及的范围内，为孩子提供一些必要的物质上的条件，比如为爱运动的小君买一双结实的运动鞋，不但方便他的运动，也使他不至于太自卑。

8.偷偷地传看

　　一次，在给孩子整理房间时，妈妈在小库的书包里，惊讶地发现了一本图画册，里面都是人体摄影，赤裸裸的画面，连妈妈都看得脸红心跳。又急又气的妈妈，当即将这个事告诉了爸爸，等小库从外面一回家，两个人就开始了严厉的审问。小库涨红着脸，承认这是一个同学拿给他看的。

　　爸爸给班主任打电话，班主任告诉他，她也在班级里发现过类似的情况，几个年龄大一点的孩子，偷偷地互相传看类似的画册和一些言情小说，有的孩子上课的时候，还用课本挡着，在悄悄地翻看。老师已经没收了几本，正在尝试着和这些孩子沟通教育。

　　原因分析：进入青春期的孩子，对异性会表现出强烈的好奇心，又羞于堂堂正正的了解，所以，会偷偷地传看一些画刊和小说。有的胆大的孩子，甚至会从网上下载一些淫秽的电影，偷偷观看，沉湎其中而不能自拔，严重影响到身心的健康成长。

　　对策：上好青春期这一课，对这个时段的孩子来说，十分必要，十分迫切。孩子的好奇心，应该正面地引导，而不能靠简单的呵斥和棒打，更不能因此将孩子划为不良少年，用有色眼镜看他们。理解，但不支持他们的做法。在做好沟通引导的同时，要鼓励孩子将精力和兴趣点转移到健康积极的事情上来，比如运动，比如集体活动，比如健康的文娱活动。兴趣广泛了，精力分散了，学习的能力加强了，他就会慢慢地自动

69

将注意力转移。

9.天啊，我不是第一了

小萌是个乐观自信的孩子，这份自信，源于她从小就出众的学习成绩。小学六年，她的成绩一直位居年级前列，其中四年担任班长，两年担任学习委员，是老师和父母眼中的优异生、乖乖女、好孩子。

她也是怀揣这份自信，走进了初中的校园。

现实给了她当头一棒。进校的摸底考，她的成绩，在班级中只是第五名，年级排名，则一下子掉到了50名左右。这让她无法接受。争强好胜的她，决心好好学习，回到优异的行列。

但她很快发现，班里的"牛人"实在太多了，她在努力的同时，别的同学也没放松，所以，追起来非常吃力。最让她不能适应的是，她从老师那儿，再也感受不到像小学时那样的优待了，有的老师的讲课方式，她适应不了；有的课目，虽然用心听讲了，但学起来还是有点吃力；有的老师，对她也不另眼相看了。在班干部竞选中，她也只得到了副班长一职。这一切，都让她异常苦闷。小萌好几次向妈妈抱怨，是不是女孩子一进了中学，就真的不如男孩子了？我是不是再也做不了第一了？

原因分析：初中的学习内容、教学方法、知识结构等等，都发生了巨大的变化，小学时固有的平衡被打破，这造成很大一部分孩子不能适应，特别是曾经成绩优异、得到老师偏爱的孩子，会尤其失落、沮丧。他们很想追上去，却又感到有点力不从心；很想尽快适应新环境新节奏，却又苦于找不到正确的方法。小萌刚进初中时，十分乐观，信心十足，但这种乐观与自信带有一定的盲目性，兼之她是考试型的学生，靠勤奋刻苦和大量训练，才对课本知识掌握的比较好，考分高，但对新环境准备不足，未能及时适应，所以，表现出困惑、迷茫、苦恼。

对策：争强好胜，是孩子的天性，也是积极的。但第一永远只有一个人，当众多的第一聚集在一起的时候，新的角逐，就不可避免地发生了。进入初中学习，成绩波动很正常，孩子首先要正确地估量自己，尽快地适应新环境，调整自己的行为习惯，努力跟上初中的节奏。同时，要教会孩子抗打击、承受挫败的能力，克服虚荣心理，不因为一时的波动，而丧失信心，产生自卑情绪，甚至自暴自弃，而应勇敢地接受新环境和自身挑战。

10. 挂红灯了

小韩以不错的成绩升入初中，可是，上了一个月后，成绩明显退步，数学甚至挂起了"红灯"，父母觉得孩子不应该只是这个水平，认为是小韩自己不够努力，不够勤奋。这让小韩陷入了深深了苦恼和自责之中。

学校有个心理诊室，是专门针对心理不适应的孩子开设的，犹豫再三，小韩鼓足勇气，走了进去。在心理老师循循善诱的开导下，他倒出了自己的苦水：

小学时，老师和同学都说我聪明。我上课只用了一半精力学习，回家后稍微看看书，完成老师布置的作业，考试便不成问题了。进入初中后，我还是用同样的方法学习，不知道为什么，效果越来越不好。这次单元测试，数学甚至出现了"红灯"。小学时，我的数学虽然不是特别好，但从没有挂过"红灯"，现在，我最怕上数学课了，一上数学课就头疼，我越来越讨厌数学了。

说实话，看到周围同学都在进步，我也很着急。我曾暗下决心，努力学习赶超他们，可经历了几次挫折后，我变得越来越心灰意懒，上课没办法认真听讲，也不知道怎么记课堂笔记，作业胡乱对付，遇到较难较烦的题目不是抄别人的，就是干脆扔在一边不做，甚至以作业本丢失为由，不交作业。

每次看到爸爸妈妈揪心的眼神，我就既难过，又生气。老师，我真的不知道自己是怎么了，为什么会变成这样，我该怎么办？我想转校，或者换个班级。

原因分析：因为一时跟不上，没有掌握新的学习方法，导致成绩滑坡，信心受挫，形成自卑心理；有的孩子还会因此偏科，对某门课失去兴趣，甚至对某个任课老师产生反感；有的孩子则寄希望于转学或换班级，来摆脱困境。有一个理论叫"最近发展区"，认为学生的发展有两种水平：

71

一种是学生的现有水平，指独立活动时所能达到的解决问题的水平；另一种是学生可能的发展水平，也就是通过教学所获得的潜力。两者之间的差异就是最近发展区。如果父母、老师和孩子自身，都不能正确、理性地认识到这个发展区，盲目地以高标准、严要求对待学生，不但不能助其成长，还会使其陷入迷茫之中。

对策：学习应着眼于学生的最近发展区，调动学生的积极性，发挥其潜能，然后在此基础上进行下一个发展区的发展。发展区应该在孩子力所能及的范围内，打个比方：站直了，把你的手高高举起来，此时手能摸到的地方到跳起来能摸到的地方，这之间的距离就是"最近发展区"，在这个区域里，学生的努力一般都会获得成功，因为它适合自己的"高度"，即学生的实际能力。过高或过低的"发展区"，都不适宜孩子健康发展。想一步到位，急于求成，忽视了人的发展是一个渐进的、曲折的过程，屡遭挫折，学生就会积累"我不行"的消极情感体验，这样很容易使学生丧失自信心和自尊心。

11.烦死了，永远也做不完的作业

自从上初中后，小谆每天放学回到家，连口水都来不及喝，就直接走进自己的房间，房门一关，开始做作业。一边做，还一边嘀嘀咕咕：烦死了，这么多作业！不时还能听到房间里传来的稀里哗啦的摔书本和跺脚的声音。

孩子老是闷头做作业，既让父母高兴，也让父母担忧，老这么坐着，身体还不坐坏了啊。所以，有时候爸爸会拿起乒乓球拍，要儿子和他去杀几局，一向对乒乓球爱不释手的小谆，却对爸爸的建议毫无兴趣：我要做作业呢。有时候，妈妈会故意让儿子去帮她买包盐什么的，以前儿子都是高高兴兴地去，现在却是直接将妈妈推出了房门：没看到我在做作业吗？我作业都来不及做，哪有时间帮你买盐啊。

小谆变得落寞寡欢，牢骚满腹，有一次，妈妈甚至在儿子后脑勺上，找到了一根触目惊心的白头发。妈妈心疼地看着儿子，不知道如何是好。

原因分析：进入初中后，孩子的学习任务，确实比小学时加大了不少，压力陡增。有的孩子，为了应付作业，什么课外活动都不参加了；有的孩子，为了快速地完成作业，潦草马虎；有的孩子，甚至想办法抄答案，种种现象不一而足。应试教育，使孩子早早地就被各种作业和习题套上了沉重的枷锁。

对策：在这种大背景下，孩子、老师和家长，都显得无可奈何。减负喊了这么多年，孩子的负担不但没减，反而越来越沉重。在既无法改变现状，又无法逃避的情况下，我们只能教会孩子合理地安排时间，科学地完成各种学习任务，帮助孩子有效地利用有限的时间。同时，多给予孩子鼓励和安慰，不额外地增加孩子的负担，特别是学习负担和精神负担，让孩子慢慢适应高负荷状态下的学习和生活。

12.意外的落选

开学不久，班干部竞选。小福也踌躇满志地报了名。对这次班干部竞选，小福是志在必得。因为小福成绩好，表现也不错，在小学时，就多次担任过班干部。

先是演讲，然后投票。结果出来了，小福以2票之差，没能竞选成功。

唱票的时候，小福还是抬着头，满脸自信。随着唱票进入尾声，小福的脸色，也慢慢地变得越来越红，当最后的结果出来时，小福的头，已经深深地埋在了自己的臂弯中。他无法相信，更无法面对这个现实。这怎么可能呢？

课后，老师安慰了小福，鼓励他。有几个小学时的同学，也走过来安慰他。小福脸上挤出一丝微笑。

这之后，一向活泼开朗的小福，突然变得沉默寡言了，对集体活动毫无兴趣，课堂上特别是自习课的时候，还经常不守纪律，有时候，班干部制止他，他就会怒目相向，出言不逊："班干部有什么了不起，你有什么资格管我？"弄得和同学的关系，都很紧张。学习成绩也大幅下滑。

原因分析：顺利的小学生活，使像小福这样的孩子，没有经历过什么挫折，自尊心特别强，心理又特别脆弱，一旦遇挫，就会表现出强烈的失落情绪，甚至产生抵触、对抗心理。

对策：在孩子的成长过程中，难免会出现这样那样的问题，经受这样那样的挫折，帮助孩子正确地认识自己，锻炼孩子的抗挫能力，培养孩子的自信心，就显得十分必要。

13. 择校生的苦恼

小露的家附近，就有一所初中，但父母觉得，这所学校校风不太好，教学质量差，每年能够考入重高的学生，凤毛麟角。为了给小露创造一个好的学习环境，他们在交了一大笔赞助费后，选择了离家比较远的另一所初中，这所初中，处于几所大学之间，生源好，老师教学水平高，升学率也很高。

刚进学校的时候，小露还有一点点优越感，因为她的大多数同学，都按照就近入学的原则，上了那所差学校，而她有机会进入好的初中，有了一个较高的起点。小露对未来，充满了向往。

入学时间不长，小露的苦恼，就接踵而至了：首先是孤单。这所初中里，她的小学同学，一个也没有，邻居家的孩子也没有。而别的同学，很多在小学时就是同学，看到别人都是三五成群，有说有笑，小露感到特别孤单。其次是对老师上课的不适应。这所学校，与另一所同名的小学，是一个集团的，老师都很熟悉，教学思路都是按照集团的统一部署进行的，有着很强的连贯性。而小露上的小学，与这所初中基本没有任何联系，教学思路，教学方法，都完全不同，加上从小学到初中本身所带来的变化，更是让小露觉得无所适从。看到别的同学都如鱼得水，小露很失落很着急。还有最让小露不能接受的一个现实是，在这所初中，她小学时积累的优势荡然无存了，很多同学的父母都是大学老师，从小就额外地接受了不少的家庭教育，这使得小露感到进度跟不上，成绩不理想，很苦恼。

原因分析：小露身上，反映了很多择校生共同的苦恼：没有老同学，难以融入新集体，不适应老师新的教学方法，成绩不理想等等，并因此孤单、自卑、缺少自信。对他们来说，这些是小升初所面临的"额外的"负担，因而，他们对于初中的适应，就比别的同学更加艰难。

对策：父母的选择，都是出于有利于孩子成长的目的。不过，择校首先应该出于孩子自身的选择，这样，他才会提前做好应对比别人更多困难的心理准备。孩子择校之后，父母应该预先和孩子多沟通，帮助他们了解熟悉新学校的环境，有机会的话，还可以通过父母的关系，帮他们提前认识一些同学，避免入学后的孤单感。还应帮助孩子树立良好的心态，正确地对待学习成绩上的差异，鼓励他们通过三年的学习，提升自己。

14.补课？不！

小光的爸爸是一家重点高中的老师，妈妈也在一家文化单位工作，家庭条件不错。小光也很懂事，学习一直不错，父母从小就着手培养小光树立远大的理想，勉励他今后考上重高，再考上大学，再找一份理想的工作，父母为他描绘了一个光明的蓝图。

小学一毕业，爸爸就和小光长谈了一次，再一次和他一起，勾勒了未来的美好愿景。小光也被爸爸讲得是热血沸腾。最后，爸爸对他说，要想比别人跑得快，要不就是你特别能跑，要不就是你比别人先跑。天资是改变不了的，能改变的，就是你比别人先迈开脚步。在爸爸的游说下，小光答应，小学的最后一个暑假，一天也不玩了，全部拿来预习。爸爸通过关系，为小光找了两个初中老师，帮小光补课。

效果是显然易见的。一进入初中，小光就以优异的成绩，稳稳地排在了年级前列。这让小光很开心。但是，虽然很多课程小光都提前学过了，但大量的作业，还是让小光有点喘不过气来。爸爸再一次向他提出，到老师家去补课。这一次，小光拒绝了，他的理由很简单：太累了！

原因分析：望子成龙，几乎是每一位中国父母的心愿，为了实现这个愿望，想尽一切办法，使出浑身力气，促使孩子成"龙"。但刚进入初中的孩子，身心都处在关键的生长发育期，过度的负担，不但不利于他们的身心，剥夺了他们应有的朝气和活力，也很容易使他们产生腻烦和逆反心理。有的孩子经过补课等非常规手段后，成绩可能短时间内得到提升，但因为在课外学习过了，反而容易使他们在课堂上不认真听讲，对学习吊儿郎当，走向另一个极端。

对策：补课、额外增加孩子学习量等，无非是想让孩子打下一个坚实的基础，在未来的竞争中处于有利位置。但我要说的是，真正坚实的基础，往往并不在一时的效果上。在初中特别是初一阶段，是培养孩子端正的学习态度、正确的学习方法、自觉的学习习惯的最佳时机，打好了这些基础，远比补几次课、多做几套试卷，重要得多。

15.没有动力的火车

小谷从小就是一个让人省心的孩子，学习很自觉，学习的兴趣也很大。在学校里，获得老师颁发的一枚红五星，小谷会开心半天；每次考试成绩不错，妈妈都会奖励他去吃一顿肯德基，这也会让小谷激动好久。

老师和父母的奖励，成了小谷学习的最大动力。所以，小升初时，小谷是以全班第一名，走进了初中的校园。

情况就在这时候悄悄发生了变化。首先是初中的老师，再也不像小学那样，以小红花或五角星那样的形式，奖励表现好的学生了，而多以口头表扬为主。最重要的是，不知道从哪天开始，小谷自己也对这样的奖励，失去了兴趣，认为这样的奖励，真是太幼稚了。对妈妈以考试成绩好就可以吃一次洋快餐的奖励，小谷更是觉得有点荒唐，因为小谷忽然觉得，洋快餐不但是垃圾食品，而且为了吃一顿而去努力，真是太小儿科，太没品位了。

妈妈觉察了小谷的变化，将奖励措施改变了，在学校获得老师一次表扬，或考试获得90分以上，就奖励一百元。这让小谷兴奋了一阵子，学习的劲头恢复了不少。可惜好景不长，没多久，小谷对那100元也提不起兴趣了，因为小谷的家庭条件不错，平时小谷想要什么，父母都会答应，而且，小谷每天都有零花钱，还可以从爷爷奶奶那儿伸手要到钱。

小谷又回到了无精打采的状况，就像一辆没有动力的火车，停在了站台上。

原因分析：在孩子的教育中，表扬和奖励，确实能起到明显的促进作用，给孩子以学习的动力。但是，随着孩子的长大和逐步走向成熟，这些"低层次"的奖励，已经提不起他们的兴趣，有时候，甚至会让他们觉得，这是对自己的小觑，尤其是单纯的物质奖励，会让他们觉得大人太小看了自己，产生抵触、排斥情绪。

对策：学习动力往往决定了孩子的学习态度。小学阶段的孩子，学

76

习动力一般都停留在比较浅的层次上，比如被表扬、获荣誉、得奖励等。升初中后，随着年龄的增长，知识水平和认识水平的提高，这些"手段"的效果会逐渐减弱。我非常赞成赏识教育，但这个"赏识"，应该基于对孩子精神的鼓励，心灵的鞭策，唯有精神上的追求和鼓励，才可能成为孩子持之以恒长期不懈的动力。因此，父母和老师，应结合孩子的兴趣爱好和特长，帮助孩子树立自己的理想，明确人生追求的目标，并使之成为孩子学习最强劲最恒久的推动力。

16.早上不肯起床

13岁的小谣，长得敦敦实实，能吃，能睡，个子一下子窜得比爸爸还高出半个头，嘴唇上，也稀稀拉拉地长出了一些胡子，比同龄的孩子，显得既高大，又成熟。小学毕业后的这个暑假，是小谣最开心的一个暑假。没有作业，父母对他也很宽松，早上基本上想睡到什么时候，就睡到什么时候。小谣是个自觉的孩子，小学六年，除了偶尔生病，就从没有迟过到，所以，父母也比较放心，心想，到了开学，孩子自然会像以往一样早起的。

进初中了，开学第一天，妈妈一早去小谣房间，喊他起床。小谣嗯了一声。妈妈放心地去准备早餐了。可是，等妈妈将早餐端上桌，惊讶地发现，小谣还没有起床。妈妈只好又去喊他。前后喊了三五次，才将小谣从床上喊起来。

父母以为是刚开学，孩子一时还不能适应，所以，既没责怪他，也没在意。可是，第二天，妈妈还是喊了他几次，他才扭扭捏捏地起了床。

一连几天，都是这样。父母开始着急起来。小谣从小就有一个好习惯，不赖床，怎么到了初中，这孩子早上反而起不来了呢？看样子，小谣也不是睡不醒，因为每次妈妈一喊他，他就醒过来了，不像有的孩子，你喊他一声，他哼一下，就又迷迷糊糊睡着了。这孩子怎么了？父母很焦急，也很生气，妈妈几次骂了他。

后来，还是一个做医生的亲戚，发现了问题，告诉了小谣父母真相。原来，小谣进入青春期了，生殖器官也发育了，早晨有勃起现象。当父母喊他的时候，他虽然是醒了，但勃起的阴茎，让他羞于立即起床，所以，才扭扭捏捏地赖在床上，不肯起床。

　　原因分析：青春期的孩子，一方面对睡眠的需要增多，他们比一般人需要更多的睡眠，如果晚上睡得迟，睡眠时间不充足的话，早上自然难以起来。另一方面，进入青春期后，出现了一些生理上的变化，特别是男孩子，会有晨勃现象，而大多的孩子，又难以向父母启齿，所以，只好赖在床上，等身体恢复正常了，才肯下床。父母如果不能及时了解孩子的生理变化，以为孩子是变懒了，对孩子不理解，甚至责骂，这只会增加孩子的心理负担。

　　对策：首先要保证孩子充足的睡眠和休息，初中作业量加大，孩子回家之后做完作业，会比较晚，导致晚上不能按时睡觉。加上初中早晨上学时间，一般比小学提前近一个小时，孩子需要早起，这就让孩子的睡眠时间更少了。要教会孩子提高做作业和处理内务的效率，以争取时间早一点休息。同时，父母要特别留意孩子的身体变化，如果孩子已经进入青春期，身体发育了，有了明显的变化，父母对孩子应更多一些关心和照顾。这方面，家有男孩子的父亲，家有女孩子的母亲，应该更多地和孩子沟通，并以适宜的方式，和孩子进行沟通疏导。

17. 我是不是毛孩啊？

　　小羊是个开朗的男孩，活泼好动，也特别懂礼貌，所以，大人和老师，都一直特别喜欢他。

　　从小学六年级下半学期开始，小羊的个头，一下子长高了不少，这让他很开心，因为他更像个小大哥了，要好的伙伴，也都把他当成小哥哥一样。他对自己的身高，挺自豪的。可是，没高兴几个月，小学毕业了，很多以前的伙伴，不再在一个学校了，即使进了一个学校，也不在一个班级了。上初中的小羊，显得有点忧心忡忡。

　　上课的时候，小羊常常走神，静静地瞅着自己的胳膊发呆，经常连老师布置的作业，都忘了记下来。他还喜欢一只手托着腮，另一只手不知道在嘴巴边捣鼓着什么。有几次，小羊的嘴巴被弄得血糊糊的，老师以为他是和别的同学顽皮打架，受伤了，小羊却直摇头。

父母也发现了小羊的异样。以前放学一回到家，小羊不是安静地做作业，就是和邻居家的孩子下楼去踢球玩耍，自从进了初中后，小羊很少出门和别的小伙伴玩了，经常一个人埋头呆在房间里。有一次，小羊的爸爸走进小羊的房间，看到小羊正在拿着一把剪刀，在剪着什么。爸爸还以为他在剪指甲呢，走近一看，他原来在剪胳膊和小腿上的汗毛。爸爸惊问小羊为什么要剪汗毛？小羊嗫嚅着说：别的同学都没有胡子，更没有我这么多汗毛，我是不是毛孩啊？

原因分析：身高增高，长胡子，身上的汗毛变多，这都是进入青春期后正常的生理变化。但很多孩子，并没有接受过这方面的教育，对自己的身体变化，感到既惊喜，又恐惧。像小羊，对自己的身高突然长高，就很开心，而对嘴唇上冒出来的胡须，和身上长出的汗毛，就惊恐而反感。同时，初一的孩子，有的发育了，有的还没有发育，有的特征明显，有的变化不大，这就让那些发育比较早而又特征很明显的孩子，不能适应，也不能正确对待。因为没有得到及时正确的引导，而产生心理变化，导致上课注意力不集中，心情郁闷烦躁，影响到身心的健康。

对策：父母要及时上好孩子这一课，既要告诉他，进入青春期后会出现的生理变化和反应，还要教会孩子树立正确的审美观和价值观。像男孩子最常见的胡须和汗毛重的现象，父母要告诉他，这是男孩子向男人转变的一个重要特征，只是有的人早一点出现，有的人晚一点出现，完全没必要为此害羞、恐惧，背上心理负担。要鼓励孩子正确、理性地对待这些变化，多参加集体活动，放下包袱。

18.难熬的校园之夜

小波小学毕业时，参加了一家私立初中的招生考试，结果被录取了。私立中学实行封闭式管理，所有的学生都集中住校，周末才返回家中。

对即将来临的住校生活，小波充满了神往，也做好了思想上的准备。这是他第一次离开父母，住在学校，他期望自己能够表现得好一些，让父母看看，他真的长大了。

寝室八个同学一间，上下铺。同学都是陌生的，来自各个小学。搬进

寝室的第一天，小波是在激动之中度过的。

当晚就出了状况。放晚自习，回到寝室后，小波习惯性地准备洗个澡，一放水龙头，只有冷水，小波受不了，将脱掉的衣服又穿上了。那就洗个脚吧，他想。可是，摇摇水瓶，是空的。原来开水都要自己去锅炉房打。小波在家里从来没有灌过水，都不知道怎么去打热水。最后，还是借用了别的同学的一点热水，勉强将脚洗了洗。

睡觉了。寝室的板床太硬，与家里的席梦思比起来，简直就是天壤之别，躺在硬板床上的小波，翻来覆去，感到浑身都硌得生疼。时间一分一秒地流逝，疲倦的小波终于有了睡意，可是，好像总有什么声音，小波侧耳细听，一会是别的同学翻身的声音，一会是谁细微的鼾声，一会又冷不丁从哪儿冒出点怪异的响动。就这样，小波的睡意，被各种各样的声音，搅得全无，而在家里的夜晚，多安静啊。

第二天一早，起床铃声响了，要出早操了，小波却怎么也爬不起来。等他迷迷糊糊赶到操场时，同学们都已经围着操场跑了几圈了。小波挨了老师一顿批。

一连几天，都是这样。眼看着别的同学都沉入梦乡了，小波却怎么也无法入睡，越想睡，越清醒。小波恨不得扇自己几个耳光，但就是睡不着。开学快一个星期了，小波变得整天无精打采，成绩也直线下滑。焦急而无奈的小波，陷入深深的自责之中：我该怎么办啊？

原因分析：第一次离开家庭，离开父母的悉心照顾，住进学校，很多孩子会很不适应。有的孩子，不能习惯学校"严格"的作息制度，早操起不来，晚上熄灯之后还在看书或聊天听音乐；有的孩子，不能适应集体住宿，睡不着觉；有的孩子，自理能力太差，不会整理个人内务，被窝散乱，袜子乱塞，不习惯自己去打热水、洗漱，等等。

对策：独立的前提是自理、自觉，要想孩子能够适应住校生活，父母首先要教会孩子基本的生活自理能力，自觉遵守纪律，自觉学习，培养良好的生活习惯。在集体生活中，要懂得包容、宽容、谦让，友好地和同学特别是室友相处。老师除了检查、指导、督促之外，还应发挥舍长和室友的积极作用，互帮互助，团结友爱，营造一个和谐的生活和学习环境，手拉手共同成长，共同进步。

19.一到学校肚子就疼

小翠是个农村女孩，以优异的成绩，考取了城里一所初中的特招生。这所学校的孩子，大部分都是走读生，只有像小翠这样，以及离家特别远的孩子，才可以住校。

小翠在村小学读了六年，成绩一直是第一。不但成绩好，小翠也是父母的帮手，父母农活忙的时候，小翠放学回到家，总是先做好饭菜，之后才开始做作业。从四年级开始，小翠的衣服也都是自己洗的，她还学会了织补，衣服纽扣掉了，脱线了什么的，都是她自己缝补的。一句话，小翠的生活能力和自理能力，都特别强。在村人和老师眼里，小翠是一个特别懂事、特别聪明的孩子，人见人夸。

离开家来到了城里，住进了学校的集体宿舍，与其他很多人不同，小翠感到特别满足，这里的生活条件，可比农村的家里强多了。小翠很开心。

不过，这样的日子并没有维持多久，小翠出事了。一次单元测试前，小翠突然肚子剧烈地痛了起来。到学校医务室一检查，没发现什么问题，但小翠还是痛得满头大汗，老师只好领着她上医院检查，也没查出什么问题，但肚子就是痛得不行。老师只好打电话，让父母先将小翠接回家，一边休息，一边就近接受治疗。奇怪的是，小翠一回到家，肚子就不疼了。在家休息了一两天，父亲又将她送回了学校。

回校时还好好的小翠，到了晚上，肚子又突然剧烈地疼了起来。老师又一次将她带到医院检查，还是什么毛病也没看出来。第二天还是疼。老师只好又打电话，让父母将她接回去。和上一次一样，小翠一回到家，肚子又不疼了。

如此往复了几次。老师发现，小翠是真的肚子剧烈疼痛，不是装出来的。可是，为什么一回到家，她就又不疼了呢？难道是水土不服？最后，还是一个家属是心理医生的老师找到了小翠的症结，她的肚子疼，完全是心理作用。

原因分析：一直名列第一的小翠，进入初中后，感到跟不上进度，学习吃力，与城里孩子相比，自认为差距太大，感到无法适应。又苦于

81

找不到解决的办法，在巨大的精神压力下，身体产生了对抗性反应，一回到学校，特别是快到测验考试的时候，就出现了肚子疼痛的症状。

对策：心病还得心来医。巨大的落差，很容易造成孩子的身体和心理的双重不适应。父母和老师，应帮助他们正确地估量自己，既看到自己的不足和差距，也要看到自己的优势，对自己重新定位，合理地安排学习和生活。鼓励他们面对困难，战胜自己，走出困境。

20.乱成一堆麻

小昆的房间，一直是妈妈收拾的。小的时候，小昆的房间堆满了各种各样的玩具，别人走进去，连站脚的地方都没有。上学之后，房间里除了玩具之外，多出了很多课本和作业本，铅笔和橡皮散落在各个角落。为此，妈妈也批评过小昆，但小昆依然我行我素，妈妈也没再深究，以为男孩子都这样，杂乱无章。好在小昆的成绩不错，这倒是给了父母很大的安慰。

进了初中后，妈妈帮着小昆将小学时的书本，全都整理好，集中放在柜子里。妈妈对小昆说，现在你上初中了，长大了，要学会自己整理自己的房间，不要什么东西都放得乱七八糟，临到要用时，找都找不着。小昆不耐烦地说：真唠叨，我知道啦。

但一切还是依旧。每次小昆回到家，都是在一大堆书本、草稿纸、练习册中，做作业的。有几次，妈妈帮着收拾房间，将桌上的书本整理整齐，没想到小昆回来之后大发雷霆，说这个找不到了，那个不见了。

和很多男孩子一样，小昆就是这样一个马虎、杂乱的孩子，他已经习惯了这样的生活。在学习上，他也是这样，想到哪，就学到哪；拿起什么课本，就做什么作业。小学时问题还不大，进初中不久，小昆就开始不适应了，不是忘了做某门课的作业，就是找不到某个课本；不是忘了某门课的预习，就是感到抓不住某门课的重点。在杂乱无章一团乱麻的学习中，小昆的成绩明显退步，学习的劲头也一落千丈，经常显得手足无措，茫然不安。

原因分析：从小养成的不良生活习惯，导致了混乱的学习习惯。初中学科多了、书本多了、课程多了，不订计划，则很难科学地安排时间，对课程进度不甚了解，对重点要点不得要领，以致不是顾此失彼，就是

忙不到点子上，学习的兴趣和效果都因而大打折扣，感受不到学习的乐趣。

　　对策：高尔基说过："不知明天该做什么的人是不幸的。"有的学生认为，学校有教育计划，老师有教学计划，跟着老师走，按照学校要求去学就行了，因此，从不制定自己的学习计划，"脚踩西瓜皮，滑到哪里算到哪里"，导致学习变成一个盲目的、无计划的、无序的行为。而这样的学习方式方法，是注定不会有好的效果，注定不是长久之计。

　　在生活上，父母应放手让孩子管理好自己；在学习上，要指导孩子根据自己的特点和学习生活的实际情况，制订适合自己的学习计划，如每天的作息时间，优势、弱势学科的时间分配等等。在制定学习计划时，尤其重要的是制定明确的学习目标，学习目标是学生学习的努力方向，正确的学习目标能催人奋进，从而产生为实现这一目标去奋斗的力量。没有学习目标，就像水中的浮萍，永远不会有自己的方向。

第三章　高一新生的入学适应

第一节　人生的第一次筛选

　　虽然从入学之后，每个学生都经历了大大小小无数场考试，但是，在孩子学习的过程中，中考无疑是他们人生第一次真正意义的大考，对很多孩子来说，这是一次命运的转折。一起上学，一起升初中，一起度过了九年义务制教育的孩子们，在这场考试之后，将被第一次筛选：有的如愿以偿，考进了理想的重点高中；有的磕磕绊绊，闯进了普高的大门；有的则有点无奈地进入职高、农高，开始了另一种人生。还有少数一部分孩子，不得不从此告别校园，过早地跨入社会。

　　没有一场考试，能够决定人生。一考定终身，早已成为历史。知识可以改变命运，靠勤劳的双手，靠不懈的努力，同样可以改写自己的人生。这已经成为社会的广泛共识。但是，不可否认的是，中考和三年之后的高考，确实左右或改变了很多孩子的人生走向，悄悄地改变着他们的命运。这个力量，非常巨大。中考，以它公正而有点残酷的面容，使所有的家长和孩子，既期盼，又畏惧。而随之带来的结果，更是几家欢乐几家愁。

　　我的孩子今年将参加高考。三年前，和孩子一起备战中考的场景，还历历在目。离中考前一百天，孩子所在的初中召开了一个百日冲刺大会，所有的初三学生和家长都参加了，校长的讲话、老师的指导、学生的表态、家长的发言，无不让人紧张而激动，热血沸腾。从那一刻开始，倒计时的钟声，就像另一颗心脏，时刻在身边隆隆震响。别说孩子了，就连我们这些做家长的，哪个不是忧心忡忡，哪个不是在紧张不安中，度过了那短暂而漫长的一百天？我见过一些孩子的父母，紧张得将家里的电视插头都拔掉了，在家里像猫一样走路，像蚊子一样讲话，像闯入地雷阵一样小心翼翼，为的就是给孩子一个安静的学习环境。父母尚且紧张如此，孩子承受的压力有多么巨大，就可想而知了。

在应试教育的大背景下，孩子和父母有别的路可走吗？没有。只能选择面对。好学校只有那么几所，谁都想挤进去，谁都渴求有一个好的起点，谁都梦想着有一个辉煌灿烂的未来，于是，一个个瘦弱的肩膀，不得不担负起沉重的负荷，向着中考这座充满坎坷艰辛的独木桥奔跑、冲刺。

谢天谢地，无论呈现在面前的是怎样一个结局，孩子们总算是挺过来了。父母和老师，也长长地嘘了口气。每个孩子的命运，在这里拐弯，剩下来的事情，就是朝着自己的目标，沿着自己的道路，继续向前奔跑。

85

我记得在中考前，孩子的班主任曾经向她的学生们许诺，再艰苦一段时间，再努最后一把力，到了这个暑假，你们就可以彻底放松了，没有了老师的作业，没有了父母的唠叨，没有了考试的压力，你们想怎么玩，就可以怎么玩。中考之后，特别是在获知自己被理想的高中录取之后，我的孩子确实放松了几天，快乐了一些日子。不过，很快他就自己意识到，不能再这么放松下去了，因为从网上获知，他所考入的那所高中，学习压力将非常巨大。在自由自在了几天之后，孩子就陷入了新一轮的紧张之中。

说实话，我很心疼，也很同情我的孩子。这么小的孩子，本应快快乐乐地度过他的少年时光，为什么要承受如此巨大的压力呢？但我没有决心去阻止孩子，因为我知道，还有一场更加激烈的大考、一次更加残酷的筛选，在不远处虎视眈眈地等待着他。同样别无选择。

第二节　高一新生的生理心理特征

与初中入学时相比，高一新生，明显成熟多了，理性多了，自觉多了。很多孩子，外表看起来，已经基本成型，男孩子高高大大，女孩子亭亭玉立。心智也大致成熟，表现出比较强的独立性和自我意识。所以，我也愿意以对待一个成人的眼光，来审视他们，对他们的生理和心理进行剖析，以使我们对他们有更多的了解，从而帮助他们以更快的速度、更自在的方式，适应即将开始的全新的高中生活。

我曾经在一所高中，做过一个小小的试验，让一群刚入学的高一新生，以"自"字组词，同学们很热烈地讨论，很快就报出了一大串：自信、自制、自主、自爱、自卑、自负、自豪、自觉、自夸、自己、自立、自省、自理、自满、自强、自律、自私、自大、自主、自尊、自足、自由、自恋、自发、自馁、自暴自弃、自惭形秽、作茧自缚……为什么要让孩子们以"自"组词？在我看来，"自"这个字，可以囊括这个阶段孩子最普遍的特征，无论是他们的言行中，还是思想深处，无不透露出"自"这个字所独有的身影。因此，在这一节，我将尝试着以这样十个"自"，来阐述他们身上所体现出的共性特征。

自我：自我是什么？首先它是指我们的身体，以及附属于我们身体之上的物质属性，即物质上的自我；其次，它是精神上的我，由个人目标、抱负和信念等精神成分所组成；自我还有更深一层的含义，那就是社会的我，即他人所认识的我。

对这个词有一个全面的了解，有助于我们正确地认识"自我"，那就是，我不仅是我自己，还包括了我的思想，我的社会形象和责任。

孩子很小的时候，第一次照镜子，往往不明白镜子当中的形象就是他自己，有的孩子觉得好玩，伸手去摸；有的以为是另一个小孩，在和他玩耍；还有的孩子，甚至因为不知是何物而感到害怕。当大人告诉他"镜子当中那个孩子就是你"时，他还不十分相信，只有慢慢地通过观察镜子中的其他人和真实的人是一样的，才会逐渐通过推论，确认镜中的形象就是自己。这是一个人对自我最初的认识。人与动物很大的一个分别就是，大多数的动物永远也不能认识镜子中的自己，所以，我们经常能看见一只猫，对着镜子中的自己龇牙咧嘴，又扑又咬。它以为那是另一只猫。

到了上小学的年龄，孩子的自我意识开始出现，"自我"中的精神属性和社会属性开始显现。比如一个小学生就会把成人的认识拿来代替自己的认识，"妈妈说我饭吃得快"，"老师夸我字写得好"，"奶奶认为我比较聪明"。他们慢慢学会在与别人的比较中，发现自己的长处：在赛跑中如果他经常跑在别人前面，就会认识到自己在奔跑上有优势；在搬运重物时，他能搬别人搬不动的东西时，他才会知道自己的力气大……同时，开始关注别人对自己的评价，得到表扬时，就会兴高采烈，受到批评时，就垂头丧气。

到了小学高年级和初中阶段，孩子的自我意识逐步增强，很在意别人的评价和认可，特别是对大人的话，比较信任。有研究表明，儿童和少年的自我概念多半是在与"重要他人"（如父母、兄弟姐妹、其他亲属、邻居、亲朋好友、老师和同学）的交往中通过"镜像自我"而逐渐形成和发展的。这就是为什么对这个阶段的孩子，赏识教育会有比较明显效果的原因。

87

进入高中后，大部分的孩子，都已经进入青春期，或步入青春期的重要阶段，这个时段的孩子，是自我概念发展最快的时期，自我意识快速增长，他们渴望表达真实的自我，渴望自我的独立，特别在意自我的价值实现。很多父母会觉得自己的孩子，长大之后，怎么变得特别自私了？这实在是一个天大的误解，因为他们没有分清自我与自私的本质区别，将孩子觉醒的自我意识，与自私行为错误地划上了等号，认为孩子不听大人的话，不按大人的想法行事，就是不孝顺，就是自私。

为什么我要将"自我"，作为这个阶段孩子首要的词条来阐述？是因为自我意识反映了他们最本质的特征，认清这一点，将有助于我们理解孩子的行为，并帮助他们正确地认识自我，积极地调动自我，完成高中阶段的学习和生活。

有怎样的自我认识，就会推动自己怎样的行动；有怎样的自我认识，

就会对自己提出相匹配的要求。心理学家伯恩斯认为，孩子对于自己的期望是在自我概念基础上发展起来，并与自我概念相一致的，其后继的行为也决定于自我概念的性质。自我概念积极的学生，自我期望值就高。当他取得好成绩时就认为这是意料中的事，好成绩正是他所期望的。自我概念消极的学生，当他取得差成绩时，却认为这是意料之中的事，反过来，差的成绩又加强了他消极的自我概念，形成恶性循环。

恩格斯说过："就个别人说，他的行动的一切动力，都一定通过他的头脑，一定要转变为他的愿望的动机，才能使他行动起来。"那么，对于刚进入高一的新生来说，如何帮助孩子正确地认识自我，将自我的动能发挥到最大？

首先要让孩子正确地认识自我，对自己有一个客观的评价。一个觉得自己已经十分完美的学生，和一个自认为无可救药的学生，其内在的本质其实是相同的，因为这都是来自错误的自我认识，而错误的自我认识，必然形成错误的判断，引发错误的行为，最终导致相同的不利结果。

认识到真实的自我，才能根据自身的实际情况，提出恰当的自我要求和目标，并通过自我努力、自我监督、自我调节，去实现它。

自尊：所谓自尊，就是自我能力和自我喜爱程度，是对自我的一种肯定，是个体对自我形象的主观感觉，这种感觉可能是过分的，也可能不合理的。一般来说，心理健康的人自尊感也比较高，认为自己是一个有价值的人，并感到自己值得别人尊重，也较能够接受个人不足之处。

心理学认为，自尊始于知耻。有了羞耻心，人才能节制自己的行为，不做庸俗卑贱的事情，有尊严地生活；有了羞耻心，我们会为自己的不当行为而难为情；有了羞耻心，我们做错了事会感到惭愧；有了羞耻心，我们辜负了他人的期望会觉得内疚；有了羞耻心，我们才会为了获得别人的尊重而不断修正自己。

只有比较才有自尊。这种比较主要表现出两种方式：一种是与比自己强或好的人比较，即上行比较；另一种是与比我们弱或差的人比较，即下行比较。一般认为，与比自己强的人比较会产生嫉妒、敌意、挫折等消极的情感体验，而与比自己差的人比较则会产生优越、满足、幸福等积极的情感体验。

霍姆林斯基说过，人类有许多高尚的品格，但有一种高尚的品格是人性的顶峰，这就是个人的自尊心。可见，自尊对于我们每个人来说，都是极其重要的一个品质。形成自尊感的要素有安全感、个人感、归属感、使命感、成功感，这些因素都与个体的外在环境有关。

自尊当然不是到了高中，才突然冒出来，很小的孩子，也会有自尊，只是小孩子的自尊，往往更多地屈服于其他外在的条件，而不那么显露而已。进入青春期后，孩子的自尊心会随着生理和心理的发育，而逐渐外露，表现得越来越强烈。他们比以往任何时候，都更加渴望获得尊重，更加注重自己的形象，更加在意别人的评价。自尊的心理品质，不是天生的，而是在生活和学习中逐步培养起来的。要培养孩子健康的自尊心，需要寻找个人自尊的支点，还要有正确的方向。正确的引导，可以让自尊心强的孩子找到自信，确立目标，并持之不懈地去努力。

不当的处置，则有可能严重伤害到孩子的自尊心，使孩子变得虚荣、孤傲、不逊、偏执。只要求别人尊重、重视和服从自己，我行我素，而不懂得尊重别人，很难接受他人的意见和批评，对父母的约束和学校、社会的纪律规则存在逆反心理，好面子，爱炫耀自己的长处，常常拿自己的长处与他人的短处进行比较来掩饰自己的不足或缺点。对批评反应强烈甚至以偏激、极端的方式来应对。或者走向另一个极端，由于某方面的不足或缺乏，便自卑、抑郁、焦虑，把自己看得一无是处，对前途丧失信心，自惭形秽，羞怯畏缩。

自信：自信，即个人对自己所作各种准备的感性评估，是发自内心的自我肯定与相信。有意思的一个现象是，与小学新生和初中新生不同的是，高一新生在入学之初，大多信心满满，十分自信。这可能与这个年龄段的孩子自我意识、自尊心特别强有着密切的关系，他们感觉自己长高了，力气大了，独立处理事情的本事有了，掌控自我的能力强了，因而表现出少有的自信。特别是中考成绩比较好、考进了相对理想学校的孩子，自信心会倍增。而在入学一段时间后，又可能因为遭遇到更多的对手和更大的学习压力，而使自信心骤然严重受挫。

真正的自信，应该具备这样几个基本特质：一是对自身优势的认定。对自己的优势与劣势有正确的认识，并对自己的实力有正确的评估和积极的肯定。发现自己的长处，是自信的基础，而找到自身的长处，对进入高中的学生来说，其实并不难。这个世界没有完人，也没有一无是处的人。学习好的孩子，成绩好就是自己最大的优点，而体育强的孩子，则有可能成为特长生。

　　二是坚定的信念。相信自己有能力实现既定目标，特别在问题难度加大时，表现出对自己的决定或判断的认可。在进入高中后，孩子们大多对自己的人生道路，有了一个基本的定位，对未来充满了幻想和期待，而无论是走求学深造的道路，还是预备以自己的特长，在今后的社会中找到自己的立足点，他们都表现出对未来的信心。

　　三是敢于挑战的精神。主动地接受挑战，将自己置于挑战性极强的环境中。进入青春期后的孩子，身体里的"血性"会逐渐呈现出来，他们易冲动，也爱挑战，容易接受新生事物，渴望表现自己，显示出初生牛犊不怕虎的精神，即使在受到阻挠、遭遇挫折等困难境地，也不改变目标，直到实现预期的目的。

　　孩子的自信心，非常难得，非常宝贵，需要我们加倍呵护和珍惜。但我们也要看到，自信不足和自信过度，都是有害的。如果在一场考试中，你认为自己可以得到80分，结果你得到了80分，那么你就是个有自知之明的人；如果你觉得自己可以得到90分，结果却只有80分，就说明你高估了自己的能力，进入了过于自信的误区；反之，如果你估计自己只能得到60分，则又明显低估了自己的能力，属于不够自信。正确地估量自己，对自己做出恰如其分的判断，有利于孩子在未来三年的学习中，找准自己的定位，稳步提高。

　　自主：自己做主，不受别人支配。心理学中自主就是遇事有主见，能对自己的行为负责。

　　进入高中后，孩子的自主意识明显增强。对事物，开始有了自己独立的见解，自理能力增强，希望自己的事情自己做，自己的事情自己做主。在学习上，则表现为自主学习的意识和能力，都得到加强。

学习的"自主性"具体表现为"自立"、"自为"、"自律"三个特性，这三个特性构成了自主学习的三大支柱及基本特征。

首先是自立。孩子对学习有了比较清晰的认识，认识到学习是自己的事，是别人不能代替、不可替代的，独立学习的能力得到加强。

其次是自为。孩子开始自觉地将学习纳入到生活之中，视其为自身最重要的有机组成部分，慢慢地由被动学习转化为主动学习，使学习成为自身内在的需求和动力，成为学习的主人。

再次是自律。表现在孩子对学习的自我约束能力，有所加强，对学习要求、学习目的、学习目标、学习意义，都有了比较完整的认识，自觉性显著增强。

自主学习能力的觉醒和培养，有助于孩子在未来的三年学习中，确立自己的目标，制定自己的规划，有条不紊地安排好自己的生活和学习。

自觉：自觉就是自己有所认识而主动去做，或者说自己感觉到，有所察觉，又主动愿意去完成某项任务的过程。在孩子的教育中，最令父母、老师头疼的事情，莫过于孩子的"不自觉"了。上课的时候，不自觉地做小动作；做作业的时候，不自觉地去抄袭；该学习的时候，不自觉地去玩电脑看电视；尤其是一个人独自在家的时候，是对孩子自觉性最大的考验，很多孩子做不到在没有家长的监督、没有考试的压力等情况下，自觉、主动地学习。不自觉，成了挂在很多父母和老师嘴上批评孩子的口头禅。

进入高中后，孩子的自控能力普遍有所增强，特别是孩子在有了自己的人生理想和追求目标后，这种自觉性，得到了空前的加强。不少父母发现孩子在进入初中高年级或高中后，突然觉醒了，转变了，自觉性大大增强，让人刮目相看。

但是，孩子的这种自觉性，往往容易受到各种因素的诱惑和干扰，以致慢慢丧失，重回不自觉的旧路。有的是因为努力了，却没有看到预期的成效，而变得心灰意懒；有的是抵制不了这样那样的诱惑，比如网络、不健康的书刊、不良朋友等的影响，兴趣发生了偏移；有的是青春期逆反心理作祟，对父母的过度关注和反复唠叨反感；有的则因为自身的懒惰，感到学习太辛苦，不求上进，等等，不一而足。因此，高中新生的自觉性往往大打折扣，脆弱不堪，经不起时间的考验。

自觉性，是一个人的意志力的体现，意志力薄弱的人，做什么事都难以坚持，不能执着，自觉性自然也很难长久。这就需要父母和老师保护好孩子的自觉性，对孩子的进步，给予鼓励和肯定；对出现的不良苗头，及时遏止；帮助孩子明确目标，并持之不懈地为之努力。

自省：自省即自我反省，就是通过自我意识来省察自己言行的过程，其目的正如朱熹所说的"日省其身，有则改之，无则加勉"。荀子则把"自省"和学习结合起来，作为实现知行统一的一个重要环节。

自省是对自我的再认识，是一个反思的过程。人是群居动物，不可离群索居，因此免不了与他人合作、竞争及分享。作为社会的一分子，我们必定会面对不同性格及态度的人，因为观点的差异，难免有产生误会的时候。在与他人交际时、自身的成长道路上、学习的过程中，是否和其他人有过争执，让人误会过？遇到问题时喜欢指责别人的不是，抑或只是一味地贬低自己，否定自我的价值？对学习是不是经常找不到正确的方法，不得要领，或事倍功半？是不是不愿接受和承认自身的不足，畏惧挫折，不敢面对自己的失败，在遇到失误或失败时总是怨天尤人？抑或得过且过，不求上进，总认为比上不足，比下有余？

中学生的自我认识加强，看问题虽依然偏激，但已经开始学会通过自省，来反思自身存在的问题，这对于他们提高自身素质、正确处理学习和生活中的矛盾冲突，无疑具有很大的帮助。孩子的自省意识，殊为宝贵。在这个阶段，父母和老师，可以有针对性地帮助孩子强化自省的能力。一是教会孩子常自我提醒，在生活和学习中多注意细节，时时严格要求自己，遇事三思而行。二是帮助孩子学会自我调节，无论遇到什么样的挫折和困难，首先要能够适应环境，然后再在现有的条件下改变自身条件和环境。三是引导孩子进行真正的自我反省，要能够冷静地看待事物，深刻地挖掘自身的不足和缺点，并真正下决心改掉这些不足和缺点，使自己轻装上路。四是鼓励孩子勇于面对错误。有了错误不可怕，关键是如何改正错误，只要能改正错误，便最终达到了自省的目的，成为自己的主人。

自负：自负就是自己过高地估计自己。人的自我意识主要包括三个方面：自我认知、自我意志和自我情感体验。人对自我的评价，依赖于自我认知，有的人过高地评价自己，就表现为自负；有的人过低地评价自己，就表现为自卑。

自负实质是无知的表现。主要表现在不自知。俗话说："自知者明"，"人贵有自知之明"。无知有两种表现，一是盲从，二是狂妄。自负，就是狂妄。

自负往往通过语言、行为等方式表现出来。

自负者，往往自满，满足于自己已有的成绩而沾沾自喜的心理状态。产生这种心理后，会使人缺少继续求知或工作的动力，变得骄傲自大，不思进取。自满与骄傲自大，是一对孪生兄弟。有一句箴言说得好：骄傲是一位殷勤的"向导"，专门把无知与浅薄的人带进满足与狂妄的大门。

需要注意的是，自负和自信的异同。自负和自信，都是对自我的积极评价，过度的自信，高估自己，就是自负。虽然总体来说，自负属于一种负面情绪，但也有其积极意义，对中学生来说，在适当的范围内，自负可以激发他们的斗志，树立必胜的信心，坚定战胜困难的信念，使他们能勇往直前。但是，自负必须建立在客观现实的基础上，脱离实际的自负不但不能帮助人们成就事业，反而影响自己的生活、学习、工作和人际交往，严重的还会影响心理健康。

帮助孩子克服自负心理，自信而不自负，自信而不自满，需要父母和老师的正确引导。一是要让孩子懂得虚心接受批评。自负者的致命弱点是不愿意改变自己的态度或接受别人的观点，接受批评是克服自负的第一步。它并不是让自负者完全服从于他人，只是要求他们能够接受别人的正确观点，通过接受别人的批评，改变过去固执己见、唯我独尊的思想。二是要教会孩子与他人平等相处。自负者往往唯我独尊，无论在观念上还是行为上，都无理地要求别人服从自己。平等相处就是要求自负者做到与别人平等交往。三是帮助孩子提高自我认识。要全面的认识自我，既要看到自己的优点和长处，又要看到自己的缺点和不足，不可

93

一叶障目，不见泰山，抓住一点不放，不及其余，有失偏颇。认识自我不能孤立地去评价，应该放在同学之中、同龄人之中去考察，每个人生活都有自己的独到之处，都有他人所不及的地方，同时又有不如人的地方，与人比较不能总拿自己的长处去比别人的不足，把别人看得一无是处。当然，也不是总拿别人的长处比自己的短处，那会走向自卑。四是教会孩子以发展的眼光看待自己，既要看到自己的过去，又要看到自己的现在和将来，中考的筛选，只是代表过去，但它并不代表着现在，更不预示着将来。让孩子明白，要想在竞争中立于不败之地，就要坚持不懈。

自卑：自卑是一种消极的自我评价或自我意识，是个体对自己能力和品质评价偏低的一种消极情感。自卑感的产生，往往并非认识上的偏离，而是感觉上的差异。其根源就是人们不喜欢用现实的标准或尺度来衡量自己，而相信或假定自己应该达到某种标准或尺度，如"我应该如此这般"、"我应该像某人一样"、"我没有某某聪明，又不如某某努力，我一无是处"等。这种追求大多脱离实际，只会滋生更多的烦恼和自卑，使自己深陷抑郁和自责之中而不能自拔。

自卑感比较强的孩子，往往无精打采，心情抑郁，少言寡语，闷闷不乐，总认为自己天资不好，能力较低，比别的同学笨……自卑，导致孩子的上进心不足，缺少青少年应有的蓬勃朝气，严重影响着学生的学习和身心健康。有人说，过分的自卑等于自毁。这不是危言耸听。

高一新生，产生自卑心理的因素大致有以下几类：

一是不适应学习、生活环境变化产生的自卑。升入高中后，高一学生面对的是新老师、新同学和新学校，过去朝夕相处的同窗学友大多各奔东西。有的高中又实行集体住宿制，学生离开家庭，自己料理生活。高一新生面对的一切，都是新鲜的、陌生的，当然不可能马上适应新的生活环境。他们有可能在班集体中被忽视、冷落，得不到全面的照顾和尊重，这很容易让孩子感到孤单、寂寞，甚至伤心落泪，自卑感也会油然而生。特别是作为重点中学的高一新生，大多数是来自普通中学的"尖子生"，现在忽然成为中等生，甚至后进生了，难免涌起强烈的失落感，逐渐滋生了自卑情绪。

二是中考所造成的自卑。刚进高中的孩子，中考的阴影还没有散去，由于中考成绩不理想，未能进入心目中理想的学校，感到无脸见人，心生自卑。尤其是到了新学校后，在高一的入学摸底考试或学科测验中，有的学生"出师不利"，刚上阵就吃了败仗，对自己更是心中没底，产生自卑心理。

三是家庭因素引发的自卑。有的孩子感到父母工作单位不好，家庭经济状况差，吃、穿、住等方面不如别的同学；有的孩子，家庭遭遇不幸，失去双亲或其他亲人的沉重打击；有的孩子家庭不和，父母整天吵嘴打架，或者父母离异，处在单亲家庭之中，得不到家庭的温暖；有的孩子来自农村，感觉与城里的孩子差异很大；还有个别的孩子，可能由于父母亲犯了罪，受到了处罚，造成很大的思想压力，有时还会受到歧视，于是形成很强的自卑心理。

四是对自身某些条件的不足产生的自卑。如有的孩子身体有残疾，或感到个子矮小、太瘦或太胖，或身体不是很好，疾病缠身；有的孩子觉得自己的相貌不俊美，长相不如人；有的孩子认为自己的爱好和特长较少或没有，不像别的同学那样多才多艺等等，都易使学生产生自卑心理。

95

五是自尊心连续受到伤害而引起的自卑。有的孩子由于种种原因，经常受到老师或班干部的批评，导致越批评越笨的现象，这些学生总感到什么事情都做不好，以致羞怯、茫然、慌张，无所适从，有的干脆"破罐子破摔"，自暴自弃。

对自卑心理比较强的孩子，父母和老师要积极疏导，细心抚慰，帮助孩子找回自尊，重拾信心。鼓励孩子勇敢地面对自己，面对挑战，乐观地对待人生。克服自卑的最好办法，是找到自信；克服消极的最好办法，是以积极的态度对待。

自恋：自恋是对于自己过分自信、过分自满的一种陶醉入恋的心理表现，在生活中往往会表现在过分的爱慕虚荣，喜欢夸大自己，爱打扮，爱臭美等等。

自恋有以下几个特征：强烈的表现欲。有自恋倾向的孩子，往往更

喜欢在众人面前表现自己，总认为自己是最好的，最棒的，不大看得起别人；爱幻想。喜欢沉浸在自己编织的世界中，憧憬未来，经常做白日梦，却疏于实际行动；期望得到过分的赞扬，认为自己已经做得非常完美了，理应得到更多的赞扬和褒奖，期待得到特殊的待遇；不为他人考虑。只关注自己，而不考虑别人的感受，不能设身处地地替别人着想；认为自己很特殊。觉得自己是独一无二的，不可复制的，由此常常会感觉到曲高和寡，与他人格格不入；妒嫉妒。看不到或看不得别人的优势，对明显超过自己的人，感到不服，其实是嫉妒，另一方面，又总认为别人是在嫉妒自己；易骄傲。过度的自信，表现出骄傲和傲慢的行为态度，自以为是，骄傲自满。

拉·洛克福库德说过，"自恋是最伟大的谄媚者"。而向自己献谄献媚的人，正是自己。自恋往往蒙蔽了自己的眼睛，使孩子不能清醒地认识自己，也难以与他人和谐相处。

克服自恋倾向，首先要学会通过认识他人来认识自己。唯有客观地认识他人的人，才能客观地认识自己；二是通过直接的和间接的自我认识，跳出自己，认识自己，跳出过去，认识现在，跳出现象，认识本质；三是通过自我监督和自我教育，提高自己的认识水平，提升自己的素质修养。

自由：首先要纠正一个观点，很多父母和老师所常说的自由，是自由散漫的自由，带有明显的贬义。而我要说的，是孩子自由意志的觉醒。这个自由，既包括身体上的自由、行为上的自由，也包括选择上的自由、精神上的自由。

在古拉丁语中，"自由"（*Liberta*）一词的含义是从束缚中解放出来。这比较符合这个阶段孩子所渴求的自由特征。

他们感到自己长大了，再也不希望像温室中的花草那样，受到父母无微不至的关心和约束，渴望从父母的怀抱中，挣脱出来。在行为上，他们希望自己的事情，自己做主；自己的时间，自己支配；自己的行为，自己负责。在精神上，他们希望自己的未来，自己做主；自己的选择，得到尊重；自己的情感，不受干涉。

正因为渴望自由，所以，一旦受到干涉和限制，他们就会表现出特别反感和叛逆，不愿意顺从，不肯屈服。这也就是为什么这个阶段的孩子，特别不听话，特别我行我素，特别容易走极端。

自由意志是孩子渴求独立，自我价值得到尊重，实现人生意义的外在体现。由于存在自然条件和内在条件的局限性，这种价值取向有时是盲目的，甚至是非理性的，很容易滑入自由散漫，没规没矩，甚至无法无天的地步。但自由本身，并没有错，孩子渴求自由的愿望，没有错。一个被长期禁锢、束缚而没有自由意志的心灵，必然是不快乐，不健康，没有希望的。

给孩子自由的心灵，远比给孩子行为的自由重要。孩子的行为，往往带有很大的盲目性，需要成人的匡正和帮扶。没有约束的绝对的自由，只会让孩子放任自流，甚至陷入泥淖之中。而心灵的自由，对孩子来说，犹如鱼之有水，风筝之有空气，天使之有翅膀，可以帮助孩子自由快乐地成长，飞得更高更远。

97

第三节　重高新生的困惑与对策

他们是同龄人中的佼佼者，在面对中考这个人生第一次筛选的时候，他们通过自己的努力，脱颖而出，跨进了理想的重点高中，翻开了人生新的篇章。对他们来说，一切都如此美好，未来如此可期。可以说，有幸进入重点高中的孩子，一开始个个都是踌躇满志，意气奋发，在心中一遍遍地勾勒了美好的蓝图。不过，一旦他们走进校园，开始全新的高中生活之后，各种意想不到的苦恼和不适，就接踵而至，给他们措手不及的打击。杭州的一所重点高中，对一年级的 549 名新生进行了一次心理测试，结果属于适应型的只有 78 人，占 14%；属于焦虑型的有 127 人，占 23%；介于适应型和焦虑型之间的为 344 人，占 63%。这不是个别现象，在我所了解的重点中学中，一年级新生普遍存在着或多或少的心理困惑，调查数字都大同小异。

⊙矛盾与困惑

除了高中生所共有的生理、心理特征外，重点高中的孩子，会表现出一些比较特殊的特征和现象，他们纠结于这些矛盾和困惑中，如果得不到及时有效的排解，很容易使他们走入歧途。

傲气。考进重高的孩子，自觉优人一等，胜人一筹，自信心膨胀，看不起他人，唯我独尊，傲气、霸气十足，操纵欲、支配欲也极强，别人的行为稍不如意，就要横加干涉，而自己要做什么，即使错了，也不听劝告，听不得批评，我行我素，处处显示出与众不同的姿态和神情。

浮躁。"躁"的意思是，内心有众多的东西在涌动；而所谓"浮"，就是漂流，随波而动。两个字组合在一起的意思就是，心里有众多的东西要动，而又没有地方可以让它们落脚，因此到处飘荡，不得安心。重高的孩子，大多有着自己崇高的人生理想，总是在编织着美好的未来，但是，在强大而众多的竞争对手面前，又往往感到自己优势不足，从而心浮气躁，对自己不满，对现实垂头丧气。

失落。与傲气相伴的，却是极大的落差所带来的失落感。进入重点高中的孩子，往往都是所在初中的拔尖生，成绩优秀，处处受到老师、父母的宠爱，同学的羡慕。进入重高后，陡然发现身边人人都是优秀生，个个出类拔萃，自己完全被淹没了。优越地位的丧失，很容易使他们对自己产生强烈的怀疑，变得苦恼、自卑、消沉、失落，甚至自暴自弃、得过且过。

焦灼。重点高中尖子云集，加上高一学习科目多，难度偏高，课程学习中对学生的思维能力要求较高，有一部分学生从原来同学眼中的尖子生变成中等生甚至落后生，从而引发内心的紧张、忧虑和恐惧等情绪，带有明显的焦灼倾向。

妒忌。虽然尖子云集，但还是有人会脱颖而出，成为尖子中的尖子。这些新的尖子生，往往适应能力特别强，学习方法得当，很快就站稳了脚跟，这让一些曾经也是尖子生的孩子，无法接受，对比自己强的同学产生嫉妒心理。这是缺乏自信、心胸狭隘所致。

98

松懈。能考入重点高中的孩子，初中阶段，特别是初三年级，一定付出了比旁人更多的汗水和努力，如愿以偿地考进重高后，感到船到码头车到站了，可以喘口气，歇歇脚了，认为重点高中三年下来，考个大学总是没什么问题的，于是，产生松懈心理。这种心理往往是在中考结束之后就产生，及至高一新学期开学了，还无法从松懈状态中恢复过来。

从众。进入新环境后，以前初中时的好朋友各奔东西了，内心渴望结识新朋友，建立新的友谊，特别是住校生，第一次离开家庭独自生活，家长的关心和监督相对减少，难免产生孤独感，心中不踏实，他们更希望尽快融入新集体，为避免被其他同学排挤，有时明知不对，他们也随大流，或人云亦云，没有自己的独立见解；或随波逐流，不思进取；或得过且过，混一天算一天。

逆反。这是青春期孩子特有的心理反应。进入高中后，不少孩子接近成年，个性突出的孩子，表现出竭力摆脱对成人的依附和盲从地位，喜欢特立独行，我行我素，你让他这样做，他偏要那样做，对老师父母的规劝往往采取抵触情绪，甚至强词夺理，高唱反调，做出一些偏激行为。

⊙对策：拥有这样四颗心

对高中生来说，与当年的小升初一样，入学之初，必然面临着学习方法、行为习惯、环境适应等方面的问题。但是，在我看来，更重要、更紧迫的任务是有针对性地帮助他们解决心理上的困惑，授人以鱼，不如授人以渔。

一般来说，心理素质如何，直接影响到孩子思想品德的发展方向、速度和完善程度。健康的情绪和意志，是优良品德结构中不可缺少的心理要素，心理障碍则直接影响学生知识的学习和能力的发展。学生的智力活动总伴随着情感、意志等心理成分，情绪的好坏，意志强弱，既影响到知识的掌握与技能形成的质量，也影响到学生智力发展的速度和水平。针对重点高中新生容易出现的心理问题，需要我们帮助他们以健康的心志，来克服不健康的心理，走出困惑，完善自我。

平常心。所谓平常心，就是既积极主动，尽力而为，又顺其自然，

99

不苛求事事完美。重高的孩子,首先要拥有的,就是这样一颗平常心。

有了平常心,就不会事事苛求自己,作茧自缚。希望自己成绩好一点,表现突出一点,未来光明一点,这都没有错。只要自己脚踏实地,勤勤恳恳,实实在在地去努力了,就可以做到问心无愧。而不会无谓地给自己套上枷锁,为了一个力所不能及的目标,而挣扎、彷徨、苦闷。

有了平常心,就不会以成败论英雄,正确看待得失。能考上重高,说明自己是优秀的,但不因此而骄傲自满;进了重高后,面对众多的尖子生,自己可能不再那么一枝独秀引人注目了,但不因此气馁自卑,踌躇不决,裹足不前。做到虽争强好胜,但心平气和,不以成喜,不以败悲。不过高地看重一时的成败,一次的得失,而是坚定地朝着自己的目标稳步迈进。

有了平常心,就不会看什么都不顺眼,事事感到不如意。有的孩子,对比自己差的同学看不起,对比自己强的同学,又看不顺眼。什么事情,都喜欢拿自己和别人比,什么时候,都要和别人一争高低,迫使自己总是处于紧张状态,敌对状态,以致心理失衡,找不到方向,牢骚满腹,怨声载道。平常心就是既要善待别人,也要善待自己。

说到底,平常心就是清醒地认识自己,客观地对待自己和别人,给自己一个清晰的定位。需要特别补充一点的是,要孩子怀揣一颗平常心,父母首先应该抱着这样一个心态。父母不能平常对待,对什么都斤斤计较、患得患失,孩子就不可能拥有健康的平常心。

虚心。考入重高的孩子,自信心都表现得特别强烈。自信心是孩子走向成功的必要条件,保护好孩子的自信心,非常重要。但盲目自信,自信过度,就不幸成了自负。而这,无疑会成为孩子的致命伤。重高的孩子,非常需要一颗虚心。

虚心是什么?虚心就是不自满,不自大,不自以为是。越聪明的人,越智慧的人,越虚心。不是说重高的孩子,就一定不虚心,一定夜郎自大,但重高所带来的优越感,确实会令一些孩子过高地估计自己,不能正确地认识到自己的短处和不足,而变得忘乎所以、自满、自大、自负、自视甚高、自不量力、自以为是。而一旦在现实中受挫,又会走向另一个极端，自卑、绝望。

不虚心的危害是显而易见的。不虚心，就看不到别人的长处，也看不到自己的短处；不虚心，就不可能谦虚，只能听表扬，听赞美，听不得建议，更听不得批评；不虚心，必然盛气凌人，难以与人友好相处；不虚心，使人盲目，狂妄，迷失方向；不虚心，就好高骛远，不切实际，不可能有真正远大的理想。

虚心了，才能放下架子，向比你优秀、或能力不如你却某方面（如见解、观点、处事方法）比你擅长一些的人讨教；虚心了，才能有自知之明，正视自己的不足，克服自身的缺点，找到问题的症结；虚心了，才能不偏不倚，客观、公正、全面地看待问题；虚心了，内心才能宁静，视野才能开阔，思维才能活跃；虚心了，你才能腾出心灵的空间，容得了更多的内容，放得下更大的理想。

教会孩子虚心一点，是为了让他卸下虚荣，放下包袱，赶走无知，以容纳更大更精彩的世界。

恒心。德国诗人席勒说："只有恒心才能使你达到目的。"毛泽东说过："贵有恒，何必三更起五更眠。最无益，只怕一日曝十日寒。"一个有着远大目标的人，若能持之以恒，始终如一地为实现目标而奋斗，目标就一定可以达到。

进入重点高中学习，固然是一件可喜可贺的事情，但是，这只是人生迈出的一步而已，重点高中只是帮助自己实现梦想的平台，而绝非终点站。恒定信心，我们才能走得更远。

有了恒心，就不怕道路上布满的荆棘，不向任何困难低头服输。面对三年之后的高考选拔，高中阶段的学习，将是漫长而艰苦的，难免会遭遇各种挫折和打击，需要我们保持恒心，坚定目标不动摇。

有了恒心，就不会一条道走到黑，而找不到正确的方向。恒心不是盲目，不是钻牛角尖，而是以正确的态度和方法，追求我们的理想。

有了恒心，我们的孩子，就能够耐得了寂寞，不逞一时之强，不图一时之快，不患得患失，而会咬定青山不放松，以坚强的毅力，以乐观的心态，度过三年的高中时光。

有了恒心，我们的孩子就会心无旁骛，一心一意，而不会见异思迁，三天打鱼两天晒网，抓不住重点，捡了芝麻而丢了西瓜。

恒心不同于决心。有的孩子，决心常有，但总是坚持不了多长时间，就松懈了，瓦解了。恒心是持之以恒的决心，基于内在的动力。

恒心是成功的基石，是一个优秀孩子必备的品质。

静心。浮躁、焦灼、忧郁、失落，这些负面情绪，如影随形，深深地折磨着一些刚入重高的孩子们。对他们来说，调整自己心态的最好办法，就是尽快让自己的心安静下来，重新梳理自己的思绪，找准自己的定位。

心静了，才会全身轻松。放松的身体，摆脱了重重压力的心灵，可以有效提升孩子的免疫力，增强心理的抗压性，以及面对困难创伤时的自我治疗能力。

心静了，才能找回力量。不会因为一时的挫败，或者一时的失利，忧心忡忡，灰心丧气，而是重拾信心，找到自己的优势，发挥自己的长处，获得勇往直前的力量。

心静了，才不会心浮气躁，对什么都看不顺眼，弄得自己疲惫，父母揪心，同学反感，百害而无一益。

心静了，才会接纳真实的自己。浮躁的人，不可能对自己有一个客观的评价；焦虑的人，不可能对自己满意。静心，可以帮助孩子冷静地评估自身，并心悦诚服地接纳自己，回归本我。

心静了，才能将自己的心清理干净，祛除一切杂念，以健康、乐观、开朗的心态，开始崭新的高中生活。

第四节　普高新生的困惑与对策

这是一个最庞大的群体，在经历了中考的洗礼之后，他们也带着各种各样的心态，走进了高中的校园。对其中的很多孩子来说，中考是一次滑铁卢，是一场噩梦，特别是对那些初中时一向成绩还不错，中考却严重发挥失常的孩子，他们心中的抱憾与痛苦，恐怕需要相当长一段时间，来愈合。因而，他们的心态，也极其复杂，可谓五味杂陈。弄清楚他们的真实心态和状态，可以帮助他们走出中考的阴影，重新振作起来，规划好自己的高中生活，以期通过三年的高中学习，在高考时实现新的突破，完成人生的又一次转身。

⊙矛盾与困惑

因为重高的数量有限，大多的孩子，最终不得不进入普通高中学习。相对于重高生来说，这个庞大的群体，情况是复杂的，心态是各异的，对于高中生活的适应，也显得更加艰难一些。一方面，他们不得不接受残酷的现实，一方面，又对现实和自身都不满，总是处在冲突矛盾之中，困惑、彷徨、不安。我想用以下这样几个词，来描述他们所共有的心理特征。

失意。这可能是普高生中，最普遍的一种心理了：失意情绪。

自己没能考上中意的学校，看到别的同学乐滋滋地走进了重高，失意；进了普高了，却又没能挤进资源相对优越的实验班，失意；摸底考，又考砸了，失意；高中老师对自己很平淡，感觉不到初中时老师的悉心关爱，失意；学习跟不上趟，发现即使在普高，自己的成绩也不是特别突出，各方面的表现不尽如人意，失意；找不到志同道合的新朋友，失意；父母对自己的表现不满意，似乎没以前那么爱自己了，失意……

总之一句话，在他们看来，自己真是倒霉透了，所有不幸的事情，都摊到了自己头上。没有一件事情是顺心的，没有一个人看着是顺眼的，自己的一言一行也没有一样是顺意的。浓浓的失意情绪，笼罩着他们，使他们看不到希望，找不到出路，神情沮丧，落寞，形单影只。

失意就向影子一样，紧跟在他们的身后，左右着他们的心智和行为。失意是很不健康的负面情绪，长期不如意，经常感到失意，会使一个人迷失信心，缺乏干劲，丧失斗志，消极地对待学习和生活。父母如果不能适时地了解孩子的这种情绪，就无法疏导孩子，帮助他们走出人生的阴影。

在意。学习上的失意，生活上的失意，情感上的失意，反过来，又使普高的孩子，表现出比其他孩子更多更高的"在意"。

他们很关注自己的形象，在意别人对自己的评价，一句话会让他们笑起来，一句话也可能让他们跳起来；他们在意自己的成绩，考的好就得意，考的差就失意，有时候，一张卷子发下来了，他们可能会为了老师统计时的一分之误差，而耿耿于怀；他们对老师、父母、同学的态度特别留意，一个善意的笑容，一个肯定的眼神，会让他们激动半天，而一句责骂一声批评，有可能让他们好多天都难以释怀；他们变得特别敏感，脆弱，意气用事，任何一个在他们看来有失公允的言行，都会让他们勃然大怒，产生抵触情绪。他们变得斤斤计较，什么事情都喜欢较真，拗劲，经常和父母老师闹别扭，原因很简单，他们在意这一切。

越失意的人，越在意。越得不到的东西，越在意。很多父母不明白，孩子为什么会突然像变了一个人，变得如此敏感，如此刻薄，如此不可理喻。我告诉你，那是因为他在意的东西，并没有得到足够的尊重和关注。而如果我们的父母连孩子在意什么，都不甚了了的话，我们拿什么去了解孩子，理解孩子，帮助孩子呢？

刻意。因为在意，这些孩子，往往又变得刻意。

他们喜欢刻意地表现自己。有的孩子，进了高中后，会特别刻意关心自己的发型，留着长发，坚决不肯理发，或者喜欢穿一些奇装异服，追逐名牌，刻意扮酷；有的孩子，喜欢在课堂上卖弄，处处标新立异，让人感觉他懂得的很多，知识面很广，或者很有风趣；有的孩子，特立独行，我行我素，装作对什么都无所谓，老师的批评，父母的劝诫，他们都充耳不闻，在同龄孩子中表现出很另类；有的孩子，则为了获得父母和老师的肯定，表现出很乖很听话的样子，手头总是拿本书，拧着眉毛，做出埋头苦读的神情……这都是孩子刻意地在表现自己，目的都是使自己被人留意，关注，获得心理上的满足。

刻意是故意做出来的，换句话说，是装出来的，表现出来的，并非孩子真实自然的内心表露。因而，刻意就必然是做作的、短期的、表象的，它所反映出的，绝非孩子的本质。搞清楚孩子的言行中，哪些是刻意为之，哪些是真实流露，哪个是现象，哪个是本质，可以使我们对孩子有一个真实、全面的了解，从而有效地引导孩子。

随意。就是随着自己的意愿行事。

如果说很多孩子会刻意地表现自己，以吸引父母、老师和同学的关注的话，那么，随意性，则是他们身上显露出来的一个本真的特性。

随意的一个近义词是随便。我反正就是这样了，随便你们怎么看。我就这个态度，你爱怎么着怎么着。我就是喜欢这样，你爱管不管。不在乎自己的行为，也不在乎别人的评判，将自己置于一个随便的、放任自流的境地。

随意的另一个近义词是随性而为。什么事情，都由着自己的喜好，想做的就做，不想做的就不做；什么时候，都随着自己的性子，想怎么样就怎么样，不思进取，不计后果。

普高生对现状以及自身的不满，很容易使他们在几个极端之间来回摇摆，飘忽不定。一会儿对什么都特别在意，斤斤计较，一会儿又对什么都非常随意，盲目无根。产生这一切的根源在于，他们对自己失去了信心，对前途迷茫，对未来充满恐惧。一旦重新找回自信，有了明确的目标，他们就会拨开迷雾，走出困境。

故意。比随意危害更大的，是故意。所谓故意，就是明知某行动会产生不好的结果，但仍然执意特意存心那样做。这是逆反心理所引发的一种行为。

同样是基于对现状的不满，而又没有得到有效的排解和引导，有的孩子会表现出种种恶劣的故意行为，明目张胆地与父母老师对着干。你说要刻苦学习，我偏偏不看书不做作业不上课；你让我课堂上保持安静，我就是要不停地讲话做小动作扰乱课堂秩序；你要求学生要文明礼貌，我偏不吃你这一套，搞出一些动静来让你抓狂。

故意的一个重要特征是存心，是主观故意。与随意有着本质的不同，其危害性也就更大，纠正起来也就更困难。

没有无缘无故的故意。故意的背后，往往是孩子对现状的挣扎，在苦于得不到正面引导和肯定状态下的一种内心流露。这个阶段的孩子，还没有成年，是价值观和世界观的重要形成时期。当自我价值无法实现

105

的时候，他们就会选择这样一种极端的方式，进行对抗。没有哪个孩子的本质是坏的，只要循循善诱，诚心待之，没有一个孩子的心灵，是不可以被感化的。

敌意。我一直在犹豫，该不该用这个词来描述我们的孩子。会不会是我将问题，看得严重了？但我不得不承认，在个别孩子身上，确实存在着对他人不友好的敌对情绪。

有敌对心理的孩子，他的心中，总有一个对手，一个"敌人"存在。认为别人总是跟自己过不去，对什么都不满，内心充满愤怒和仇恨。

家庭背景复杂的孩子，更容易产生敌对情绪。他们得不到家庭的温暖，感受不到亲人之间的爱，总是用粗暴的方式解决问题。

好胜心特别强的孩子，也容易产生敌对情绪。看到别人超过自己了，他们不是寻找自身的不足，也看不到别人为此付出的努力，而是被嫉妒心完全控制，敌视比自己强的同学。

经常挫败的孩子，因为总是失败，一次次遭受打击，一次次遭到批评，看不到希望，对成功的同学由羡慕到妒忌，以致敌对。

敌意很可怕，它夸大了同学之间的竞争关系，阻碍了父母老师和孩子的正常交流，严重吞噬着孩子的心灵。经常产生敌意的孩子，有时也会认识到自身的问题，却对这种可怕的负面情绪欲罢不能，从而陷入苦恼、恐惧、不安、自责之中。

⊙对策：拥有这样四颗心

我要对普高生以及他们的父母说的一句话：没错，普通高中在很多方面，比不上重点高中，但是，这并不意味着，你们的孩子就没有将来。通过努力，他们同样可以考进好的大学，也同样可以舍弃大学而通过其他渠道，获取成功。每个孩子都是与众不同的，孩子的命运，是可以不普通的。

进取心。拿破仑说过，进取心是一种极为难得的美德，它能驱使一个人在不被吩咐应该去做什么事之前，就能主动地去做应该做的事。这是一种积极的心态。进取心有三个基本特质，即强烈的好胜心，不甘落

106

后，勇于挑战；主动学习，有旺盛的求知欲和强烈的好奇心，从而能不断接受新事物的出现，及时学习，更新自己的知识，提高自己的个人能力；能够合理规划自我发展，制定个人的发展目标，并为之努力奋斗。

每个人所能达到的人生高度，无不始于一种内在的冲动，这个冲动，就是进取心。当孩子强烈渴望有所成就时，他就会冲破种种束缚，矢志不渝地朝着这个目标努力。进取心是孩子进步的原动力，一个没有进取心的孩子，即使拿鞭子抽他，他也不可能有出色的表现。

青少年时期，孩子的进取心都非常强，特别争强好胜，凡事不服输。但是，中考却给了考得不理想的孩子们当头一棒。进了普高之后，很多孩子会觉得，初中三年的辛苦都白费了，流了那么多的汗水，换来的竟然是这个结局。于是，对学习不再有兴趣，对自己不再那么自信。高中阶段竞争将更加激烈而残酷，而伴随着竞争和分化，一部分孩子会再一次陷入失败和茫然之中。有的孩子，遇到挫折，进取心越强；也有的孩子，稍不如意，就灰心丧气。挫败感是进取心的天敌，很容易使意志力薄弱、自控力不强的孩子，感到沮丧颓废，心灰意懒，进而畏惧不前，丧失斗志。

进取心不是天生的，也不是一成不变的，这就需要我们不断培养和激发孩子的进取心，特别是中考失利，自信心受挫的孩子，更应鼓励他们战胜自我，走出阴霾，不断进取。

信心。信心是人成长过程中对情商影响最大的一个因素，自信心强，则交流能力、理解能力、判断能力都能有长足的发展，相反，信心不足进而自卑并造成自闭，对孩子的世界观、人生观都会产生消极影响。中考失利，进入普高的孩子，自信心都受到或多或少的挫伤和打击，重振他们的信心，就显得尤其迫切。

怎样激发孩子的信心呢？

我们首先对信心这个概念有个基本的了解。所谓信心，是指对行为必定成功的信念。它是由对行动实现难度的外在认知、情绪和外在意识三个方面的构成要素。三个要素是协调一致的，激发信心中的任何一个表现要素，都会引发另外两个要素相应的连锁反应。

外在认知是指人们对行为必定成功的认识过程，由于这种认识过程只能是对行为未来发展状况的预期，所以这种认识过程实际上又是一种对行为过程的想象和推断。因此，我们应帮助孩子认识到，中考不是人生的全部，它只是一次阶段性的检测和筛选，中考失利，不等于人生失利。普通高中，同样可以缔造辉煌的人生。

情绪是指人在受到生活环境中的刺激时，而产生的暂时的较剧烈的自我评价和体验，它包括喜、怒、忧、思、悲、恐、惊七种。孩子短时间内出现情绪波动，对前途悲观失望，完全可以理解。在理解的基础上，父母和老师应帮助孩子及时调整自己的情绪，从忧郁和痛苦的阴影中走出来，学会快乐地面对生活和学习。

外在意识是指人们在行为中大脑对外界事物觉察的清醒程度和反应灵敏程度，在注意力高度凝聚时意识水平最高。这就需要我们帮助孩子转移注意力，从对中考结果的关注转移到对未来生活的关注，重新认识自我，对高中生活和自己的目标，进行一次新的规划，让孩子明白，最大的敌人不是中考，不是失败，而是自己，只要战胜自己，超越自己，明天会更美好。

宽心。因为中考失利，没能考进期待的学校，觉得有愧老师的教诲，父母的疼爱，往往会陷入深深的自责当中。教会孩子宽心，就是帮助孩子正确地对待得失，放下包袱、放宽胸襟、着眼未来。

要做到宽心，首先要学会正确地面对失败。失败不可怕。失败可以累积经验，发现自己的不足，找到失败的根源，就可以在下一次的考验中处于有利位置。失败可以锻炼意志，世间许多事不是一蹴而就的，都是经过多少挫折、多少次跌倒后重新站起来，所谓"打落牙齿和血吞"，再次往前冲，才能成功的。失败的后面，就是成功，失败是差一点成功，成功则是差一点失败，两者之间，其实只有一步之遥。跌倒了不可怕，可怕的是跌倒之后不肯站起来，不敢继续往前走。

对自己宽心，就是不钻牛角尖，不患得患失，不斤斤计较，不畏首畏尾，不好高骛远。而是眼界高远，客观公正，脚踏实地，坚定有力。

宽心不是对什么都无所谓。不思进取的人，不是宽心，而是自我麻醉；没有追求的人，不是宽心，而是浑浑噩噩。真正的宽心，是一种积极的心态，向上的意志，为了自己的目标，执着地前行。

开心。遭受失败打击的孩子，往往压抑、沉闷、不开心。以这样一种心境跨入高中，就不可能觉得幸福快乐，更无法体会到学习和成长本身所带来的快乐。因此，让孩子学会开心一点、快乐一点、放松一点，无疑对他们适应普高学习和生活，有着极大的帮助。

走出阴影，可以找回快乐。中考已经成为过去，教会孩子放下这个沉重的包袱，走出失败的阴影，将目光向前看，向远方看。生活中有了阳光，有了希望，就有了快乐。

排遣压力，可以找回快乐。没有压力，人就没有动力，适当的压力，有助于孩子保持干劲，但是，压力过大，特别是不必要的精神压力，会使人觉得沉闷，喘不过气来。压力是一座大山，它本身只会带来不愉快的体验。为孩子减压，给孩子一个渠道排解压力，都可以让他们找回生活的快乐。

成功感，可以找回快乐。学习上的进步，文体活动上的精彩表现，生活自理能力的提高，一点一滴的成就感，都可以使孩子从中体会到自身的价值，帮助他们找回快乐。

109

良好的人际关系，可以找回快乐。亲人的呵护，老师的关爱，同学的友谊，陌生人的沟通，有助于孩子建立良好的人际关系，并从中感受到温暖和快乐。

第五节　职高新生的困惑与对策

如果要对职高生进行一个评价的话，恐怕很多人会给他们戴上这样几顶帽子：落后生、困难生、问题生。这显然有失公允的评价，反映了人们对待职高生认识上的偏见。确实，最后选择进入了职高的孩子，大多在初中阶段，学习成绩不理想，有的还存在着这样那样的问题，让父母和老师头疼不已。但是，将他们与落后生、困难生，甚至是问题生简单地划上等号，却是十分片面、错误的，也是不负责任的。其实，职高生身上，有很多闪光点，他们在通过三年的职高学习，走向社会后，都在各自的岗位上，发挥着自己的作用，成为一名光荣的劳动者。

⊙矛盾与困惑

连成人社会都难免产生这样片面的认识，可见刚入学的职高生将要承受多大的压力，面临多少的困惑。与重高生、普高生比起来，他们对于新的学习和生活环境的适应，就显得更加艰难，任务也更加艰巨。

自我认知上的误区。进入职高的学生，在初中阶段很多是、或认为自己是失败者，他们往往长期得不到关注，或长期遭受负性评价，久而久之，形成各种各样的心理隐患。职高生错误的自我认知表现在：

自我评价很低。认为自己天生就是落后生，不是读书的料，永远不如别人。学习没劲，成绩不好，表现很差。不但认为自己在父母、老师、同学的眼中，不是好学生，他们自己也会戴着有色眼镜看自己。

自我期待不高。认为自己肯定不会有什么大出息，将来也无非是找个工作，混口饭吃，心中没有理想，没有清晰的目标，得过且过，做一天和尚撞一天钟，混一天算一天。

自我定位模糊。不清楚自己到底是个什么样的人，也不知道自己的未来到底在哪里，更不明白怎样去努力奋斗，因而找不到自己准确的位置，无法给自己一个明晰的定位，只能随波逐流。

因为自我认知上的误区，导致职高生中，出现各种各样的心理问题。有的个性懦弱、胆怯、抑郁，缺乏自信心和勇气；有的悲观失落，失去了向上的动力和对自己严格要求的意识；有的形成了自暴自弃或敌对、暴躁、逆反等不良心理和情绪。心理波动很大，时而充满希望，时而又心灰意懒；时而兴奋亢进，时而又垂头丧气；时而决心很大，时而又怯懦逃避。总是处于飘忽不定，难以持久的状态。

厌学情绪。职高生大多学习成绩一直不太理想，及至因为中考成绩差，而不得不进了职高。这些孩子，往往情绪上厌倦学习，态度上消极甚至对抗学习，行为上被动应付或逃避学习。对学习抱着无所谓的消极态度，无所谓自己的学习成绩，无所谓家长、老师的批评，严重的厌学会导致逃学、学校恐怖症等。

职高生产生厌学情绪的原因，重要有以下几点。

一是缺乏学习的动机。很多职高生认为，进职高学习的目的无非就是为了混一张毕业证，找到一份工作。他们难以理解学习的真正目的，更不能将自己的学习和自己未来的发展真正联系起来，缺乏理想和目标。

二是缺少成功的体验。这些孩子往往学习基础差，学习上比较吃力，考试经常不及格，很少体验到学习的成功，因此，他们对学习逐渐失去了信心。

三是家庭环境不良的影响。不少职高生家庭情况比较特殊，或者父母离异，或者是留守学生，或者是家庭关系紧张，父母经常吵架，在家庭中缺乏正确的教育引导和安定的学习环境，渐渐对学习产生厌倦的心理。

四是师生关系紧张。在学校，因为成绩差，表现不好，经常受到老师的批评，感受不到老师的关爱，导致师生关系紧张，由讨厌任课教师到讨厌所学科目，最终导致讨厌学习。

严重的自卑感。中考之后，原来的同学发生了分化，走进了不同的学校，可以预见的未来，也必然迥异。这让职高生产生极强的自卑感。职高生往往自觉低人一等，在那些考进了理想学校的同学面前，抬不起头。同时，社会上对于职业教育的错误认识和歧视眼光，也无形中加重了孩子的自卑情绪。

自卑使这些孩子容易封闭自己。不愿意和以前的同学来往，不愿意与比自己强的孩子交往，不愿意将自己内心的苦闷、困惑、犹疑向别人倾诉，不愿意真诚地敞开怀抱。

自卑蒙蔽了他们的双眼，看不到未来。他们看不到自身的优点，也看不到自己的出路，感到没有希望，前途渺茫，从而心灰意懒，有的甚至破罐子破摔。

心灵孤寂。职高生的生源比较复杂，有来自城区的，也有来自农村的；有本地的，也有外地的。城市和乡村孩子生活习惯的差异，住校和不住校的同学在学校作息时间上的差异，家庭条件的差异，以及学生自身的气质、性格的差异，等等，导致新入学的职高生彼此不了解，难融

111

洽，有的孩子在入学一个月后，尚不能与班里其他同学相熟，在各种活动中陷入孤独无助的境地。

早恋倾向。职高学生多数来源于升重高和普高无望，基础较差的初中毕业生，文化基础差，又缺少学习的信心，因此学习起来依然可能并不轻松，对学习产生畏惧。同时，十六、七岁的职高生又正好处于青春期晚期，对异性产生好奇是必然的，还有一部分学生生活在单亲家庭，甚至是根本没有父母的爱抚，缺少心灵的慰藉……在诸多原因的驱使下，有一部分学生的思想从学习上转移了，开始盲目的追求成人化的生活，寻找精神支柱，早恋，成了他们摆脱现实的一个最佳途径。

⊙对策：职高生，你的名字不是弱者

针对职高生心理特征的特殊性，我认为，帮助孩子重新认识自我，发现自身的优点和长处，提振信心，确定人生目标，是职高生教育中的重中之重。树立了信心，明确了目标，其他的问题，都可以迎刃而解。

信心提振。可以说，有相当一部分孩子，是带着疑惑、无奈的心情，走进职高的，对自己不自信，对学习没兴趣，对未来很迷茫。提振他们的信心，就成了当务之急。

告诉孩子，你能行。在小学阶段，对孩子说"你能行"，是一种有效的赏识教育。对即将成人的职高生来说，这句话，会不会显得幼稚了一点？我告诉你，在任何时候，这句话都不会失去它的激励作用，尤其是对职高生来说。他们经历了太多的失败，遭受了一次次的打击，使他们对自己的能力，产生了极大的怀疑。"你能行"，是外在的鼓励，更是内在的激励。

发现孩子的一技之长。缪·詹姆斯说："每个人都具有在生活中取得成功的能力。每个人天生都具有独特的视、听、触以及思维的方式。每个人都能成为富于思想与创造的人，一个有成就的人，一个成功者。"如果你觉得自己的孩子一无长处，那不是孩子的能力有问题，而是你的眼光、你的评判，出了问题。一旦发现孩子的长处，除了给予及时的鼓励外，很重要的一点，就是给他搭一个平台，创造机会，让他施展自己的才能。

成功的体验。霍姆林斯基说过，"成功的快乐是一个巨大的情绪力量，它可以促进孩子学习的愿望。请你注意，无论如何不要使这种内在的力量消失。缺少这种力量，教育上的任何巧妙措施都是无济于事的"。职高生缺少的，就是这种成功的快乐体验。可以通过演讲比赛、文娱活动、技能比赛、手工技巧，为孩子提供施展一技之长的舞台，打破因学习成绩差而"一丑遮百优"的状况，让孩子有机会体验到参与、表现、竞争而带来的成功，获得掌声和自尊。天生我材必有用，这种成功的体验是长久的，会带来孩子自信心的显著变化。

确立目标。和其他同龄的孩子一样，职高生也有着自己的人生梦想，只是这个梦想，可能因为学习不好，学校不理想，感到实现无望；也可能觉得自己的目标不太伟大，而不愿意示人，变得逐渐模糊。当然，还有可能因为屡遭失败的打击，而放弃了自己的人生理想，变得没有目标，没有追求，浑浑噩噩地过日子。

进入职高后，人生的道路，也发生了转折，有的孩子会觉得，无非是将来找个工作，糊口度日罢了，还需要什么目标，谈什么人生理想？这是一个十分错误的观点，因为没有目标的人生，是没有方向的，也就必然是迷茫的。

目标的意义有很多。目标能够使你清楚自己的使命，发现人生的意义；目标能让你安排事情的轻重缓急，人生的每一步都稳扎稳打；目标可以引导你发挥潜能，将自己发挥到极致；目标使你有能力把握现在，而不会空虚无聊；目标为你提供了一种自我评估的重要手段，朝着目标的每一步迈进，都会给你带来成功的快乐；目标能使你认识到自己的人生价值。

很多职高生，只有职业预期，而没有人生规划。职业预期是短期目标，而企求在自己的职业上，最终获得成就，则上升到了人生的目标。两者并不矛盾，但唯有将人生理想作为终极目标的人，才能走得更远。

尊重孩子。人都渴望得到别人的理解、尊重和支持，职高生更不例外。事实上，在他们的成长道路上，他们获得的理解、尊重和支持，不

113

是太多了，而是太少了，这也就是为什么职高生在人格、行为上，表现出的问题相对较多的原因之一。一个总是不被尊重的人，就既不可能尊重别人，也少有自尊。因此，职高生更渴望尊重，更需要支持。

尊重可以拉近你和孩子的距离，孩子和你走近了，关系亲密了，才会将你当成知心朋友，才会将心理话讲给你听；尊重才能进行有效的沟通。父母都对孩子充满了期待，但是，却得不到孩子的积极呼应，其原因就是父母的期待是单方面的、命令式的、野蛮的，孩子不能接受；尊重孩子，才能调动他们的积极性，使他们产生进步与求知的欲望。

对孩子的尊重，既包括对孩子人格的尊重，也包括对孩子选择的尊重。

只有尊重孩子，才能真正理解孩子，也才能真正支持孩子。我们的孩子，也才能在你的理解、尊重和支持下，走好自己的人生，实现自己的梦想。

114

第六节　二十个典型个案剖析

典型个案

1.我不牛了

小焕是在幸福之中，度过了初中阶段的最后一个暑假。他确实有陶醉的理由，因为，他以高出录取线 38 分的高分，考进了市里最好的高中。这是他所在的初中的第二名。

初中三年，他一直稳稳地排在班级的前三名，从没有掉出过。全校的排名中，最差的一次也在三十名之内。在同学们的眼中，他是个牛人、神人，有人还给他送了个外号"考试大神"。

小焕信心满满地走进了高中的大门，这所高中，每年的高考一本达线率，达到了惊人的90%以上。这意味着，三年之后，小焕也必将以优异的成绩，迈进理想的大学。这确实是个令人振奋的数字。

不过，这份自豪和快乐，并没有维持多久。高一新生的摸底考试，小焕只排在了全校的一百多名，这个名次，是小焕整个初中阶段，从未出现过的。小焕感受到了重点高中的压力。紧接着的一次单元测试，则彻底地击毁了小焕的自信，他的成绩，一下子掉到了近三百名。拿到成绩的时候，小焕的眼泪，差点不争气地掉了下来。他意识到，在这所拔尖的中学，他再也不是什么牛人了，那种居高临下的快乐，再也没有了。

父母也感受到了小焕的变化，一回到家，他就将自己关进房间，做作业，还让爸爸帮他到新华书店买回了一大堆的学习参考资料。父母为此很揪心，这才高一啊，刚刚进学校啊，有必要这么紧张吗？

原因分析：这几乎是所有"尖子生"所面临的困惑。在原来各自的初中，这些孩子个个出类拔萃，而到了重点高中后，才发觉，山外有山，人外有人，自己的优势不复存在了，从尖子生降落为平常生，有的孩子甚至一下子坠落为"差生"，巨大的反差，必然造成孩子的不适应，背负上沉重的压力，苦闷，彷徨。有的孩子，甚至后悔进了优质的重点高中，在这里，只能做"凤尾"，而如果选择一个一般的重高，或者普通中学，自己依然是"鸡头"。做第一，当牛人的感觉，多好啊。

对策：帮助孩子找到自信，客观地审视自己，找准位置，既要看到强手如林的不利局面，也要看到自身的优势；既要做横向比较，也要做纵向比较。要认识到不是自己变得不优秀了，只是身边的同学更优秀了，而只有与优秀的竞争对手同台竞争，自己才能获得更大的进步。同时，学会以平常心看待排名，泰然对待现实的处境。

115

2.疯狂的暑假

小滔印象最深的，是中考前班主任老师说的那句话：中考之后，你们就可以彻底放松，好好玩玩了。小滔就是在这个信念下，咬紧牙关，熬过了中考的备战。

考得不错。成绩下来的时候，小滔都有点不太相信自己的眼睛：超过了重高的分数线。以小滔平时的成绩，只能考个普通高中，没想到，最后的冲刺和临场发挥，帮助他实现了惊天大逆转。

小滔的表现，也大大出乎父母的预料，他们根本没指望小滔能进重高。喜出望外的父母，决定好好奖励奖励儿子，也兑现老师的诺言，这个暑假，想怎么玩，就怎么玩，彻底放假。

小滔的疯狂暑假，就这样开始了。

外婆出钱，给小滔买了一台电脑，安装在小滔的房间里。暑假的前半段，小滔都是在自己的房间中度过的，据说某个游戏，已经连闯35关，达到了骨灰级。与之相对应的是，小滔的黑眼圈，比中考之前，又加了两圈。

父母意识到了问题的严重性，可是，已经答应小滔可以过一个放纵的暑假，许下的诺言又不能收回，怎么办？还是爸爸主意多，他和小滔商量，带他出去旅游，见见世面。小滔答应了。爸爸给他报了个欧洲15日游。这次旅行，确实为小滔大开了眼界。

旅行回来后，担心小滔又会回到电脑旁，妈妈让他到老家的姑妈家去住几天。小滔不情愿地去了。没想到，去住了一段时间，小滔竟然乐不思蜀了。电话一问，原来姑妈家的读大学的儿子也放假了，两个人整天坐在电脑前，玩网游。姑妈夫妇平时忙于生意，根本顾不了他们，小兄弟俩，总是一玩就玩到大半夜。眼近开学了，爸爸去老家将小滔接了回来。一上爸爸的车，小滔倒头就睡着了，他实在太累太累了。

开学已经两个多星期了，小滔还有点恍恍惚惚，他还没有回过神来呢。

原因分析：假期应该是轻松快乐的，何况是在中考之后。但是，放松不等于放任，更不等于放纵。很多父母，平时对孩子要求极为严格，甚至连孩子健康的文体活动，都剥夺得一干二净，可是，到了大考之后，诸如中考、高考之后，却又往往放手不管，彻底放任自流。这是典型的功利思想在作祟，将学习与考试，简单地划为等号。这样教育出来的孩子，纵使成绩不错，但学习的主动性和自觉性却很差，完全是被动学习，功利学习，一旦考完试，就会马放南山。很多孩子在中考特别是高考之后，完全丧失学习的兴趣，就是这种教育酿下的苦果。

对策：要解决这个问题，首先是父母要端正态度，明白学习的意义。学习不是为了考试，学习也不是一时的行为，而应该是自觉的、主动的、终身的。有了正确的学习动机，孩子就能真正体会到学习的乐趣，而不

116

至于一个假期放完了，孩子的心也彻底"野"了，收不回来了。其次，在孩子日常的学习生活中，就要让他养成良好的习惯，平时就做到松紧有度，放假时也宽严相济，使孩子保持一贯的态度，而不是忽紧忽松，忽张忽弛。

3.凌晨5点的"嗡嗡"声

读高中后，小羽住进了学校。这是一所重点高中，学校实行封闭式管理，除了家住附近的少数学生外，其他学生一律集体住校。

开学后的第一个周末，回到家后，小羽就让妈妈帮她买了一个台灯和一只闹钟。妈妈问她为什么要买？小羽回答说，带到学校去，因为她感到英语学习很吃力，跟不上进度，准备每天早一点起床，恶补英语。

小羽的小学是在农村老家读的，那时候，爸爸一个人在城里工作，妈妈在农村务农。平时只有妈妈管她，好在小羽很自觉，学习上从来没让妈妈费心，成绩也一直不错。初中的前半段，还是在农村的中学读的，到了初三，爸爸才将她和妈妈接进城里，她也在家附近的一所初中借读了一年。中考时，小羽发挥得不错，如愿以偿地考进了重点高中。

117

高中生活却让她很不适应，她觉得自己与同学的差距很大，尤其是英语课。小学时，直到六年级才开始上英语课，而且，还是个代课老师，发音很不标准。初三进了城里的中学上学后，因为是借读生，不在学校的考核名单之中，所以，小羽还没有感受到多大压力。高中就完全不同了，大家站在同一个起点，同一个标准考核，小羽感到跟不上节奏了。

没过几个星期，高中的班主任打来了电话，向小羽的父母通报了一个情况：每天早晨5点，小羽就起床了，然后，一个人躲在厕所里，用台灯照着，"嗡嗡"地背英语单词，被值日老师发现了几次。而且，同寝室的同学告状，总是一大早就被她的闹铃惊醒了，睡不好觉。班主任又心疼又生气地说：这样下去，对小羽的身体不好，也对其他同学产生不好的影响。

原因分析：害怕跟不上节奏，担心被淘汰，因而背负着沉重的心理压力，是很多重点高中学生的一个共同特征，只是小羽表现得特别强烈一些罢了。这些孩子，学习的自觉性都很高，对自己的要求和期望值也很高，但如果不加以引导和排解，很容易使这些孩子因为强迫症而成为学习狂、自虐狂。

对策：学习成绩不理想，跟不上学习进度，或者有学科拖后腿，难免会令孩子紧张焦虑，父母和老师应该和孩子共同面对他们所遇到的问题，合理地安排学习时间，可以适当地进行一些拾遗补阙。但学习不是玩命，也不是短期行为，而是一个循序渐进的过程。对待自己的薄弱环节，应正视而不畏惧，注重日常的积累，稳步提高。

4. "买"进了重高

小蓉的爸爸是一家私营企业老板，妈妈在一家事业单位工作，家庭条件很好。可以说，小蓉是在蜜罐子里长大的。

对小蓉的学习，爸爸抓得比妈妈还紧。这源于爸爸的一个未了心愿。爸爸小的时候，家里条件比较差，上学之余，还要帮家里人做手工活，以贴补家用。爸爸很聪明，成绩也不错，当年高考的时候，超过了重点大学的录取分数线。但是，上了一个多学期，因为爷爷病重，高昂的医药费，一下子将本就困顿的家庭，拖入了绝境。小蓉的爸爸不得不退学，放弃求学的梦想，担起了家庭的重担。未能完成的学业，成了小蓉爸爸最大的遗憾。因此，他特别期望自己的梦想，能在女儿身上实现。

小蓉算是个勤奋的孩子，可惜成绩总是处于中游，中考的时候，终以三分之差，没有达到重高的录取分数线。这让爸爸很失望。权衡再三，爸爸托了很多关系，找了很多人，最后以交纳一笔不菲的赞助费，将小蓉"买"进了某重点高中。爸爸的出发点很简单，重高教学资源、学习氛围、学生资质都好，将来有更多的希望考进名牌大学。

可以说，小蓉是肩负着爸爸的殷切希望，忐忑地走进中学的大门的。她也是个上进心很强的孩子，在心里默默地许下愿望，进了高中，一定努力学习，不让爸爸失望。

美好的愿望与现实，总是有着相当大的差距。重高紧张的学习节奏，繁杂的学习任务，你追我赶的尖子生们，无不让小蓉感到喘不过气来，更让小蓉沮丧的是，她很快就意识到，自己根本不是他们的对手，在班里，她的成绩总是垫底，看不到一线希望。尤其让她感到自卑的是，她是爸爸花钱"买"进来的，重高生固有的优越感，在她身上，成了一条沉重的枷锁，每当别的同学互相聊起中考成绩的时候，她都是红着脸，溜到一边。小蓉觉得，自己根本不属于这里。

原因分析：不少重点高中，都会想方设法招一批所谓的借读生，这部分生源，有的是靠关系进来的，有的是花钱"买"进来的，不一而足。能进重点高中学习，是很多孩子和他们的父母的梦想，心情可以理解，问题是，孩子通过非正常渠道走进了重高，是否能接受？是否能适应？是否能跟上？

对策：这类学生，往往内心里会深深地隐藏着自卑的情结，总感到自己是通过非正常渠道进来的，不如堂堂正正考取的学生。而另一个极端可能是，自我感觉膨胀，认为自己家有背景，或者经济富裕。因此，首先应该帮助他们正确地认识自我，正视差距，树立信心，帮孩子卸下心中的十字架；同时，要让孩子明白，既然进来了，就要尽可能地适应这里的学习和生活，跟上学习的节奏，有不懂的问题，除了请老师答疑之外，应多向身边的同学学习、请教，虚心借鉴他们的学习经验，处好同学关系。

5.又有一个同学到国外读书去了

小武所在的班级，被认为是平行班里最好的班级，好几个同学，仅以微弱的分差，而与实验班擦肩而过。而且，他们的班主任经验丰富，带过的学生中，好几个考取了清华北大。这让他们对未来充满了希望。

开学不久，却出现了状况，据说其中的一个同学，暑假时考的托福成绩出来了，分数很高，已经有几家美国的中学，向他伸来了橄榄枝，不出意外的话，很快他就将赴美国读高中，然后预科，然后全美排名前列的大学……可以预见的未来，一片光明。

一石激起千层浪。平静的班级，一下子炸开了锅。有人羡慕，有人摇头，有人感叹，有人难过，什么情绪都有。有几个同学，开始四处打探留学的途径和信息，看样子，也动了出国的心思。据消息灵通的同学说，这所高中，每年都会有不少学生最终选择去国外读高中，然后参加国外的大学招生考试，比国内的高考，机会多多了。也有孩子认为，好不容易通过中考，考进了理想的高中，为什么还要花那个代价，去国外求学呢？众说纷纭。

不管怎么说，多出了一个通道，这也是通往国外名校的最佳途径。但到国外读书，高昂的费用，对大多数家庭来说，都是不能承受之重。到底是在国内按部就班就读完高中，参加高考，还是想办法跨出国门，成了很多孩子关注的话题，也让一些孩子产生了动摇。

原因分析：到国外读高中、预科，然后参加国外的"高考"，成了这几年的热门话题。有条件的家庭，跃跃欲试。这种现象，在沿海发达地区的重点高中，比较普遍。这是一种选择。出去的孩子不用管他，但对于其他孩子的影响，却是很大的。一方面，他们也期望通过这条"捷径"，实现自己的梦想，另一方面，又迫于家庭经济压力或其他原因，而可能无法实现，于是，羡慕、疑虑、迷茫、摇摆不定、心不在焉，交织在一起，使原本平静的高中生活，变得混乱迷离。

对策：孩子走什么样的路，这基于家庭条件和孩子内在的欲望。父母应和孩子进行沟通，客观分析，做出审慎的决定。对于有条件而又乐意出国求学的孩子，可以设计好求学路径，循着这个目标去做准备和努力，而对于更多没有条件走出去的孩子，则应安下心静下神，尽快适应高中生活，打好基础，不为其他同学的选择所动，更不为之所困，踏踏实实走好自己的道路。

120

6. 你们是不是对我失望透顶？

小蓝的爸爸是个长途货车司机，经常在外开车，有时一出门，就要很多天才能回来。妈妈是环卫工人，每天一大清早，就出门了，工作很辛苦。

父母对小蓝抱着很大希望，在他们看来，这个家要有所改变的话，只能寄希望于她。小蓝也很懂事，从小就学会了自理，早饭都是自己做的，有时候晚上放学回家了，看到妈妈还没回家，她会先将饭煮上，等待妈妈下班回来。

小蓝的成绩也不错，家里的一面墙上，贴着的全是她从小学开始获得的各种奖状。妈妈经常对她说，我和你爸就是这样了，你要再不好好念书，我们家就真的没啥希望了。小蓝总是懂事地点点头。

初中三年，小蓝在班里的成绩一直都不错，每次开家长会，班主任都会点名表扬小蓝，这让妈妈感到很自豪。到了初三下半学期，小蓝的成绩忽然直线下落，心急如焚的妈妈找到了班主任，通过侧面了解，原来小蓝可能对班里的一个男生产生了好感，近期上课老是走神，导致了成绩的下滑。在老师和妈妈的共同努力下，小蓝幡然醒悟，回到了紧张的复习迎考状态。

可惜，中考小蓝还是考砸了，以2分之差，与重高失之交臂。妈妈和小蓝，抱头痛哭。隔壁老黄家的儿子，平时成绩比小蓝差一大截，却意外地考进了重高。有的比小蓝分数还低的同学，因为家庭条件好，花钱"买"进了重高。小蓝家没有这个条件。

进高中后，小蓝一直独来独往，闷闷不乐，对班里的集体活动，也是毫无兴趣。放学回家，也总是很晚，宁愿一个人坐在马路边发呆，也不愿意回家。老师了解到小蓝的情况后，多次找她谈心，试图解开她的心结。小蓝只是一个劲地摇头：我无法面对妈妈的眼神，我觉得对不起爸爸妈妈，我让他们失望了，我太不争气了。

原因分析：懂事的小蓝身上，背负着自己与父母的双重希望，因此压力特别大。这样的孩子，知道父母的艰辛，渴望通过自己的努力，改变自身和家庭的命运，一旦失败，往往会将失败的责任全都揽到自己身上，内疚自责，不能自拔。

对策：希望是个好东西，它可以激发人们的斗志。但是，希望过大，或者不能正确地对待成败，希望就可能转化为巨大的压力，一旦希望破灭，就会感到失望、无望，甚至绝望。不要将父母未能实现的期望，寄托在孩子身上，对孩子来说，就是最大的减负，也是最有力的支持。

7.看什么都不顺眼

进了高中后，小元在新的班级里，很快就出了名。不是因为他的成绩特别好，他的成绩，也就是个中上等；也不是因为他的表现特别差，上课的时候，他规规矩矩，很多孩子有的小毛病，他都没有。他的名气，来自

121

他的怪异的眼光——看什么都不顺眼。

对成绩比他好的同学，他看不顺眼：成绩好有什么了不起，有能耐你考进重高，别和我们混在一起啊。对和老师走得近的同学，他看不顺眼：就知道拍马屁，你再能拍，还能把你拍进重点大学去吗？还不是得靠成绩。对男女同学的正常交往，他看不顺眼：瞧你们眉来眼去的样子，搞早恋啊，她爸爸知道了，非整死你不可！对上课搭油嘴的同学，他看不顺眼：自己不求上进，你别瞎耽误别人好不好？一粒老鼠屎，带坏一锅粥。甚至对与他套近乎的同学，他也看不顺眼：一边去，瞧你那熊样，懒得理你。

回到家，他也是什么都看不顺眼。饭桌上，对妈妈烧的饭菜，他看不顺眼：都是什么垃圾食品啊，要味道没味道，要品相没品相，难吃死了。家里养的小狗，他也看不顺眼：叫什么叫，就你嗓门大啊？烦死人了。

就算对他自己，小元也是经常看不顺眼：发型太难看了，讲话的声音太难听了，跑步的姿势跟王八似的，字越写越难看了，太不用功了。

一句话，在17岁的小元眼里，什么都不顺眼，什么都是故意跟他过不去，什么都让他心烦意乱。父母对他的变化，无法理解，在父母的眼中，小元一直是个懂事明理的孩子，怎么进了高中，突然变成了这样呢？

原因分析：看不顺眼，实则是不满情绪的发泄，这种不满，既针对他人的言行，也可能是冲着自己。而不满的原因，往往是自身的价值没有得到实现，自己的行为得不到肯定，特别是中考不理想的孩子，很容易在认识上产生误区和偏见，走向极端。

对策：挫败和失落感，很容易使孩子的自我认知出现偏差，而片面、偏激的认知和由此而生发的不当态度，又会使孩子走向自闭、孤立，更加得不到认同。鼓励孩子多从积极的方面去看待问题，提高自己的认知水平，多看别人和自身的优点，多参加集体生活，学会与人和谐相处。

8.梦想离自己越来越远了

小海从小就有一个梦想，长大了做一名医生。

小海是跟着爷爷奶奶长大的。爸爸妈妈工作太忙，从小，小海就跟着奶奶生活。奶奶对他特别好，他也最喜欢奶奶。奶奶的身体不大好，筋骨有问题，经常吃中药,家里总是弥漫着一股挥之不去的中草药的味道。遇到阴雨天气,奶奶的病痛就会加剧,常常拧着眉毛,痛苦不堪。小海心疼奶奶,但除了帮奶奶捶捶背,揉揉腿之外,小海帮不上任何忙,无法解除奶奶的病痛。

很小的时候,一颗种子,就在小海的心里发芽:一定好好读书,将来读医学院,出来做一名医生,帮助奶奶减轻痛苦。

不过,没等到小海实现自己的梦想,奶奶就因为突发的一场大病,去世了,这给了小害一个巨大的打击。从那以后,他的眼前,总是奶奶被抬上医院急救车那一刻的影子。这也加深了小海实现自己梦想的决心。

中考时,小海发挥失常,没能考取重高。这对小海又是一次残酷的打击。他觉得,自己上了普高,离上医学院,当一名医生的梦想,越来越遥远了。一进学校,他就了解到历年高考升学情况,以他现在的成绩,将来很难考上理想的医学院。他陷入了深深的痛苦之中:我还有可能当一名医生吗?

原因分析:几乎每个中学生都有一个美好的愿望,他们幻想将来成为一个有学问的作家、工程师、医生、企业家、领导干部等等,他们的愿望是美好的,但普高的出路,高考的现实压力,让他们觉得,自己的现状,离梦想实现的可能性,正越来越远,他们看不到希望,感到心灰意懒,前途渺茫。

123

对策:有理想、有梦想的人生,才是充实的有意义的人生。孩子的梦想,是他们行动的动力,而实现自己理想的过程,却是艰辛的,这就需要有坚定的意念,长期的准备。普高的高考升学率,相对低一些,但并非没有希望,很多普高的孩子,通过三年的努力,最后考取了理想的大学,向着自己的人生目标迈进。对普高的孩子来说,坚定信念,保持信心,就显得非常重要。父母和老师,应及时给予他们鼓励和勉励,解除他们的后顾之忧,尽快适应高中学习,走好每一步。

9.哥们义气

16岁的小旺显得比同龄孩子成熟多了,身高一米八几,留着小平头,一身的肌肉,咋一看,跟个二十多岁的小青年一样。

小旺是在一个特殊家庭长大的。父母在他刚上小学的时候,就离异了,爸爸回到了外省的老家，小旺被判给了妈妈。但妈妈没有固定工作，生活很艰难，后来，另一个男人走进了这个家庭。

刚开始的时候，后爸对小旺还不错，嘘寒问暖，和他一起玩耍，这让小旺感受到了久违的父爱。后爸是做小生意的，一次被人坑了，十几年的汗水，血本无归。自此之后，后爸就像变了一个人，整天借酒消愁，对小旺的态度，也大不如前，动辄打骂。倔强的小旺出逃过几次，想去老家找亲爸爸，但每次都被妈妈和后爸抓了回来，遭受后爸的一顿毒打。小旺对家的感情，越来越淡薄。从初二开始，就经常旷课逃学，每次妈妈或后爸被老师找到学校，得知小旺的情况，妈妈恨他不争气，后爸嫌他老是惹事，小旺又免不了一次次遭受妈妈的叱责和后爸的老拳。

小旺几乎是被妈妈逼着走进中考的考场的，他早就不想上学了。中考成绩自然是一塌糊涂。担心小旺这么早就失学，会走上歪道，妈妈四处托人，将小旺送进了一家职业高中，想学了技术，将来能够自食其力。

进职高后，没想到刚开始非常抵触的小旺，竟然很快就适应了职高的生活，在这所学校，他感受到了从未有过的快乐。没多少天，他就结交了几个要好的朋友。小旺特别讲义气，有什么好东西，都和同学朋友分享，对同学遇到的问题，他也总是拔刀相助，抱打不平，他在同学中的威信，很快树立起来。

一次，他最好的一个朋友，在球场上与一帮高年级的同学发生摩擦，朋友寡不敌众，吃了点亏。小旺得知后，非常愤怒，他没有告诉老师，而是带着几个好朋友，找到了那帮高年级同学的寝室，大打出手，引发了一场校园骚乱。直到校保卫处的保安赶到，才将事情平息下来。刚进校没多久的小旺，就受到了一次严重警告。

原因分析：很多孩子，之所以厌学逃学，很大一部分原因，来自家庭因素，他们在家里得不到温暖，感受不到生活和学习的乐趣。这些孩子，在遇到相同遭遇的孩子之后，很容易一拍即合，拉帮结伙，逃学、抽烟、喝酒、打架，养成很多恶习，而且，特别讲"义气"，为了朋友，往往不分青红皂白，两肋插刀，惹事生非。是父母和老师都头疼不已的"问题学生"。

对策：讲"义气"的孩子，往往没有正确的是非观念，凭意气、感情冲动用事，他们得不到家庭的温暖，也得不到赏识表扬，所以，破罐子破摔，企求在"江湖"中混出名气和地位，逞一时之强，图一时之快。这样的孩子，缺少爱，缺少尊重，缺少褒奖。冰冷的心，需要爱的温暖，才能慢慢融化。一千句大道理，也许不如一次真心的关爱，更见效。对这样的孩子，不应放弃，多关心，巧引导，帮助他们回到正常的轨道。

10.痴迷网络游戏

小翼是个电脑迷，还在小学的时候，爸爸就为他报了少年宫的电脑班。家里或亲戚家的电脑有个什么小故障，小翼都能手到擒来，将问题解决，获得了很多表扬。初一的时候，小翼还参加了市里的中学生计算机运用比赛，获得了银牌。他的理想，就是长大之后，做一名网络工程师。爸爸对他很支持。

为了给小翼提供好的学习电脑的条件，爸爸为他买了一台电脑，安装在小翼自己的房间里。刚开始的时候，小翼都是拿电脑来做一些简易的程序什么的，顶多挂个QQ，和同学聊聊天，所以，爸爸妈妈对他也很放心，很少去管他。不知道从什么时候开始，小翼玩起了网络游戏。有一次，妈妈在整理他的房间时，看到了几张网络游戏的充值卡，才发现到苗头不对，爸爸打开小翼的电脑一检查，发现了小翼玩网游的秘密。爸爸的肺都气炸了。在爸爸妈妈的审问下，小翼承认了自己偷玩游戏，并保证将游戏删除掉，再也不玩游戏了。可是，没多久，爸爸又在小翼的电脑里，发现了游戏的痕迹。这样往复了几次后，愤怒的爸爸，将小翼的电脑搬进了自己的卧室。

这并没能阻止小翼偷玩游戏的劲头。有时候，爸爸妈妈有事外出，将卧室门锁起来了，他就会用事先偷配好的钥匙，进入爸爸妈妈的卧室，打开电脑。没办法，爸爸干脆将电脑低价卖掉了，以为这样小翼就会死心了。新的问题又出现了，小翼经常放学晚归，爸爸一跟踪，发现小翼放学后，竟然偷偷溜进了黑网吧。无奈的爸爸，只好每天到学校门口接小翼，以防备他又溜进网吧。

这样几经折腾，终于迎来了中考。早已没有心思学习的小翼，只是勉强被一所职高录取。他选择了自己喜欢的计算机应运专业。失望的爸爸妈妈，也只好同意了小翼的选择。

可是，开学没多少天，老师打来了电话，上电脑课的时候，小翼总是在偷偷玩游戏，学校的电脑本来是不能上网的，原来是他自己用积攒下来的压岁钱，办了一张无线上网卡。老师发现后，将他的上网卡暂时没收了。没想到，小翼索性经常溜出校园，钻进学校附近的网吧，经常一玩就是几个小时。老师对小翼的爸爸说，孩子再这样下去，真的要废掉了。该怎么办呢？小翼的爸爸一脸愁容。

原因分析：上网、闲聊、玩游戏、浏览不健康的网站，这是中学生常见的问题，因为沉湎游戏，他们对学习毫无兴趣，对老师父母的话，一句也听不进去。网络本身是个好东西，但因为中学生的辨别能力、自控能力都还不成熟，所以他们既无法甄别，更无法自控，一旦陷入其中，往往难以自拔，对孩子的身心构成极大的危害，孩子不爱学习、不求上进、撒谎成性，甚至走上歧路，很多都与网络、游戏带来的影响有关。这已经成了很多家长和老师最头疼的问题。

对策：利用网络来为自己的学习和生活服务，适度的游戏，这都不是问题。问题是，该怎样把握这个度，是利用电脑为学习服务，还是被网络困住所害？父母应培养孩子判断是非的能力和个人的自控力、意志力，鼓励孩子多一些健康的爱好和户外活动，将兴趣和注意力进行有效转移。

11.奇装异服的街舞少年

进入职高时间不长，小康就成了校园明星。在新生开学典礼之后的艺术表演上，小康劲爆的街舞表演，轰动全场，同学们被这个翩翩少年的舞姿，彻底折服。太有才了，有人发出惊叹。

这让小康很得意，很久没有这种感觉了。初中时，因为成绩不太好，他一直被老师作为反面典型对待的，经常因为不守纪律、作业没完成、考试成绩太差，而一次次受到老师的点名批评。父母也由失望到绝望，只要他不惹事，不闯祸，就睁一只眼闭一只眼。

能进入职高，对小康的父母来说，已经算是不错的结果了，他们很担心他如果什么学校也进不了，不得不这么小就进入社会，势必将面临更大的压力。父母的想法很简单，进了职高，先平稳地度过这几年，能学个一技之长更好，什么也学不到，至少有学校约束，不至于在社会上游荡，惹事生非。

小康自己也是抱着无所谓的态度，走进职高的大门的。出乎意料的是，自己竟然能凭着几步街舞，成为校园明星。这让他大喜过望，对职高生活忽然充满了好感。

为了使自己与同学们册封的"街舞王子"的头衔相匹配，彰显自己的"个性"，小康变得特别在意自己的衣着打扮，先是将头发染成了耀眼的棕色，接着穿上了各种各样色彩绚丽的衣服，还经常戴着个彩色墨镜，在校园里招摇过市。老师几次劝解，职高生要讲究仪表衣着，不能穿奇装异服，不能染头发，但小康依然我行我素，对老师的批评置若罔闻。不得已，老师只好将小康的父母请了来。

原因分析：追求个性，张扬魅力，是很多青少年的特征，特别是学习上存在问题的孩子，因为感受不到学习的乐趣，平时得不到他人的认同，故而表现出特别另类，喜欢穿着奇装异服，标新立异，行为乖张。

对策：小康喜欢街舞，这本来是一件健康的文体活动，展示出年轻人应有的青春活力。但是，因为价值观、审美观和认识上的偏颇，使他错误地以为是因为异类，自己才获得他人的赞赏和尊重，转而过于注重自己的外在形象，对自己进行不符身份的包装打扮，成为校园另类。对这样的孩子，应进行正确的引导，帮助他们建立正确的审美观和价值观，弄清楚什么才是真正的美，什么才是真正的魅力，什么才是有意义的价值体现，从而走出认识和行为上的误区。

12. 我从来不干活的

上职高没几天，小娟就对妈妈嚷着说，不去上学了，老师竟然要我们干活。她说的干活，是劳动实践课。

小娟生活在一个普通的家庭，父母都是公司里的一般员工。但是，小娟又是特殊的，特殊在爸爸和妈妈的兄弟姐妹中，只有她这一个女孩，其

127

他家庭都是男孩子。小娟成了大家庭共同的掌上明珠。

外婆最喜欢小娟了。外婆家住的近，可以说，小娟是在外婆无微不至的呵护下长大的，真的像人形容的那样，放在手里怕摔了，含在嘴里怕化了。小娟长大一点的时候，爸爸也想让她像其他女孩子一样，帮助父母做一些力所能及的家务活，锻炼锻炼。这个主意一出，首先遭到的就是外婆激烈的反对，外婆放话了，女孩要富养，我就这么一个宝贝孙女，疼还疼不过来呢，你们竟然舍得让她干活，有什么事情，我来帮你们做。妈妈也坚定站在了外婆一边，爸爸的计划，还没出炉，就彻底泡汤了。

直到初中毕业，小娟的袜子、手绢和内衣，都是妈妈或外婆帮着洗的，从小到大，小娟连一只碗都没有洗过。就是在亲人的呵护和娇惯下，小娟慢慢地长大了。进了职高后，要统一住校，小娟的脏衣服脏袜子，都是周末打个包，全部带回家，妈妈洗干净再带回学校的。

第一堂劳动实践课，小娟是在极不情愿的情况下参加的，活没做多少，牢骚发了一大通。老师对她说，职高教育很重要的一条是动手能力，你这样像个公主一样，怎么完成职高的学习呢？小娟嘴巴一撇：大不了不上了，我还不稀罕呢。那个周末回到家，小娟就向妈妈和外婆哭着说，自己不想再去职高上学了，经常要劳动，受不了。妈妈和外婆看着小娟，又心疼，又无奈。

原因分析：小娟的问题，并非个别现象。独生子女的劳动观念差，动手能力弱，自理能力不强，是普遍存在的问题，他们习惯了衣来伸手、饭来张口的生活，认为那都是家长的事情，与己无关。及至离开家人的呵护，单独住校，或者将来走向社会，感到孤独无助，手忙脚乱，束手无策，无所适从，难以适应。

对策：孩子的动手能力、自理和自立能力，需要从小培养，真正爱孩子的父母，绝不会包办孩子的一切，因溺爱而使孩子成为一个"寄生虫"，而是教会他们独立生活习惯和能力。对待小娟这样的孩子，需要亡羊补牢，培养他们热爱劳动，自己的事情自己做的意识，可以先从一些小事做起，比如自己洗袜子，自己洗内衣，慢慢地学会独立处理自己的内务。对学校组织的活动和劳动课，要求孩子必须无条件地积极参加，没有讨价还价的余地。同时，在孩子的教育上，家人应持有相同的理念，为孩子的未来长久考虑。

13.看着爸爸油腻腻的工服发呆

小琮的爸爸，是一家汽车修理厂的工人，小的时候，爸爸经常带他到修理厂去玩，那时候，在小琮的眼里，爸爸特别高大，特别厉害，汽车有什么毛病，爸爸三下五除二，就给解决了。人家都喊爸爸是大师傅，小琮感到很自豪。

基于这样的环境，从小，小琮就对汽车特别热爱，他有个梦想，长大了，一定要考上大学，学习汽车制造，做一名汽车工程师。中考却失败了，连普通高中都没上得了。小琮有点无奈地选择了职高，学的是机械专业。爸爸也曾对小琮寄予了很大的希望，指望他将来考个大学，找一个不错的单位，安稳地过日子，对儿子的中考成绩，爸爸虽然也很失望，但想到儿子进职高之后可以学一门技术，找个工作应该并不太难，像自己一样，靠着双手讨生活，也没什么不好，爸爸也就释然了。

小琮却不这样想。进职高后，小琮变得沉默寡言了，显得很忧郁。回到家，经常对着爸爸油腻腻的工服发呆。有一次，爸爸好奇地问儿子，为什么老是盯着自己的工服看？小琮没好气地回了一句：难道我将来要和你一样，整天穿着这身油腻腻的工服，一辈子做一个没出息的维修工？儿子的话，让爸爸愕然，半天没说出一句话来。

原因分析：虽然小琮小时候，对爸爸很崇拜，但是，可以看出他对于劳动的意义、人生的价值，并没有清晰的认识，在他的内心深处，依然存在着对劳动特别是体力劳动者的轻视，错误地认为，进职高，将来就只能做个没有前途的蓝领，因而表现出很大的失落感和对前途的忧郁。

对策：人生的价值，不在于你做什么，而在于你做了什么，达到了什么目标，积累了什么经验，收到了什么效果。社会有分工，但这种分工，没有贵贱之分，没有高低之别。俗话说，三百六十行，行行出状元，一个人在任何岗位，都可以做到出类拔萃，被人尊重。中学生正是世界观、价值观、人生观的养成时期，帮助孩子树立正确的观念，不自轻自贱，将对他们未来的人生道路影响巨大。

14.开学没几天，他就带了个女同学回家

与很多孩子不同，17岁的小笛很快就适应了职高的生活。小时候因为身体原因，他比一般的孩子迟了一年多才上学，所以从小学到中学，他一直是班里的大哥大。相比于同学，小笛也明显成熟多了。

对自己的未来，小笛也早有打算，在职高学一门技术，毕业之后就自己开一家小店，自食其力。因为有了明确的目标，小笛是开开心心走进职高的大门的，他不能理解，为什么有那么多同学对自己不满意，自己看不起自己？在他看来，职高的学习压力小很多，就业形势也很好，对前途有什么好担心的呢？又有什么理由自轻自贱呢？

高大的小笛，显得成熟帅气，刚进学校，就对学校的情况了如指掌，在寝室里，经常向室友大谈特谈学哥学姐们的奇闻逸事，最让他津津乐道的是，学哥学姐中，有不少在偷偷谈恋爱。他甚至不知道从哪儿听来了一种说法："职高三年没谈过恋爱，后悔一辈子。"有同学开玩笑，笛哥，那你先谈一个嘛。小笛暧昧地笑笑。

没想到，没过几天，真有女生来找小笛了。还是个二年级的学姐。他们是在食堂打饭时，偶尔认识的。课间和放学之后，经常能看到两个人溜在学校的角落。开学后的第二个周末，女生还来到了小笛的家中，父母只当是同学，也没在意，两个人关在房间里，嘀嘀咕咕了半天也没出来。父母才觉得不对劲，一问，小笛也不遮掩，直截了当地告诉父母，她是我刚交的女朋友，二年级的。看着两个人亲密的样子，小笛的父母差一点晕倒。

原因分析：中学生谈恋爱，这几年已成为普遍的一个现象，甚至在一些初中学校，一些同学私下里都以老公老婆相称，毫不避讳。青春期特别是青春期晚期的孩子，对异性的好感和性冲动，使一些孩子过早地谈起了恋爱。这种现象在职高特别普遍，小笛听来的那句话，并非空穴来风。职高的孩子，往往对自我的要求不高，缺乏自信，渴求得到友谊、理解和尊重，思想上和行为上都"放得开"。尤其是高年级的孩子，更是以谈恋爱为荣，认为只有这样才能体现自己的价值，这种风气直接影响到刚进学校的新生。

130

对策：对于早恋，堵从来不是最好的办法。堵只会使孩子将恋情从地上转为地下，从公开转为隐蔽，不但得不到控制，有时反而会酿出更大苦果。父母和老师，首先应做好孩子的青春期教育，建立和谐的男女同学关系，使之自尊、自爱，正确地对待男女同学的关系和友谊；其次是培养学生健康的心理素质，善于化解外界的各种压力，树立学习和生活的自信心和人生目标，将孩子的精力和注意力转移到对学业和事业的追求上；三是父母和老师应加强沟通，及时了解孩子在学校、家庭的言行动态，发现孩子有早恋苗头，及时谈心、沟通，循循善诱，多管齐下，妥善解决。

15.先逃学，后辍学

小鲂的表现，让父母伤透了脑筋。

上初中的时候，小鲂就三天打鱼，两天晒网，老师隔三差五打电话给他父母，不是又在学校捣乱打架，就是迟到早退，或者干脆逃学。每次逃学之后，小鲂还会给老师带来一张家长写的请假条，后来，老师和父母一沟通了解到，那些请假条，都是小鲂自己以父母的口吻写的，而字则是请他常光顾的一家小网吧的老板代写的。

131

总算将初中糊里糊涂地过完了，中考成绩一塌糊涂的小鲂，进了一所职高。父母的要求很简单，安安稳稳地将高中读完，就将他送到部队去锻炼，或者送进亲戚开的工厂去上班。但小鲂对父母的安排，根本不屑一顾，他想辍学，到南方去打工，自己去闯天下。父母苦口婆心跟他讲道理，但小鲂根本听不进去，坚持要辍学。开学半个月，就有四五天没到学校，经常和一帮社会上的青少年混在一起，抽烟喝酒，打架斗殴。父母无计可施，焦心如焚。

原因分析：有的孩子认为自己不是学习的料，对学校和老师的管束反感，渴望早一点走入社会，自谋生路。一般来说，这样的孩子自立意识、自理能力都比较强，有着强烈的自主渴望。但是，受知识面和世界观的局限，他们看问题往往趋于简单化、理想化，自我评估过高，一旦真的走向社会，就会出现这样那样的问题，甚至会在不良青少年的诱导下，走向泥潭。

对策：对孩子表现出来的自立、自主意识，父母和老师应给予鼓励，而不是叱责打击，棒打只会将孩子推得更远。同时，让孩子真正明白学习的意义，让他感受到，学习不是为了将他困在教室，更不是为了限制他的追求，而是为了让他尽可能多地学到一些本领，为将来的人生打下基础。人生需要拼搏，还需要学会怎样去拼搏，有能力去拼搏。学校教育不是唯一的途径，但是，却是为我们一生奠定基础的关键时期。唯有孩子主动自觉地回到校园，回到教室，回到知识的海洋中，他才会乐意学习，并从中切身体会到，学习给他带来的进步和快乐。

16.轻飘飘

接到重高录取通知书那天，小曲的全家都乐坏了，真是天大的喜事啊，儿子有出息，全家人都觉得长了脸。

恭喜的电话，将爸爸妈妈的手机都打爆了。爷爷奶奶、外公外婆、叔叔婶婶、舅舅阿姨、同事朋友，一个电话接一个电话。爸爸妈妈忙着接电话应酬，安排庆贺的酒席，一边的小曲更是眉飞色舞，得意之情溢于言表。

家里来了陌生的客人，爸爸妈妈都会隆重地将小曲介绍给客人，这是我儿子，今年刚刚考取了重高。客人连声夸奖。路上遇到熟人，爸爸妈妈一定会停下来，指着小曲对熟人说，我儿子今年刚刚考取了重高，马上就快开学了。熟人冲着小曲竖起了大拇指。

这种感觉真是太好了，小曲沉浸在成功所带来的无尽的快乐、自豪、得意之中。

最大的变化，是爸爸妈妈对他的态度。爸爸的脾气比较急躁，稍不如意，就会雷霆大怒，可是，自从中考之后，爸爸对小曲总是春风满面。以前向妈妈提出什么要求，大都会遭到妈妈的拒绝，接到重高的录取通知书后，妈妈对小曲的要求，基本上是有求必应。

小曲的自我感觉，从没有现在这么好过，他甚至将自己的QQ网名也改了，换了一个个性极张扬的名字。走在路上，小曲都觉得脚下能生风，飘飘欲飞。

就是在这样的氛围中，小曲迎来了入学的第一天。爸爸妈妈一起陪着他去学校报到，爸爸帮他背书包，妈妈帮他拎着可乐瓶，小曲甩着两只胳膊，大摇大摆地走在中间，一家人都是一脸灿烂的笑容。

和小学初中时一样，学校离家也不远。以前上学时，都是小曲自己上下学，上高中后，小曲却向爸爸提了个要求，每天开车接送他。爸爸犹豫着没答应，小曲嘟起了嘴巴。一旁的妈妈插话了，孩子读高中了，将来还要考大学，多累啊，你就辛苦一点接送他，有什么关系啊。爸爸答应了。小曲这才露出了笑脸。

小曲的高中生活，就这样拉开了序幕。

原因分析：很多时候，考重点高中，上好的大学，并非是孩子一个人的梦想，而是全家人的梦想，甚至父母比孩子更在意结果。一旦孩子达成了愿望，父母也往往表现出比孩子更欣喜若狂的神情，父母首先飘了起来，找不到方向了。在这样的氛围中，孩子势必因为取得的一点成功，而飘飘欲仙，自鸣得意，迷失自我。

对策：要想让孩子有一个正确的价值观，保持一颗平常心，泰然面对人生的一时得失，父母首先要做到这一点。父母的态度，很大程度上左右着孩子的态度，父母过于计较得失，在意成败，孩子就不可能做到胜不骄败不馁。孩子的虚荣心、自满、自大、自傲情绪，对其未来的成长，影响很大，不可小觑。

17.偏头痛

16岁的小润身体很棒，特别喜爱运动，初中的时候，就是学校篮球队的中锋，还代表市中学生联队，参加过全省的中学生篮球比赛，获得了全省中学生篮球邀请赛的第四名。也正是凭借着这一点，以及还不错的学习成绩，他被一所重点高中，作为体育特长生，招了进去。

这大大出乎全家人的意料，连一向反对儿子打篮球的妈妈，也对儿子刮目相看了。开学那天，全家人都陪着小润去学校了，爷爷奶奶都想看看，孙子上的学校到底是个什么样。小润紧张而有趣的高中生活，就这样拉开了序幕。

开学第三个星期，小润忽然打电话回家，让爸爸给他买一瓶止痛片。爸爸以为儿子打篮球受伤了，没想到儿子说：进校以来，学习太紧张，基本上就没怎么打过篮球，不是受伤了，而是莫名其妙的偏头痛，上课的时候老分心，晚上也睡不好觉。

偏头痛？爸爸疑惑不解，儿子的身体一直很棒，怎么才上学半个多月，就出现了这种毛病？爸爸赶紧给班主任打电话，询问情况。班主任解释说，可能是新课太多，小润的学习跟不上吧。老师还告诉他，这样的情况不仅小润有，班上还有其他几个孩子，也出现了身体上的不舒服，有的老是肚子痛，有的一不留神就感冒，还有的孩子总是喊牙痛。而到校卫生院一检查，又大多没什么大问题。这是典型的心理因素。

原因分析：新生入学因为不适应，而出现各种身体上的反应，小升初时也会出现，甚至在每个新学期开始的时候，都会不同程度地出现。这是心理压力通过身体的反应。像小润这样的特长生，在学习上的压力往往会更大一点。

对策：缓解学习压力最好的办法，是减负减压。学习负担太沉，心理负担太重，身体和心智都没有完全成熟的孩子，自然接受不了。可以帮助孩子根据自身实际，量体裁衣，制定一个学习计划，而不是企求一口吃成胖子。同时，多参加文体活动，放松身心，减缓不必要的压力。

18.每晚九点的亲情通话

小寒是个帅气的男孩，生活在一个宽松的高知家庭，父母都受过高等教育，妈妈是毕业于著名大学的研究生，现在做律师，爸爸是一家报社的主任记者，还是个兼职作家，出版过好几本书。家庭和谐而温馨。平时的场景多半是这样的，妈妈在看书，爸爸在书房写作，小寒则在自己的房间里，安静地做作业。

在这样的家庭氛围熏陶下，小寒自小的学习，就很主动，基本上不用父母操什么心。而且，小寒与爸爸妈妈的关系也特别融洽，经常与爸爸勾肩搭背，宛若兄弟；直到上了初中，有时还会和妈妈撒撒娇。小寒对家特别依恋。

小寒以优异的成绩，考取了本市最好的高中。学校位于郊区，离家有二十多公里路，学校实行借宿制，所有的学生都统一住校。从没有离开过父母身边的小寒，也不得不告别父母，住进了学校，每个周末才能回家。

没有单独生活经验的小寒，面临着集体生活的考验，很多事情，都必须靠自己解决了。在一段混乱的生活后，小寒总算慢慢适应了集体生活。但是，小寒向父母提出了一个特殊的要求，那就是每天都必须给他打个电话。

学校规定学生不能带手机，好在每个学生寝室都安装了电话。晚上九点下晚自习，九点多一点就能回到寝室，十点熄灯休息。小寒和父母约定，每晚的九点半，他都在寝室里准时等他们的电话。

于是，每晚九点半，就成了一个固定的亲情通话时间。无论父母是在家里，加班，在外应酬，还是出差在外，每天到了这个时间，他们就会拨通小寒寝室的电话。通话的内容，无非是今天过得怎么样？水果有没有吃？有什么新鲜事？觉睡得好吗？等等琐碎的事情。

寝室里的其他同学，父母也会打来电话，但多是不定时的，唯有小寒父母的电话，在九点半准时响起。偶尔父母忘记了，小寒就会一直等在电话机旁，直到电话铃响起。时间一久，寝室的同学都了解了这个特点，他们还给小寒颁发了一个特别的奖项：最佳与父母沟通奖。

135

小寒的父母却隐隐有点担忧：孩子会不会因为期盼电话，而将精力都耗在了无谓的等待上？而且，事实上很多时候，并没有什么特别的话要讲，无非是一些问候和关切，有必要这样天天打电话吗？而他们最担心的是，这样会不会像风筝的那根线一样，绊住了孩子的手脚，不利于他的独立？

原因分析：对成长中的孩子来说，融洽的亲子关系，是他们最重要的精神支柱。初次离开父母的孩子，对父母和家，都表现出特别的依恋，他们习惯了父母在身边嘘寒问暖，一旦这种平衡被打破，他们就会感到孤单和恐惧。有的父母，会在每周的中间一天，去学校探望孩子，有的则通过电话，经常与孩子联络沟通。

对策：与父母感情越深的孩子，对父母的依恋感也越强。这不是什么问题。唯一的问题是，孩子在长大，父母总是要放手的。那么，什么时候放手，怎样放？突然放手，孩子会措手不及，陷入茫然，显然不是好的办法。一直抓着不放，孩子则无法锻炼，难以自立。在我看来，小寒与父母约定的这个亲情通话时间，其实就是一个很好的办法，既可以缓解孩子的思家之心，又可以使父母及时了解孩子在学校的表现和内心想法。当然，随着时间的推移，孩子对校园生活慢慢适应，就可以调整一下通话周期，由每天改成隔天，再由隔天改成每周固定的一两次，或者在孩子有需要的时候，自己打电话给父母。但无论怎么调整，我觉得适当的通话是必需的，那有利于亲子沟通，也有利于了解孩子。事实上，在亲子沟通中，从来就不是沟通得太多了，而是太少了。

19.凤凰落毛不如鸡？

小冬是在极度痛苦之中，度过初中的最后一个暑假的。

成绩一向还不错的小冬，在中考前，突然得了重感冒，流涕、头疼，将小冬折磨得够呛。这么关键的时刻，突然生病，对小冬和父母的打击，可想而知。考试前一天，爸爸带着小冬，到医院挂了两瓶点滴，希望能减轻他的感冒症状。

考试结果，不出所料，很差，尤其是数学，简直一塌糊涂。结果是，小冬与心仪已久的重点高中失之交臂，被一家普通高中录取。接到录取通知书那天，小冬一个人将自己反锁在屋内，中饭都没吃，一直到黄昏，才在妈妈的苦苦哀求下，走出了房门，小脸已经瘦了一圈，眼圈黑得跟熊猫一样。整个暑假，小冬都是在迷迷糊糊之中度过的。虽然爸爸妈妈和爷爷奶奶都一再开导他，但他仍然无法接受这个现实。

新学期开始了。在父母的耐心劝导下，小冬总算从失败的阴影中，慢慢走了出来，他背着书包去报到了。清醒过来的小冬，决定振作起来，好好地表现一番，做出一点作为。

现实似乎并没有小冬想象的那么简单，入学摸底考，小冬竟然只处于中游。这对小冬又是当头一棒，他绝没有想到，即使在这样一所普通高中，他也显得一点也不突出。

而最让小冬痛苦的是，小区里他有几个要好的同学，从小一起长大，另外几个，都考取了重高，特别是其中的一个同学，平时的成绩远不如小冬，这对小冬的刺激很大。以前周末的时候，他们几个总会聚在一起打打球，或者聊聊天什么的。中考之后，小冬再也没主动和他们一起玩过，有时在小区碰着了，他也会早早地避开。他们几个来家中找过小冬几次，小冬都躲在房间没有出来，让妈妈将他们打发走了。他不想见到他们。他觉得，自己就是一只落毛的凤凰。

原因分析：失意、落魄，是普高生中普遍存在的一种情绪，特别是初中阶段成绩还不错的孩子。中考失利的阴影，驱之不散，深深地影响着他们对自我的评判，感到没有前途，没脸见人。他们不太接受现实，不愿意和过去的同学交往，不能适应新的校园生活。

对策：挫败感，是造成孩子失意的主要原因。中考失利，孩子难免抑郁苦闷，这种消极情绪积压在体内，就会产生反能量，影响孩子的身心健康，因此，要引导孩子痛痛快快地将这些负面情绪及时发泄掉，排解是最好的解决办法。同时，帮助孩子树立信心，学会自我调节，重整旗鼓，坦然接受新的挑战。

20.我就是来混世的

小炳的家庭很特殊，爸爸妈妈在分别离异后，重新组建了这个家庭，生了小炳。爸爸那头，有一个妹妹。妈妈这头，有一个弟弟。小炳属于计划外生育，直到快上小学了，父母才想尽办法为他报上了户口。

复杂的家庭关系，使这个家庭成了一个火药筒。不是妈妈骂着指责爸爸对她带来的儿子没感情，就是爸爸愤怒地责怪妈妈对他带来的女儿不关心。三个小孩更是矛盾一大堆，昨天你抢了我的玩具，今天他打了我一巴掌，吵得不可开交。结果是，无奈的父母不问青红皂白，各打五十大板。总之，家里经常是鸡飞狗跳，鬼哭狼嚎。

小炳是中间的纽带，但是，他没有因此得到什么好处，哥哥姐姐总是欺负他，而父母为了息事宁人，也总是拿他开刀，他挨的巴掌，比哥哥姐姐都多，因为只有拿他是问，父母双方就都无话可说。这让小炳从小就对这个家，充满了厌恶。

哥哥姐姐的学习，都不好。小炳小学时学习还不错，但随着家庭战火的蔓延和升级，他对上学的兴趣锐减，家也懒得回，经常放学之后和同学在一起玩到很晚，才姗姗回家。成绩一落千丈。父母也管过他，但是，家里的问题实在太多了，很快，哥哥和姐姐暴露出来的更多的问题，就将父母的注意力转移到他们身上去了。

就这样，小炳初中毕业了，进了一家职高。

这时候，小炳也长成了一个大小伙，与同龄的孩子比起来，他要壮实多了，脾气也特别火暴，与同学发生矛盾，他喜欢用的最简单的方式，就是靠拳头解决。开学不久的一天，睡在上铺的小炳与下铺的同学，因为一件小事发生争执，小炳二话不说，顺手拿起铅笔盒就砸了过去，正好打在同学的脸上，立即血流如注。这事让小炳回家后，吃了爸爸的一顿老拳，但是，同样因为这件事，让小炳在同学们中的"威信"一下子树立起来了：谁敢挑衅，一个字——打！

小炳成了学校的刺头，一个炸药筒，随时会引爆，随时可能引发一场混战。小炳四处放话，老子来这儿，就是混世的，敢惹我，老子整死他。

原因分析：孩子身上，能清晰地看到家庭的缩影。一个从小得不到家庭温暖，在争吵、打骂声中长大的孩子，其内心深处，一定伤痕累累。小炳就是这样一个典型。因为不良的成长环境，导致小炳的世界观、人生观发生偏差，不会处理人际关系，没有理想追求，自暴自弃。

对策：冰冻三尺，非一日之寒。问题家庭里出来的问题孩子，教育将是一个漫长而艰辛的过程，父母和老师，需要爱心，也需要耐心，还需要智慧。我觉得，对这样的孩子，首先要和他交上朋友，走进他的内心。其次，要给予他们充分的理解，让他认识到，并非所有人都是不讲道理、蛮横无理的，也让他们明白，暴力并不是解决问题的唯一办法，更不是最好的办法。再次就是要给他们以尊重，让他感受到做人的尊严。我们说，尊重别人的人，才能得到尊重，但在这里要反过来，先尊重他，让他体会到受人尊重的快乐，然后，让他学会尝试着去尊重别人。

第四章 对家庭环境改变的适应

有这么一个寓言故事：

有两群鸭子，其中一群特别会下蛋，每只鸭子每天都会下一只大大的蛋；而另外一群则非常懒惰，两天或三天才下一只普通大的蛋。

这两群鸭子各自生活互不干扰，各有各的池塘和草地，各下各的蛋。

某日，懒鸭子群当中的一只鸭子来到了勤奋鸭子群当中，这里的一切让它非常惊奇，鸭子们竞争下蛋的场面非常热烈，每只鸭子对下蛋都非常有激情，非常有积极主动性。这给新来的鸭子留下非常深的印象，于是它决定留下来，也决心像别的鸭子一样天天勤快的生蛋。

一个月以后，它成功了。它每天也可以生下一个又大又白的鸭蛋来。世界一天一天在变，但勤奋鸭子与懒惰鸭子们的生活没有改变。

某一天，勤奋鸭子群里的一只鸭子出来散步时不小心走失了，却意外碰上了那群懒鸭子。这里的鸭子对生活没有什么向往，不会去勤快地寻找食物，对下蛋也没有什么兴趣，如果吃得不好或者没找到食物就根本不下蛋，懒懒散散的，高兴的时候今天下一个蛋，不高兴时过几天才下一个蛋。所以这群鸭子的鸭蛋产量非常的低。

看到这一切，那只勤奋鸭子心凉了，可是它一时还找不回原来的集体，于是它暂时留了下来，和这群懒鸭子们住在了一起，时间久了，也就渐渐地习惯了它们的生活。

可是一个月以后，曾经每天能下一个大鸭蛋的鸭子居然不会下蛋了。

这个寓言故事说明：同样的人，环境改变了，行为和表现，会截然不同。

橘生淮南则为橘，生于淮北则为枳。环境对于植物生长的重要性，古人早有认识。植物是这样，人也是如此。

人是社会一分子，没有人能够脱离社会，而单独生存。人与人的交往构成了纷繁复杂的社会关系，每个身处其中的人都会受到种种环境的影响，这就是西晋思想家傅玄所说的"近朱者赤，近墨者黑"的简朴道理。不同的环境，陶冶不同的性情，造就不同的人生。环境就像一个大染缸，使人不知不觉被浸染。

第一节　家庭环境对孩子的影响

这是一段广为流传的格言，说明的道理很简单，你给孩子一个什么样的环境，孩子将来就会成为什么样的人。

——指责中长大的孩子，将来容易怨天尤人；

——敌意中长大的孩子，将来容易好胜斗勇；

——恐惧中长大的孩子，将来容易畏首畏尾；

——怜悯中长大的孩子，将来容易自怨自艾；

——嘲讽中长大的孩子，将来容易消极退缩；

——嫉妒中长大的孩子，将来容易勾心斗角；

——羞辱中长大的孩子，将来容易心怀内疚；

——宠溺中长大的孩子，将来容易自以为是；

——容忍中长大的孩子，将来必能极富耐性；

——鼓励中长大的孩子，将来必能爱人爱己；

——接纳中长大的孩子，将来必能心胸宽广；

——认同中长大的孩子，将来必能掌握目标；

——分享中长大的孩子，将来必能维护正义真理；

——安定中长大的孩子，将来必能信任自己，信任他人；

——友善中长大的孩子，将来必能对世界多一份关怀；

——祥和中长大的孩子，将来必能有和平的心境。

一位人格心理学家说："家庭对人的塑造力是今天我们对人格发展看法的基石。"环境对一个人的影响，是显而易见的。而在人的一生中，家庭所占据的位置、扮演的角色，极其特殊而重要，对于一个人的世界观、人生观、价值观的形成具有非常重要的深远影响。

家庭环境包括实物环境、语言环境、心理环境和人际环境。实物环境是指家庭中实物的摆设，硬件设施；语言环境是指家庭中人与人的语言是否文明有礼，民主平等，商量谅解；人际环境是指家庭成员之间的关系，以及每个家庭成员的品格；心理环境是指父母与子女之间的态度及情感交流的状态。家庭环境的好坏直接影响孩子的心理健康，主要表现在：

一、父母的生活习惯对孩子的影响

2007 年，日本人三浦展发表了一份调查报告：《阶层是会遗传的：不要让你的孩子跌入"下流社会"》。三浦展的调查报告显示了父母的生活习惯与孩子成绩之间的某些微妙关系：成绩好的孩子，母亲比较有条理又有趣。有条理却也有趣的母亲，比较能养育出成绩好的孩子来。成绩好的孩子，妈妈通常是有计划且动作利落的人。父亲越认真、越有条理、越有礼貌，孩子成绩就越好。成绩不理想的孩子，饮食状况也比较混乱。成绩越差的孩子，越依赖便利店的食物。

三浦展给出的建议是："父母能做的就是改善孩子的生活习惯。要父母突然之间大量增加收入或许不太可能，更不用说突然提高自己的学历。既然如此，身为父母唯一能努力的，就是设法改善孩子的生活习惯。"孩子的生活习惯将影响孩子的成绩："成绩越好的孩了，个性越主动，同时比较会运动，朋友也比较多，但成绩越差的孩子，不仅个性较被动，也很不擅长运动，同时朋友也比较少，基本上很爱打电玩。"

父母生活习惯对孩子的影响主要表现在：

1. 父母的道德水准对孩子的影响。这是学生的家庭德育环境。家庭成员对孩子的影响是直接的、巨大的，而且也是复杂的。父母的见识，父母的为人，父母的责任心，父母的处世方式，父母的道德水准，孩子

都在看，都在学。"小偷的孩子还是小偷"，不是说贼性会遗传，小偷生养的孩子注定会是小偷，而是说以小偷方式言传身教出来的孩子还是小偷。我们的孩子今后会发展得怎样，从父母身上能够看到影子。

2. 父母的行为方式对孩子的影响。俗话说"父母是子女的样子，子女是父母的镜子"，父母品行有问题，行为不端，生活方式不健康，这不良的榜样作用，常常会诱发孩子的不良行为，形成不健康心理。孩子对父母的角色认同就扭曲了，当这些父母板起脸孔来教训他们时，他们往往采取满不在乎或拒绝的态度，甚至模仿父母的不良行为。

3. 父母的人际关系状况对孩子的影响。父母及其他家庭成员的人际关系如何，既是德育环境，又是智育环境，对孩子的身心发展都有直接影响。父母经常吵架斗气，以致离婚的家庭，会使孩子产生没有温暖、缺乏爱、厌烦、恐惧等心理，从而导致思想消沉，学习也没动力。而家庭人际关系是由多方面因素决定的，有经济的、思想的、道德的，也有政治的、性格的，不同的因素对孩子产生不同的影响。

二、父母的教育方式对孩子的影响

今天的父母，对于孩子的教育，应该说达到了前所未有的重视程度，对孩子教育上的投入，也是很多家庭最大的"投资"。应该说，这是一件可喜的现象。但不当的教育方式，不但不能给孩子以正确的教育引导，反而会使孩子走向反 面。

1. 娇生惯养型。法国教育家卢梭曾说："你知道用什么方法可以使你的孩子成为不幸的吗？这个方法就是对他百依百顺。"娇生惯养是最典型的一种错误的家庭教养方式。父母对小孩的任何要求不假思索的答应，对小孩百依百顺，对于一些不合理的要求和行为也不加以制止，娇纵导致了孩子形成任性、无理取闹、唯我独尊、缺乏礼貌，在家雄赳赳、出门灰溜溜等一系列不良的性格特征：只知被关心，却不知关心他人，即冷漠感较强；唯我独尊且任性，缺乏基本的礼貌常识；依赖性大，缺乏责任心和义务感；消费超前，道德滞后，孤独感明显高于非娇惯环境的小孩。

2. 粗鲁专制型。有些父母认为"棒下出孝子，不打不成材"，对孩

142

子控制得很严，并且要孩子无条件服从自己的各种要求，一旦孩子违反，会严厉地惩罚孩子，"棍棒和拳脚"这样的教育方式极易引起孩子的逆反心理和过度叛逆行为，往往容易形成孩子行为上的两面性，而且焦虑、退缩、不满、对人缺乏信任，同时也缺乏自信，性格不开朗，容易产生报复心理和攻击行为，逐渐形成粗暴、冷漠的性格，或形成执拗、怪癖、神经质、情绪不稳定、自卑等性格。

3. 放任忽略型。父母对孩子的一切行为举止采取不加干涉的态度，放任自流，既不关心孩子，也不对孩子提要求，对孩子漠然、拒绝，亲子之间缺乏交往和沟通。这种环境下成长起来的孩子易形成冷酷、消极、与世无争、玩世不恭的不良性格，表现得狂妄自大、目空一切、自以为是，总以为自己了不起，从骨子里有贬低别人抬高自己的错误倾向。

4. 民主和谐型。父母不任意干涉孩子的活动，但不是放任自流，而是表现出对孩子应有的爱护与尊重，严格要求孩子但不苛求。既关心孩子，倾听孩子，对孩子的需要能作出敏感的反应，给孩子贴心的帮助，让孩子感受到温暖和关爱，又对孩子提出明确的要求，这些要求是一个人适应社会所必需的，而不是从父母自身的喜好或者情绪出发的，因此也是理性的、一贯的。向孩子解释为什么要对他提出这些要求，同时鼓励孩子与自己交流。遇事同孩子商量，不把父母的意见强加给孩子，民主教养的态度使孩子形成亲切温和、情绪稳定和深思熟虑的性格，形成友善、真诚、合作、自立的品质，有较强的自我控制能力，社会适应良好，能愉快而自信地学习。

143

第二节　家庭环境改变对孩子身心的影响

家庭环境包括家庭内部环境，以及与家庭关切密切的居住环境、社会关系等外部环境。前面我们已经陈述了家庭环境对于孩子成长的影响，当家庭环境发生改变，特别是骤变的时候，对于未成年的孩子来说，其冲击力无疑会更大，对于改变之后的新环境的适应，是摆在孩子面前的一个严峻挑战，需要父母和孩子来共同面对，以帮助孩子顺利过渡，适

应新环境下的学习和生活。

当家庭环境发生改变时，首当其冲、影响最大的，往往是孩子，因为他们既无法决定或改变现状，也无法逃避。而在一个家庭的变化过程中，父母自身也因为面临着诸多压力和不适，所以很容易忽视孩子的感受，未能及时帮助孩子进行调整，以致孩子长时间不能适应，陷入迷茫痛苦之中。

家庭环境改变，使孩子极易产生的生理和心理不适，主要表现在以下几个方面，而所有这些情绪上的反应，都不是简单孤立的，而是交织的、错综复杂的。

恐惧感：所谓恐惧感，是当人处在危险或变化之中时，对面临的危险状态或未来的不确定性而产生的一种强烈而压抑的情感，表现为神经高度紧张，内心充满害怕，注意力无法集中，脑子里一片空白，不能正确判断或控制自己的举止，变得容易冲动。

这是家庭环境变化时，孩子最容易产生的一种情绪。未成年的孩子，情感上习惯了对家庭的依恋，经济上不能独立，生活上不能自立，所以，当家庭环境发生改变时，他们会觉得生活动荡不安，前途未卜，对新的环境和未来，都充满了恐惧。

陌生感：环境的改变，身边熟悉的人、事、物，都发生了改变，孩子难免会产生陌生感。比如搬家了，孩子对新家及其周围环境不熟悉，不了解，感到陌生。比如再婚家庭，孩子对新的家庭成员可能一无所知，感到不能适应，行为上、情感上都会觉得陌生。

陌生感产生距离感、排斥感，使孩子难以融入到新的环境和情景之中，显得孤独、乖僻、不合群，难以沟通，势必对孩子的生活和学习产生影响。

紧张感：人对旧环境天生有一种依赖心理，熟悉的环境，让人感到安全、放松、舒适，相反，陌生的新环境，则会使人感到紧张、恐惧、无所适从。

紧张是人体在精神及肉体两方面对外界事物反应的加强。好的变化，如考试成绩理想，获得表扬；坏的如挨批、犯错，都会使人紧张。紧张的程度常与环境变化的大小成比例。环境变化越大，紧张感越强烈。

紧张使人睡眠不安，思考力及注意力不能集中，头痛、心悸、腹背疼痛、疲累。

动荡感：平静、安宁、稳定的格局被打破，环境的变化，带来的必然是动荡不安。

动荡使人不安。人都渴望处在一个相对稳定、安全的环境之中，在稳定的环境状态下，人的潜力才可以发挥到最大。环境的动荡，使孩子感到不稳定，不牢靠，心中的安全基石产生动摇，从而心神不宁，难以静下心来学习。经常处于动荡不安状态下的孩子，往往做事没有持久性，不是三天打鱼两天晒网，就是东一榔头，西一棒子，没有明确的目标和方向，也缺少持之以恒的精神。

孤独感：家庭环境改变后，孩子原来熟悉的朋友、稳定的家庭结构、生活场景，都发生了改变，很容易使孩子将自己封闭起来，产生孤独感。

孤独感是一种封闭心理的反映，是感到自身和外界隔绝或受到外界排斥所产生出来的孤伶苦闷的情感。一般而言，短暂的或偶然的孤独不会造成心理行为紊乱，但长期或严重的孤独可引发某些情绪障碍，降低人的心理健康水平。

孤独感还会增加与他人和社会的隔膜与疏离，而隔膜与疏离又会强化人的孤独感，久而久之，势必导致疏离的个人人格失常。唯有尽快适应新环境的孩子，孤独感才会快速得以稀释，走出封闭圈。

失落感：所谓失落感，指的是原来属于自己的某种重要的东西，被一种有形的或无形的力量强行剥夺后的一种情感体验。家庭环境发生改变后，孩子固有的一切，都转变或消失了，而这种变化，并非出自他自愿，或是他所能决定的，孩子只是被动地承受着改变所带来的种种变化，因此，产生无可奈何的失落感。

强烈的失落感，往往会诱发多种负面情绪，如忧伤、苦恼、沮丧、烦躁、内疚、愤怒、心虚、彷徨、痛苦、自责……使孩子难以自拔。

焦虑感：对改变之后的新环境的紧张恐惧，以及一时无法适应所带来的焦躁不安，很容易使孩子产生焦虑和自责心理。

145

焦虑是由紧张、焦急、忧虑、担心和恐惧等感受交织而成的一种复杂的情绪反应。当孩子对环境的改变觉得无能为力、无可奈何又无力自拔的时候，就会产生焦虑情绪。

焦虑情绪表现为恐怖症、强迫症、疑虑症和身体障碍、惊恐发作、情感爆发、应激障碍等，焦虑感使孩子感到紧张、不愉快，甚至痛苦和难以自制，精神失调，不利于孩子身心的健康。

疏离感：家庭环境的变化，给孩子的身心带来了很大影响，特别是上述的恐惧、陌生、紧张、动荡、孤独、失落、焦虑等负面情绪和感受，又会使孩子对家庭和父母的依赖、亲密程度都发生变化，表现出对家庭和家庭成员的逃避和疏离，不愿意回家，不愿意面对家人，不愿意与他人接触交流，不愿意接受新的环境。

疏离感使孩子难以正常处理与他人的关系，不能与家庭、学校或者同伴群体建立有效连接，从而体验到的无助感、无意义感、孤独感等消极情绪体验。有研究表明，青少年期本身就是疏离感发生的高危时期。而家庭环境的改变，又增加了这种疏离感的程度。

与父母亲人的疏离，与家庭的疏离，与同伴的疏离，与环境的疏离，是一个个危险的信号，它说明我们的孩子，在精神上可能正离我们越来越远，如果不及时加以疏导，孩子很可能有一天与我们形同陌路。

排斥感：所谓排斥，就是不相容。

这是孩子在家庭环境变化之后，可能出现的最为严重的心理感受。对新的家庭格局、新的生活环境、新的家庭成员、新的生活方式等等，都不适应，不喜欢，不包容，从而产生的一种逃避、排斥心理。

排斥新的家庭环境的孩子，往往首先感受到的，是被新的家庭环境所排斥。认为一切都改变了，自己不再为家庭所容、所疼、所爱，转而也对新的家庭环境表现出强烈的排斥和抵触。

排斥的结果，往往是背离。孩子不能接纳和融入家庭新环境，游离于家庭新环境之外，陷入深深的孤单、痛苦、焦虑之中，在这种状态下，孩子的行为很容易冲动，产生对立情绪，回避、逃避，甚至离家出走，酿成严重后果。

第三节　家庭环境变化的分类及适应对策

家庭环境改变主要表现在：一是家庭结构的变化，如父母离异、丧亲、再婚等；二是居住环境的变化，如迁移、搬家、经济原因、人口增减、借养等。不同的变化，给孩子带来的困惑，也是不尽相同的，需要我们根据各自的情况，有针对性地对孩子进行疏导，帮助他们适应这一系列的变化及造成的困惑。

⊙迁移的困惑与对策

困惑：由于父母工作的变动、婚姻、社会因素等原因，有的家庭会整体地从一个地方，迁移到另一个地方，迁移距离可能会很远，甚至是跨省迁移。迁移所带来的变化是巨大的，不但居住条件、环境发生了变化，社会关系也随之改变。

生活上的不适应：跨区域的迁移，孩子在生活上，将会出现诸多的不适应症。

语言上的不适应。虽然全国都在推广普通话，但是，日常生活中，人们更习惯于使用方言，而全国各地的方言千差万别，孩子可能既为不会新方言而苦恼，又可能因为说话带着原来居住地的方言而自卑。

饮食上的不适应。各地的口味差异很大，有的地方以辛辣为主，有的地方口味喜甜，各不相同；食材也会带有明显的地域特征。孩子在家里的饮食习惯，不会发生什么变化，但在学校的伙食，就可能面临着口味的差异而不适应。

气候上的不适应。中国幅员辽阔，各地气候迥异，特别是南北跨度大的话，气候变化就特别明显。这对孩子的适应能力是个挑战，特别是体质相对弱一些的孩子，更易因气候变化而出现不适应症，甚至经常生病。

居住环境的不适应。迁移之后，家庭居住条件必然发生改变，原有的已经适应的居住环境没了，孩子对新家好奇的同时，也可能出现一些不适应症状，有的孩子换了环境，晚上甚至会睡不着觉。

人际关系上的不适应：家庭迁移后，原有的社会关系，全部发生了改变，所接触的，都是陌生人，在处理人际关系时，孩子容易出现不适应症。

以前的朋友、同学、邻居都换了。到处都是陌生的面孔，没有朋友，没有玩伴，同学和邻居也都是陌生的，孩子会感到特别孤独。

与新同学交往的困惑。别的同学，都已经同窗很久，相互熟悉，唯有自己是陌生的，形单影只，怎样与这些新同学、老师交往，成了孩子面临的一道难题。

学习上的不适应：家庭迁移之后，孩子必然面临着转学问题，这在后面的章节中，我将涉及到。学校环境变了，老师变了，教材变了，教学方法变了，考核标准变了，这些变化，必然给孩子带来很大的困惑。

教学进度不一致。各地的教学进度，不可能完全同步，往往存在着很大的差异，孩子转入另一地的新学校后，要跟上教学进度，需要一个适应过程。

教材不一致。对跨省迁移的孩子来说，还面临着一个最头疼的问题，教材变了。以前学过的东西，新的学校可能还没教，或根本就不在教材之列；而新学校使用的教材中，也有可能很多内容都是原学校没有的。教材不一致导致孩子的学习可能脱节，难以适应。

评判标准不一致。各地的教学质量不一样，对学生的要求也可能不一样，评判的标准，也会有差异。这些都会困扰着孩子，令孩子一时无所适从。

对策：迁移对一个家庭来说，是一件大事，父母本身也可能会面临这样那样的困惑和问题，感到焦头烂额。但是，再怎么忙，再怎么乱，再怎么烦，也不要忽视了孩子，帮助孩子尽快适应新环境，远比其他琐碎的事情来得紧迫而重要。

生活上的关心。一般来说，除非是特别娇惯的孩子，孩子对生活环境的适应性一般都比较强，但这并不意味着对孩子的生活需求可以漠视。迁移到一个新地方后，一个家庭最先面临的，往往也是生活上的问题。平时，父母可以多做一些孩子喜欢吃的可口饭菜，淡化迁移所带来的生

148

活条件的变化。对孩子的冷暖多关心一点，使孩子不因为气候的变化，而出现身体上的反应。安定下来后，就带着孩子熟悉熟悉周边的生活环境，对迁移地有一个感性的认识，星期天和孩子一起去公园玩玩，培养孩子对新地方的感情。

精神上的慰藉。孩子迁移到了新地后，以前的朋友、同学都没有了，对孩子来说，最大的困扰，莫过于精神上的孤单、寂寞、空虚，而认识新伙伴、结交新朋友，需要一个过程。因此，这个时段，父母应特别顾及到孩子的精神需求，多和孩子沟通交流，尽量避免孩子一个人孤单地独处。如果新的迁移地有亲戚朋友，特别是家中有同龄的孩子，可以带孩子经常去拜访，也可以经常邀请他们来家中聚会，为孩子的交际创造条件，尽快找到新朋友、新伙伴。当孩子与别的孩子发生矛盾冲突时，除了教育之外，应多倾听孩子的陈说，切忌不问青红皂白，对孩子责骂。同时，父母双方的和谐相处，可以营造温馨的家庭氛围，使孩子感受到家庭的温暖，父母的关爱，让孩子感受到，家永远是他最温暖的港湾。

学习上的鼓励。学习上的不适应，只是暂时现象，父母应予关注，但不必过于担忧。首先要帮助孩子树立信心，正视存在的问题，让孩子认识到这些困难，是都可以慢慢克服的。如果孩子从小就养成了良好的学习习惯，适应新的学习环境，不会太艰难。在学习上，以鼓励为主，短期的不适应和成绩滑坡，都是正常现象。孩子学习遇到困难的时候，以前可以向自己的老师或同学请教，在新老师、同学都不熟悉的情况下，孩子可能会感到茫然无助，有能力的父母，应该多帮助孩子，共同面对，寻求解决的办法。还有很重要的一条就是，父母应主动和学校的老师多联络沟通，通过了解孩子的学习、生活情况，以期得到老师更多的关注和帮助。

⊙ **搬家的困惑与对策**

困惑：与迁移所不同的是，搬家只是从一个居住地、一个小区，搬到另一个居住地、另一个小区，而不是长距离的跨区域的转移。搬家的原因，无非两种，一种是因为孩子而搬家，有的是为了孩子能上更好的

学校，有的是为了孩子远离原来的环境；另一种则是与孩子无关的搬家，因为父母工作变动、改善居住条件等。

搬家可能会面临着转学的问题，也可能不需要转学。因此，对孩子来说，搬家所带来的困扰，与迁移相比，可能就要小得多。但不管怎么说，对孩子来说，每一次搬家，都是一次动荡不安的变化，也都面临着一次新环境的适应过程。

不稳定感。从一个熟悉的地方搬到一个陌生的地方，总会有不稳定、不踏实和失落的感觉。面对新家，孩子会觉得陌生，不像住惯了的家和房间，那么有亲切感。而且，搬家是个很烦琐的事情，会有一个凌散、杂乱的过程。经常搬家，会给人一种漂浮不定的感觉，对新家没有归宿感。

恋旧情绪。搬家后，因为离开了熟悉的环境和同伴，对新家和新环境还没有适应，孩子会在失落感中，对旧家和熟悉的环境，产生依恋、怀念的情绪。有的孩子在搬家后，还会经常跑到原来居住的地方找以前的伙伴。

被排斥。有的家庭搬家，是感到以前的环境不太好，对孩子产生不良影响，而选择搬家，远离原来的环境；有的是希望孩子能转入好一点的学校而搬家。这都牵涉到孩子的转学问题。从一个学校转到另一个学校，对孩子来说，需要一个相对长的适应过程，而在这个过程中，孩子往往因为单独来到一个新环境，而感到难以融入新集体，会有一种被排斥的感觉。这种感觉也可能是孩子错误的认识，但一旦形成，却会使孩子对新环境、新班级、新校园产生排斥和抗拒，使融入变得更加艰难。

对策：可以借鉴迁移家庭，在生活上、交际上、学习上，给予孩子更多的关心和帮助。需要指出的是，虽然搬家了，离开了原来的环境，但是，这种搬离，跨度不大，孩子和原有的环境和人事，还会保持着千丝万缕的联系，特别是那些为孩子摆脱原来环境而搬家的家庭，要特别留意孩子与原环境的联系，以免虽然搬家了，孩子依然与原来环境中的人事保持联系，继续受到影响，那样的话，搬家的意义就丧失了。

⊙家庭变故的困惑与对策

在所有种类的家庭环境改变中，家庭变故对于孩子的影响，是最深远的。家庭变故对家庭的影响巨大，家庭所承受的伤害最严重，给孩子所带来的创伤，自然也最为沉痛。

生活中，家庭所面临的风险是时刻存在的。稳固的家庭，给人以安全感、温馨感、幸福感，而家庭结构一旦发生改变，遭受这样那样的重创，家庭就可能面临肢解、破碎或重组，这样的突变，对心智尚未成熟的孩子来说，无疑是不能承受之重。家庭变故的原因和种类很多，我们将着重选择对孩子影响最大的几类，分别进行剖析。

困惑一：丧亲之痛。 亲人，特别是父母的逝去，对孩子的打击，是十分巨大的。有的是因病去世，有的是在意外事故中遇难，有的是遭受不法侵害遇难，还有的可能是因严重犯罪受到严厉的刑罚被判死刑。无论是哪一种，对一个家庭来说，都是毁灭性的打击，对于孩子的创伤，更是难以弥补。

亲人去世后，孩子会陷入深深的悲伤之中，眼看着亲人永远地离开，孩子会对死亡充满了恐惧，感到孤独无助。这时候的孩子，特别脆弱，有的孩子沉湎于悲痛之中不能自拔；有的孩子为了掩饰自己的哀伤与软弱，会装做若无其事的样子，有的孩子甚至会做出一些奇怪的举动；有的孩子情感上难以接受，不愿承认事实；有的把亲人送给自己的礼物一直带在身边，睹物思人，他们对周围人和事漠不关心，对学习和生活明显缺少热情，心态显得压抑郁闷，如不及时疏导易导致心理疾病。

对策： 一是不要忽略孩子的悲伤。很多父母会以为，孩子的世界是无忧无虑的，总是充满欢笑，他们不会因为亲人的逝去而流露出太多的悲伤，时间会自动治愈他们的创伤。有的父母甚至会觉得，我的孩子还是像以往一样，打球、玩游戏、和伙伴在一起玩乐，没什么变化啊。其实这是一个错误的认识，没有人会因为亲人的逝去而无动于衷，没有感觉，只是有时候，孩子会将自己的悲伤隐藏起来。

二是多给孩子安慰。尽量不要用言语告诫孩子应该如何，避免"你要长大、要懂事、要听话"之类的说教，而是多用肢体语言，来让孩子感受支持，例如拥抱、牵手、摸摸头来表达抚慰与心疼。

三是和孩子一起缅怀亲人。可以询问孩子想以什么样的方式悼念逝去的亲人，如果孩子希望通过看照片、唱歌、画一张画，或是哭一下来表达思念的心情，大人可以陪伴在身边，或一起参与，让孩子感受到他可以为自己的悲伤做点什么，宣泄掉悲伤的情绪。

四是给孩子以安全感。当孩子遭受亲人逝去的痛苦时，会很害怕身边别的亲人再消失，因此，他们希望获得安全与爱的保证，此时的孩子可能会不断询问活着的大人爱他吗？或是很担心地一再追问：妈妈／爸爸，你会永远陪在我身边吗？或是表现出不愿意和亲人短暂分离。有时，也会开始主动向大人谈起死亡的话题。这时候，大人需要耐心、细心、用心的和孩子沟通，给予孩子爱的保证，告诉他不会无缘无故被丢弃，也不会因为有亲人过世而不再被爱，更不是因为他的表现，才发生了这一切。

困惑二：父母离异。离婚成了一大社会问题。近年，离婚呈直线上升趋势。父母离异，受伤最深的是孩子。现实生活中，许多父母往往不理解或忽视了离异对孩子造成的创伤，以为离异后，各自对子女的爱还如从前，孩子照样有吃有住，受伤的是自己。其实，父母离异，孩子受到的心理创伤很深很重，尤其是现代这些娇生惯养、原本万千宠爱于一身的独生子女。

父母离异对孩子的伤害是多方面的。

受伤害的时间跨度长。从父母最初争吵打闹，到最终离异的整个过程，孩子都是在恐惧、悲伤与痛苦中度过的。这种心理的煎熬，甚至比当事的父母，来得还要猛烈、真切。

受伤害的范围广，体现在心理、学习、行为等各个方面。心理影响主要表现在孩子个性的改变，及内心的幸福感与快乐感降低。原本开朗活泼的孩子，可能变得内向了，总是封闭在自己的世界；原本自信的孩子，可能变得自卑了，看不到前途和希望，而自暴自弃；原本心地善良的孩子，可能变得对人充满敌意，易与他人产生冲突等。有些离异父母，为了再婚方便，都不想要孩子，互相推卸应尽的责任，使孩子受到更严重的伤害。

在学习上，影响主要体现在上课无法集中注意力、胡思乱想，甚至出现记忆力衰退、对学习丧失兴趣、学习成绩下降等情况，甚至产生厌学、逃学情况。

在行为上，离异家庭的孩子，对家庭的依恋感会减弱或消失，不愿意回家，不愿意面对家人，如果孩子恰好处于青春期，很容易加重逆反心理，行为表现得倔强、乖张、不听话、我行我素，很容易和一些社会青年混在一起，走上歧途。

对不同年龄段的孩子来说，父母离异带来的伤害，也是不尽相同的。年幼的孩子，常会表现得很无辜，甚至把责任揽到自己的身上产生负罪感，表现得很烦躁，甚至更加抑郁，但又因为还不善言辞，无法准确地表达自己的想法，家长难以知道孩子到底在想些什么；对小学阶段的孩子来说，他们则会表现地异常愤怒或是异常伤心，情感起伏很大，很容易导致儿童抑郁症；对于中学生来说，因为他们特别好面子，感到父母离异很"丢人"，对父母的离异，反应会更加激烈，很容易会做出一些过激的举动。

对策：一是不隐瞒，真诚地告诉孩子真实的情况。孩子很敏感，他自己能够感受到家庭的变化，因此，不要试图隐瞒，那只会徒增他的不安和猜测，失去对大人的信任。作为家庭的一员，他有权利知道家庭破裂的事实，这也有助于他勇敢地去面对。

二是永远不要把自己的坏情绪，传染给孩子。婚姻破裂，父母双方或其中的一方，会感到非常痛苦，情绪很坏，不容易冷静，往往会有意无意地将自身的这种负面情绪传染给孩子，甚至发泄到孩子身上，拿孩子作出气筒。孩子是无辜的，这会使他受到双重的伤害。

三是父母双方切忌互相指责。将离异的责任推到另一方身上，互相在孩子面前控告对方的无情和不负责任，诸如"妈妈不要我们了"、"男人没有一个好东西"之类的语言，只会伤害孩子的自尊心及对父母的感情。

四是绝对不要试图让孩子背弃一方。有的父亲或母亲，感觉到自己是婚姻中的受害者，期望孩子坚定地和自己站在一边，共同仇视另一方。这颗仇恨的种子，不但无益于已经破裂的婚姻，还将使孩子的认知结构

153

发生扭变，身心受到摧残。对孩子来说，父母双方都是他最亲的人，让他从中作出选择，背弃一方，是残忍的。而且，对他长大成人之后的情感态度，产生很大的不利影响。

五是告诉孩子"我爱你"。中国人都不擅长直接的感情表白，加上离异后心情大都糟糕透顶，往往会给孩子一个错觉，父母不再爱他了，产生被遗弃的感觉。因此父母要告诉孩子：对他的爱不会因为父母的分开，而改变和缺失。要让孩子明白，自己是爱着孩子的，对方也是爱孩子的，他依然完整地拥有父母的爱。

六是不放弃自己的责任。离异之后，孩子只能选择和父母的一方生活在一起，另一方可能只是承担经济上的养育义务。婚姻结束了，父母对孩子应尽的责任，不应结束。这种责任，远非生活费那么简单。有的夫妇离异后，一方只是按时将生活费打给管孩子的另一方，对孩子的其他事情不管不问；有的则将判给自己的孩子，扔给自己的父母了事，孩子在祖父母的宠爱下，因缺乏约束，很容易走上歧途。

七是帮助孩子适应新的家庭环境。离异后的家庭，有的维持单亲家庭，有的则重新组合新家庭，无论是在哪种情况下，孩子都有一个适应过程，特别是重组家庭后，孩子还需要适应新的家庭成员，这其中有一个艰难的磨合过程。不管是抚养孩子的一方，还是另外一方，都应该积极地做好孩子的心理疏导，培养孩子对新家庭的感情。

八是父母应积极乐观地面对新生活。父母的心态，直接影响着孩子的心态。有的夫妇离异后，自怨自艾，甚至自暴自弃，整天心事重重，忧心如焚，对生活丧失信心，这会使孩子也陷入痛苦和绝望之中。还有的父母，会转而将希望全部寄托在孩子身上，给孩子造成很大的精神压力。试想一下，如果一个成人尚不能勇敢地面对失败，重头再来，孩子稚嫩的肩膀又如何能够承载这一切？父母的榜样，才会给孩子带来勇气和力量。父母的生活都走向正轨了，开始了一个全新的健康的生活，孩子才能看到希望。

困惑三：经济困顿。因为疾病、灾难、失业等，使一个家庭的经济陷入窘困之中，生活骤然变得艰难，生活条件大幅下降，给孩子带来很大困惑和影响。

需要指出的是，这种情况与家庭经济原本就比较困难，是不尽相同的。孩子已经习惯了固有的生活，家庭经济骤然受困，家庭和孩子的生活，而不得不作出相应的调整，以适应新经济状况下的生活。

对生活的影响。家庭经济状况突然出现危机，必然影响到生活条件，生活比以前艰苦了，日子过得紧巴了，孩子的饮食、衣着、零用，都会受到影响。

对心态的影响。危机前，家庭条件很好，或还不错，心态也平衡，现在忽然改变了，孩子容易产生自卑情绪，表现出对以前生活的留恋。

对学习的影响。家庭经济出现问题后，孩子的学习条件也可能相应地缩减，有的家庭特别困顿，甚至连孩子的书本费都承担不起。而且，孩子心态的变化，也容易使孩子分心，对家庭担忧，无法集中精力学习。

对社会关系的影响。家庭经济窘困，孩子容易自卑，而自卑又会使孩子封闭起来，不愿意与他人交往，感觉低人一等，害怕被人瞧不起，人际交往变得困难。

对前途的影响。家庭经济陷入困境，如果不是一时的危机，而是长期的，那么，家庭能够承担的对于孩子教育的投资，就必然减少，甚至完全丧失，孩子受到教育的程度，就会降低，甚至连基本的教育都无法承受，孩子的未来、前途，都因而受到影响。

对策：别让孩子分心。经济困顿如果在可预期的范围内得到缓解或根本解决的话，比如因失业而造成的经济困难，就没必要告诉孩子，以免孩子分心。如果孩子感受到了，可以明确地告诉孩子，这只是暂时现象，不用担心，父母很快就能够解决，给孩子以信心。

请孩子分担。如果危机很严重，或者影响的时间会比较长，比如家中有危重病人，丧失劳动能力，需要长期治疗，而医疗费又必须自行解决的情况。这时候，可以将情况如实告诉孩子，共同面对，请孩子也为家庭做出一些分担，如零花钱减少，不必要的开支尽量避免，以减轻家庭负担。

激发孩子上进心。鼓励孩子坚定理想，贫不失志，树立正确的人生观、价值观，越是条件艰苦，越是不气馁，不放弃，积极进取，以期改变命运。

⊙ 单亲家庭的困惑与对策

困惑：因为父母一方去世，或父母离异，家庭结构发生变化，成为单亲家庭。对孩子来说，这就意味失去了一方的庇护，在心理上必将承受巨大的痛苦，对生活失去勇气，有的甚至对社会充满敌意。

心理问题。单亲家庭的孩子，容易形成自闭、自卑、妒忌等心理。由于一直生活在完整的家庭里，面对家庭的突然破裂，孩子无法接受眼前的现实，无法适应无父或无母的环境。孩子的心理没有成熟，自我调节能力差，当孩子看到别的孩子与父母亲热、玩耍、嬉戏的时候，孩子很容易联想到自己过去的生活，今非昔比，孩子的心中难免生出悲伤、失落感，进而形成忧郁、自卑的心理，有的还会由羡慕，生出妒忌和憎恨。

同时，由于健全家庭的孩子能得到的，单亲家庭的孩子往往不容易得到，他们会表现出对父母一方特别依恋，希望能从父母一方获得双倍的回报，有的甚至会出现恋父或恋母情结。

行为问题。成为单亲家庭后，孩子平时只能得到父母一方的管教，父爱或母爱的缺失，心理的失衡，很容易使孩子的行为发生偏差，表现出自私、固执、任性、偏激等倾向。如在物质享受上，他们不能正确对待差距，认为别人能得到的，自己也应该拥有，如果在父母一方得不到满足，就容易导致偷窃等违法犯罪行为的发生。

对策：多和孩子沟通。成为单亲家庭后，孩子的性格可能会有所改变，心理也可能会有不同程度的扭曲，孩子不愿意和别人谈起自己的家庭，缺少沟通和排解的渠道。父母一方应多和孩子谈心，了解孩子的真实想法，特别是单亲爸爸，不能疏于和孩子的交流。

宽容而不溺爱。单亲家庭的孩子，行为上会有一些变化，容易做事犯错误或偏执，孩子在犯错之后，父母一方应以宽容之心，耐心地和孩子讲道理，帮助孩子剖析事情的是非曲直，而不宜不问青红皂白地斥骂。简单粗暴的态度，只会使孩子排斥或抗拒。但是，宽容不等于溺爱，不能因为是单亲家庭了，感觉亏欠了孩子，对孩子的要求无止境地满足，对孩子的行为无节制地放纵，那会使孩子因缺乏教养，而变得任性、放纵，使爱变成了害。这一点，单亲妈妈尤其需要注意。

⊙**再婚家庭的困惑与对策**

困惑：离异后，有的父母会很快重新组织家庭。对生活在其中的孩子来说，他又将不得不面对这个新家庭，以及陌生的家庭成员——继父或者继母，或者还可能需要适应继父（或继母）带来的孩子或再生育的孩子。生活格局，再次被打破，孩子面临又一次适应。

再婚家庭的情况往往比较复杂，孩子所面临的困惑，自然也很多。主要表现在：

矛盾多。可以说，很多再婚家庭成了矛盾的交点，夫妻矛盾、继父母与子女的矛盾、没有血缘关系的子女之间的矛盾、经济的矛盾、教育的矛盾，等等，相互交错，错综复杂，理不清，剪不断，别说未成年的孩子，就连很多再婚父母自己，也无法顺利地解决这些矛盾。给孩子带来的困惑可想而知。

心态复杂。一个重组的家庭，原本毫无关联的人组合在一起，问题多、矛盾多、冲突多，导致每个成员的心态，复杂而混乱。对孩子来说，可能既渴望一个完整的家庭，又对新的家庭成员存在排斥心理；既希望得到理解和爱护，又怕失去原有的呵护和支持。

生活习惯的差异。一个稳固的家庭，会有相对稳定的生活习惯，家庭成员在磨合中已慢慢适应。而重组家庭中每个成员的生活习惯会不尽相同，饮食、起居、做事方法等等，都存在差异，这就会难免引发矛盾和冲突，造成孩子的困惑。

比较心理。在各种矛盾的纠结之下，孩子很容易产生比较的心理，将新的家庭与原来的家庭进行比较，将生父母与继父母进行比较，将现在的生活感受与过去进行比较，特别是孩子在得不到继父母的爱，或感受不到新家庭温暖的时候，这种比较就会更加猛烈。其结果往往是，怀念或想念生父母，依恋原来的家庭，并进而生发严重的失落感、悲痛感。

对策：争取孩子的理解和支持。再婚不仅仅是父母自己的事情，应

在重组家庭前，征求孩子的意见，获取孩子的理解、谅解和支持，使孩子对新家庭有一个心理准备。

平等对待每一个孩子。新的家庭中，可能拥有双方各自的孩子，或者再婚后生育的孩子，使孩子独生子女的地位，发生改变。双方的孩子都可能面临一个问题，那就是父母不再像以前那样爱自己了，他们得到的爱，不再是百分百了。不给任何一方的孩子以特权，不偏不倚公平地对待双方的孩子，是解决孩子之间矛盾的关键。

给孩子更多的爱。再婚家庭的孩子，感到最大的缺失，就是父母的爱。无论是继父母，还是亲生父母，都不能淡化对孩子的感情，更不能忽视孩子的情感需求，真诚的爱，是父母特别是继父母和孩子之间最好的润滑剂。但是，需要提醒的是，继父母永远不要试图取代孩子的亲生父母，即使孩子非常爱你，愿意称呼你爸爸或妈妈。无论孩子对亲生母亲、父亲什么态度，你都不能在孩子面前否定他们，而是尊重和接受。

互留一点空间。信任孩子，给孩子相对独立的空间和自由，也给自己留下空间和余地。不能要求孩子什么活动，都必须在自己的眼皮底下，那样，对孩子来说，自由受到束缚，不自在，对父母自身来说，也是一件吃力不讨好的事情。

不要和孩子争宠。试图和孩子争夺丈夫或妻子的爱，是一件愚蠢的行为。也不要在孩子面前与配偶过于亲热，而让他（她）感觉受到冷落。

⊙留守孩子的困惑与对策

困惑：有的父母一人或共同赴外地工作，孩子平时由另一人或祖父母代管，这种情况在农村比较普遍；还有的父母一人或共同出国学习或工作，孩子由祖父母或其他亲属代管，或由学校代管。孩子留守在家，成为留守孩子。

留守孩子存在的问题比较突出，概括起来有这样几个方面：

家庭教育错位。留守孩子大多是单亲或隔代抚养，或亲属、学校代管，致使正常的家庭教育严重缺失，无论是单亲、祖父母、其他亲属，还是学校，都无法代替完整的家庭教育，父母对孩子的教育和影响，是潜移默化的，也是不可或缺的，没有常态的家庭教育，孩子的性格、习惯、心理养成，都会出现不同程度的扭曲或缺陷，对孩子的成长产生不利影响。有的父母自感让孩子一人留守在家，情感上亏欠了孩子，于是，在物质上尽可能地满足孩子，对孩子一些无理的要求，也给予满足，又助长了孩子的种种恶习。

亲情缺失。单亲或双亲都不在身边，有的甚至长时间失去联系，使孩子长期得不到父母的关爱，以致这些留守孩子对于亲情的概念逐渐淡薄，既得不到爱，也不会去爱。亲情缺失的孩子，往往人格不健全，性格显得怪异，容易做出不合乎社会规范的事情。

性格障碍。由于家庭教育和亲情的缺失，价值观念、道德规范以及行为示范方面缺乏应有的指导，加上隔代教育本身存在的许多弊端，如纵容溺爱，重物质轻德育。留守孩子的性格，容易发生扭曲和变异，变得胆怯乖僻、任性、自私，组织纪律性差，逆反心理比较重。

学习问题。学习态度不端正，学习方法不当，学习的主动性、自觉性差，不良习惯多，容易分心走神，喜欢幻想而疏于实际行动，结果是很多留守孩子的学习成绩不理想，对学习失去兴趣，人生没有明确的目标，随波逐流，混一天算一天。有的孩子甚至厌学、逃学或辍学。

对策：安排好孩子的生活。留守孩子首先面临的是生活问题。孩子的自理能力还比较差，独立意识还不够。因此，父母应安排好孩子的生活问题，确保其正常的生活不受影响。

爱和管教，不能缺失。无论是单亲抚养，还是请其他亲属监护，或学校代管，父母都不能将孩子一丢了之，要经常探望或电话、视频联系，既让孩子感受到父母的爱和关心，也要尽到对孩子的管教义务和责任，使孩子不至于因父母不在身边而放任自流。

监护人的责任和素质。大多的留守孩子，是由祖父母代为监护的，这种情况在农村尤其普遍，而祖父母辈一般文化层次比较低，对孩子的教育有点力不从心，往往只是尽到了照顾生活的责任，而对孩子的教育，只能听之任之。提高监护人的责任心和素质，需要社会力量的支持，如帮助监护人开展一些培训、学习、交流活动等。

159

心理疏导。留守孩子在身心上，承受了普通孩子所没有的压力，有效引导他们走过人生发展的关键时期，对孩子将来的发展至关重要。有条件的学校，可以专设针对青少年身心发展规律的心理课程，让心理老师给予孩子在心理方面以疏导。

第四节　二十个典型个案剖析

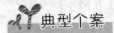典型个案

1.我不是你们的出气筒

每天放学之后，小伦就和最好的伙伴小汇一起，上他家去看书做作业。小伦不想回自己的家。

家里总是硝烟弥漫。妈妈脾气急躁，爸爸针锋相对，两个人常常为了一点鸡毛蒜皮的事情，吵得不可开交，天翻地覆。最让小伦无法忍受的是，战火经常无缘无故地烧到小伦身上。小伦印象最深的一次，是因为爸爸下班路上，看到有人在路边推销电器，价格很便宜。爸爸经不住推销员的撺掇，花一百元买了一个复读机。晚饭的时候，爸爸兴高采烈地将复读机拿了出来，送给小伦，让他学英语时用。没想到，妈妈突然勃然大怒，指着爸爸的鼻子说：小伦不是有一个复读机吗，为什么又花冤枉钱买了一个？爸爸试图辩解。妈妈哪里听得进去。就这样，你来我往吵开了。奇怪的是，两个人吵着吵着，又扯到小伦身上了，一个说：你为什么不好好学习，给了买了复读机，英语听力还那么差？一个说：我被你气死了，你为什么就不晓得好好珍惜？最后的结局是，小伦一不留神，将桌上的复读机扒拉到了地上摔坏了。小伦被愤怒的爸爸妈妈狠揍了一顿。

在"战火"中，小伦也学乖了，一听到爸爸妈妈吵架就赶紧溜回自己的房间，这避免了很多战火直接烧到他的身上。但是，有时是逃也逃不掉的。父母吵过架后，两个人的情绪都很激动，这时候，只要小伦有一点点"把柄"，就会遭到爸爸或妈妈的一顿臭骂或指责，成为可怜的出气筒。让小伦尤其

不能忍受的是，爸爸和妈妈还会经常问他一个在他看来愚不可及又永远没有正确答案的问题：是爸爸好，还是妈妈好？小伦不知道怎么回答，也不敢回答。

原因分析：夫妻不和，战火不断，使家庭的每个成员都时刻处在高度紧张之中。夫妻争吵的结果是，双方感情一次次遭到伤害，并殃及无辜的孩子。有的父母吵架时不但不避讳孩子，甚至还会拿孩子当出气筒，或以感情要挟孩子，使孩子左右为难，无所适从。处在这样的家庭之中，孩子不但得不到正确的教育、引导和呵护，反而一次次受到伤害，对家庭生出厌烦和逃避心理。

对策：夫妻之间难免有矛盾，但不宜当着孩子的面争吵，更不应该将气撒在孩子身上。夫妻首先应提高自身的修养，学会融洽相处。即使发生矛盾，也应该理智地就事论事，而不应该扩大化、情绪化。家庭的和谐、融洽，是立家之本。唯有祥和温暖的家庭，才能使孩子感受到家庭的温暖，父母对于孩子的管束和教育，也才能有效。

2.到底听谁的？

15岁的小绲，感觉自己就像墙头的一棵草，一会倒向西，一会歪向东，飘摇不定。

原因来自爸爸妈妈对他的不同要求和态度。小绲的爸爸是90年代初的大学生，现在是一家单位的中层管理人员，他对小绲的要求是：顺其自然，健康成长。而妈妈对小绲的要求是，一定要全力以赴读好书，考取重点中学和好大学，妈妈认为只有这样才有出息。

矛盾出来了。比如假期在家，或平时做完作业后，爸爸就会同意小绲去打打球，或者找小区里的同学一起玩玩，放松放松。妈妈总是坚决反对，认为应该笨鸟先飞，将一点一滴的时间都用在学习上，这样才能赶上和超过别人。经常是小绲抱着球，站在家门口，走也不是，留也不是。

还比如对待课外书的态度。爸爸赞同小绲博览群书，天文地理，什么都可以看，有时候妈妈不在家，爸爸还会和小绲一起看看电影碟片什么的。妈妈坚决反对。认为现在都是应试教育，考试绝对不会考那些东西，既然

考试不考，看了就是白看，白白地浪费时间。所以，妈妈只要看到小绳拿着的是课外书，都是一律没收。这时候，小绳总是一脸委屈地找爸爸。爸爸也无可奈何。

原因分析：家庭教育中，一个普遍存在的问题，就是父母对于孩子的要求不同，态度不同，方式方法不同。于是，矛盾产生了，爸爸是一个想法，妈妈是另一番要求；爸爸一种态度，妈妈另一种态度。弄得孩子无所适从，摇摆不定，不知道到底听谁的好。

对策：教育孩子是父母双方共同的责任，但一般情况下，家庭都会有一个相对分工，其中的一方，可能会更多地承担起教育孩子的责任。教育孩子，父母的态度首先要保持一致，不能一个唱红脸，一个唱白脸，这会让善于察言观色的孩子，选择对自己有利的一方，作为自己的"避风港"。在教育孩子的问题上，如果出现意见分歧，父母双方可以私下沟通商量，最终传达给孩子的，应该是一个一致的决定和态度。在家庭教育上，除非原则性问题，一般情况下，很难说谁对谁错，最好的办法是找到一个适合自己孩子和家庭情况的教育途径。

162

3.家有小麻神

从12岁开始，小松就得了个雅号"小麻神"。小松的麻将技术比他的学习强多了。

这"得益"于小松的家庭。小松的奶奶、外公、外婆、爸爸、妈妈，个个都喜欢打麻将。小时候，小松就是在麻将声中稀里哗啦地长大的。经常可见的一幕是，奶奶或外婆用肚兜背着他，坐在麻将桌上鏖战。他认识的第一个字，就是"中"，这让正在兴致勃勃地摸着麻将牌的奶奶激动不已。小松很聪明，不到三岁，已经认识了几十个字，全都是麻将牌和钱币。这曾经被传为麻将桌上的佳话。

每个星期，家中至少有两到三场麻局。有时候是朋友聚会，有时候是亲戚相约，有时候干脆就是小松一家人，凑合在麻桌旁。一个人玩腻了，小松就会一动不动地站在大人的身后，看他们打麻将。一来二去，不但麻将牌张张都认识了，连麻将的打法也无师自通。有一年过年，妈妈、奶奶和外公三个人在家，爸爸在外面应酬，三缺一。奶奶竟然提出，让小松顶替一下，陪他们打麻将，他只要码码牌，随便打打就可以了。没想到，小松打得像模像样，第一局竟然是他和了。全家人笑岔了气，奶奶还开玩笑说，后继有人了。那一年，小松 8 岁。打那以后，在偶尔三缺一的时候，小松就会被大人拉上桌凑数。大人也只当小松是闹着玩的。

直到小松拿回家的成绩单一次比一次差，父母才有点慌了神。但是，急归急，担心归担心，爸爸妈妈对麻将的爱好丝毫没有减低，家中仍然经常是麻声一片，只是他们再也不让小松来顶替了。

原因分析：不良的家风，对孩子的影响是深远的。有的父母嗜赌成性，有的玩乐无度，有的顾自"潇洒"，对孩子的教育则不闻不问，任其自由发展。甚至有的还会像小松的父母家人一样，将孩子也拉入其中。这样的家庭氛围，孩子不但得不到良好的家教熏陶，还可能耳濡目染，染上种种恶习，对学习失却兴趣，甚至走上迷途。

对策：要孩子思想健康，行为端正，父母和家庭，首先要做到表率作用。家庭的文娱活动，可以丰富多彩，但这些活动，应该是健康的、有益的、有节制的。父母爱看书的家庭，孩子自然会受到影响和熏陶。积极、健康的家庭氛围，有助于孩子养成良好的行为习惯，进取向上的心态。反之，就会成为一只染缸。

4. 像浮萍一样漂浮的生活

小媛的童年，是在颠沛流离之中度过的。

小媛出生在老家的小镇上，当时，爸爸在县城工作，妈妈在小镇做小生意。三岁那年，小媛随着妈妈搬到了县城，和爸爸团圆。在县城上了两年幼儿园，爸爸又调到了邻市工作，小媛和妈妈也随迁到市里。三年级的时候，爸爸的单位破产了，爸爸失业了。爸爸在本市四处求职无果，不得已，爸爸只好南下，去了几百公里外的邻省的一个城市找工作，进了一家私营企业。爸爸和妈妈分居两地了。又过了两年，爸爸总算站稳了脚跟，将妈妈和小媛也接到了邻省的城市。但因为小媛的户口一时解决不了，入不了学，爸爸只好将小媛送进了一所民工子弟学校读书。这段时间，一向成绩优异的小媛，成绩大幅下滑。所幸赶在中考前，爸爸总算将小媛的户口也迁了过来，小媛得以参加当地的中考，因为不断转学，小媛的学习一点也不扎实，中考成绩很不理想，最后被一所职高录取。

有一次，小媛自己算了算，从幼儿园到高中，她前后换了四个地方，上了六七所学校，同学有几百人之多，但每一次，因为时间都不长，她没有一个老同学，没有一个长期的朋友。每一次，都是好不容易适应了，就不得不搬迁，转学校。一次次的搬迁，让小媛觉得自己就像一棵浮萍一样，不知道哪阵风，又把自己刮到一个陌生的地方。她曾经哭着对爸爸说，宁愿他们将自己丢在小镇的爷爷奶奶家，就在小镇上读小学、中学，也不愿意这样四处颠簸。

原因分析：颠沛流离的生活，给人以不稳定、不安全之感，特别是对成长中的孩子，他们不得不一次次面对新环境、新同学、新老师、新课本，不但生活上要一次次适应，学习上也得一次次重新面对，很多孩子因而出现各种不适应症，成绩一落千丈，感到孤独、茫然、无助。

164

对策：如果家庭不得不迁移，就要尽量减少孩子的颠沛感，将孩子的生活、特别是学习安排好，减少因为家庭搬迁而带来的不稳定感。在每次迁移之前，多和孩子沟通，让孩子做好思想上的准备，做好衔接工作，特别是与学校相关的事情。搬迁之后，应尽快给孩子营造一个稳定的生活和学习环境，在生活上给孩子尽可能的关心和照顾，在精神上多和孩子沟通，及时消除孩子的不良情绪。

5.那一刻，世界垮塌了

几个月来，小莹的眼前，老是浮现出那令人心碎的一幕：爸爸下夜班骑车回家途中，被一辆疾驶的汽车撞飞，当场气绝身亡。当小莹和妈妈赶到现场的时候，血糊糊的爸爸刚刚被抬上救护车。

妈妈崩溃了，经常一个人默默地坐在房间里抹眼泪。爸爸是家里的顶梁柱，曾经热闹的家，一下子陷入死一样的沉寂中。小莹的世界也垮塌了。爸爸的身影，总是浮现在自己的面前，小莹经常恍恍惚惚。有时候，正做着作业的小莹，会突然停下来，眼睛一动不动地盯着笔尖。

小莹的成绩一落千丈。而且，小莹还落下了一块心病，不能看到老师用红笔批改的作业，只要看到红色的笔迹，她就头痛，烦躁不安。

出事之后，小莹的舅舅经常来到家里，帮着做一些力气活，安慰小莹和妈妈。舅舅发现了小莹的情况，和小莹的妈妈谈心，妈妈这才意识到女儿的问题。

原因分析：突然发生的灾难，对一个家庭的打击是毁灭性的，家庭一下子处在崩溃的边缘。特别是家庭主要成员发生灾难之后，家庭没有了主心骨，其他成员会变得绝望、茫然。对孩子来说，这种打击更是致命的，脆弱的心灵受到严重的伤害，对生活失去信心，对学习更是毫无兴趣。

对策：人生最大的痛苦，莫过于丧亲之痛。但是，灾难既已发生，成为无法改变的事实，活着的人，还得好好地活下去。这个时候，家庭特别需要精神的支持。像小莹的父亲因车祸遇难后，妈妈就成了这个家庭的主心骨，必须及时担起重责，而不能沉浸在悲痛之中。只有妈妈坚强了，孩子才能感受到力量，找到精神支柱。孩子难免会被悲痛的阴影笼罩，一时走不出来，亲人和老师，应给予更多的关爱，帮助孩子排解、宣泄掉心中的悲伤情绪，使孩子在集体中感受到温暖，尽快回到正常状态。

6.让孩子抬不起头来的秘密

一向活泼开朗的小覃，忽然变得沉默寡言了。几个要好的伙伴，喊他一起去打球，总是被他拒绝。放学之后，也总是一个人背着书包，急急地离开，从来不和别的同学结伴同行。小覃还变得特别敏感，一次体育课上，有个同学请他让一让，顺便用手扒拉他一下。没想到，就是这样小小的动作，让小覃勃然大怒，责问他为什么对自己动手动脚？三言两语不和，两个人竟然扭打在一起。后来，班主任分别询问他们打架的原因，小覃尖着嗓门吼道：他看不起我！就这么一个小小的拉扯，怎么与看得起看不起扯上了关系？通过家访，班主任了解到一个内幕：两个月前，小覃的爸爸因为一起经济案件，被逮捕了，判了三年的有期徒刑。

难怪小鄄变得这么敏感、这么脆弱。爸爸坐牢这件事，虽然很多同学并不知情，但在小鄄心里，却埋下了一颗自卑的种子，让他觉得在同学面前抬不起头，有时候别人无意中看他一眼，也会被他理解为是对自己的蔑视和挑衅。

原因分析：亲人，特别是父母，因违法犯罪被绳之以法，对孩子来说，是一件特别丢脸、特别抬不起头的事情。父母在他们心目中高大的形象，轰然倒塌，整个世界也变得昏暗。孩子的性格变得敏感、自卑、冲动，特别在意别人对自己的态度。因为精神压抑，也无法集中注意力去学习，正常的生活也受到影响。

对策：父母一方"出事"，另一方应告诉孩子实情跟真相，征得孩子的谅解，人难免会犯错误，犯错之后也理应受到惩罚。同时，告诉孩子，父母的行为，与孩子无干，他不必背上沉重的思想包袱。老师应多关心这样的孩子，避免孩子遭到同学的歧视，让孩子感受到集体的温暖，从而走出家庭阴影，重振生活信心。

7.苦难的家庭

小裙的童年，是在无忧无虑之中度过的，直到初一那年，母亲突然患上尿毒症，住进了医院。

高昂的治疗费，将这个本来就不是很富裕的家庭，一下子拖入了深渊。小裙的妈妈没有工作，以前主要是给别人做钟点工。爸爸是出租车司机。妈妈病倒之后，家庭的重担，全部落在了爸爸一个人身上。可是，爸爸既要跑出租，又要忙着照顾医院里的妈妈，根本应付不过来。小裙担起了家庭的一部分担子。每天一放学，她就赶紧先赶回家，做好饭，然后，送到医院里，和妈妈一起在医院吃。服侍好妈妈后，她再回到家中，收拾家里的卫生，洗衣服。等这一切都忙好了，她才能坐在书桌前，做一会作业。爸爸基本上都是在外面吃快餐，为了挣够妈妈的治疗费，他不得不加班加点地跑。

妈妈的病情暂时稳定了，但唯有换肾，才能彻底治愈。为了筹措换肾的费用，爸爸没日没夜辛苦地工作，小裙也是尽全力照顾好妈妈。她很少有时间用来学习，即使在课堂上，也常常因为担心妈妈，而神情恍惚。几次甚至动了辍学的念头，想回家一心一意照顾妈妈，或者出去打工挣钱，减轻爸爸的负担。

原因分析：重大疾病，高昂的医药费用，使一些家庭顿时陷入经济窘境。孩子的生活和学习，都受到重大影响，他们无法安心学习，对现状恐惧不安。

对策：除了社会支持外，家庭应给予孩子力所能及的安慰和帮助。这样家庭的孩子，往往懂事早，特别能够体恤大人的难处，而宁愿放弃自己的学习和未来。父母要鼓励孩子正视眼前的困难，树立信心，对亲人不放弃，对自己的未来更不能放弃，共同渡过难关。

8.我想找妈妈

爸爸妈妈离婚后，小季的生活就陷入了混乱之中。

小季被判给了爸爸。离婚之后，小季的爸爸渐渐失去了自我，终日酗酒，无所事事，有家不归，对小季更是不管不问。有时候，在外面喝醉了酒回来，看到小季什么都不顺眼，动辄对小季非打即骂，小季成了爸爸的出气筒。

有一次，小季又被喝得醉醺醺的爸爸一顿打骂，绝望的小季跑出了家门，去找妈妈。可是，在外租房子住的妈妈，到外地打工去了。小季一个人在外面流浪了一夜。第二天，才被爷爷奶奶找回来。回到家，小季又遭到了爸爸的一阵暴打。奶奶和小季，抱头痛哭。

自从父母离婚后，小季就没心思上学了，经常旷课逃学，还学会了抽烟。一次，爸爸回家，闻到卫生间里的烟味，抽下皮带，不由分说，就对小季劈头盖脸一阵抽打。小季蜷缩在墙角，发出痛苦的呻吟："我要找妈妈！"爸爸一脚踹了过来，"跟你妈一样，早点给我滚"！

原因分析：在破碎的家庭里，受伤最深的往往是孩子。孩子的心灵受到伤害，失去了家庭的温暖和呵护，甚至受到虐待，孩子的心灵一天天扭曲，性情也慢慢变得乖戾起来，甚至做出一些叛逆性举动。

对策：父母离异，不是孩子的过错，不能让孩子来承担这份苦果。离异的父母，首先应安排好孩子的生活，给他一个相对健康稳定的生活和学习环境。特别需要指出的是，离异的父母，不能自暴自弃，如果自

已对生活都失去了信心，孩子就必然更迷茫，得不到正常的家庭呵护和教育，甚至受到不公正对待，使孩子感受不到家的温暖，对家失去信心，在思想上和行为上发生偏差。

9.发生在卫生间的拉锯战

小电的爸爸妈妈离婚后，小电和爸爸生活在一起。

父母的离异，对小电的影响并不大。爸爸对她很好，甚至可以说，比离婚前对她还要好，因为爸爸觉得，不能给小电一个完整的家，愧对小电，爸爸的"好"里，带有很大的补偿心理。虽然不和妈妈生活在一起了，妈妈也是对小电嘘寒问暖，每个星期天，都会来看望小电，或者带小电到公园游玩，散心，买礼物。因此，小电觉得，虽然爸爸妈妈离婚了，他们其实还是一个完整的家，她有爸爸，也有妈妈，而且，他们和以前一样爱她，只是他们不住在一起罢了。

这个稳定的格局，却被爸爸带回家的一个女人打破了。半年之后，爸爸结交了一个女朋友，而且，爸爸的女朋友，还住进了家中，两个人开始筹办婚礼了。

爸爸的女朋友，成了小电的"眼中钉"，她怎么看都不顺眼，看到她和爸爸亲热，小电就会故意大声地干咳一声，弄得爸爸和他的女朋友既尴尬，又紧张。虽然爸爸的女朋友经常给小电买些礼物，处处讨好她，但在小电看来，爸爸带回家的这个女人，就是个狐狸精，让她非常讨厌。一回到家，她就像个灵敏的警犬，警惕爸爸和"狐狸精"有任何亲密的举动，根本没心思看书做作业。

小电想方设法要赶走爸爸的"狐狸精"，除了明着表示极不欢迎的态度外，小电还想出了一个怪招。每天一大早，她就爬起来，冲进卫生间，从里面反锁上门，然后，在里面一呆就是大半个小时。爸爸和"狐狸精"起床后，想上厕所，却怎么也叫不开门。家中只有这么一个卫生间，爸爸的女友憋得没办法，只好跑到外面很远的公共卫生间去。躲在卫生间里的小电，听到她匆匆跑出去的脚步声，这才得意地笑着走了出来，爸爸对她是无可奈何。

原因分析：离异家庭，往往会面临着一个重新组织家庭的问题，对孩子来说,新家庭的组建可能比原家庭的破裂,更加可怕,更加不能接受。所以,有的孩子会想尽一切办法,试图阻挠父亲或母亲再婚,对即将走入新家庭的成员,表现出很深的敌对和仇视态度,认为是他或她,抢走了自己的父母,破坏了自己的家庭。

对策:无论是家庭解体,还是重组家庭,都应该事先征求孩子的意见,向他们说明真实的情况,获得孩子的支持。作为家庭成员之一,孩子有权利发表自己的看法。孩子不愿意接纳新家庭成员,很大的原因是他们担心新的家庭成员,会争抢或剥夺父亲(母亲)对自己的爱,也就是民间常说的后爸后妈现象。所以,解除孩子的后顾之忧,让孩子感受到新家庭成员对自己的爱和呵护,以得到孩子的支持,是一个新家庭所必须首先解决的难题。在处理这种特殊关系时,任何粗暴的态度,都只会使矛盾更深,充分的沟通和尊重,是唯一有效的途径。

10. 妈妈的爱如大山般沉重

父母离异后,小安和妈妈一起过。爸爸搬出去那天,妈妈就将小安拉到一边,非常严肃地告诉他,从此就是他们娘俩相依为命了,妈妈绝不会改嫁,而会一心一意将他拉扯大,培养成人。妈妈要小安也保证,好好学习,长大了一定要混出个人样,让那个"负心郎"后悔。

妈妈果然没有再婚。很多人给妈妈介绍对象,都被妈妈一口回绝了,理由很简单,对男人心灰意懒,不想让孩子受到半点委屈。她的人生目标,就是将小安抚养成人。

妈妈对小安的照顾,比爸爸在时,还要周到细致,以前父母还没有离婚时,爸爸还经常要小安帮忙洗碗什么的,和妈妈单独在一起生活后,妈妈从不让小安做一丁点家务,妈妈一遍遍对小安说,你的任务就是好好学习,考上重点高中,上重点大学。

刚开始,小安对父母离婚后的生活,还很恐惧,看到妈妈对自己这么好,小安放心了。笑容又出现在了小安的脸上。但是,过了几个月,小安又被另一种不安所困扰,那就是妈妈对自己太好了,太唠叨了,让他无法忍受。

比如,做好了作业,小安想看看电视,放松一下,妈妈就会唠叨:我

169

这么辛苦，你竟然还不用功学习。小安只好关掉刚打开的电视。有时候，小安看书累了，想下去和邻居家的孩子踢踢球，妈妈又发话了：你就知道玩玩玩，你不知道妈妈有多操心吗？小安只好回到自己的房间，继续看书，虽然一个字也看不进。如果小安考试成绩稍稍不理想，妈妈就会愁眉苦脸，仿佛天塌下来一样：你这样下去，怎么会有出息呢？小安就会觉得特别对不起妈妈。

小安也变得愁眉不展了，总觉得自己做的不够好，不能让妈妈满意，惹妈妈生气，令妈妈伤心。这时候，小安就感到特别无助，他真的不知道，自己应该怎样做，才能让妈妈开心一点呢？

原因分析：离异后的单亲家庭中，单亲往往会将自己全部的精力，都花在孩子身上，也将自己全部的希望，都寄托在孩子身上，过多的爱、关注和希望，反而成了孩子无形的压力和包袱，压得孩子喘不过气来。因为不能令单亲满意，得不到单亲的肯定，孩子会生出深深的自责感，觉得自己一无是处，辜负了家长的期望。

对策：单亲家庭在子女教育上，很容易走向两个极端：无原则的溺爱，或不负责任的放任自流。有的单亲，在婚姻失败后，转而将自己全部的精力、全部的希望，都托付在了孩子身上，希望通过孩子的努力，来实现自己的人生价值。孰不知，孩子柔弱的双肩，怎么能够承担起如此重负？事实上，将全部的希望寄托在孩子身上，本身也是一种不负责任的表现。要想孩子不迷失，单亲自己首先要端正生活的态度，振作起来，重新自己的生活，与孩子共同创造美好的明天。

11. 爸爸，我的心事你不懂

小卫从14岁开始，就和爸爸在一起生活。妈妈离异之后，去了南方。

对于女儿小卫，爸爸还是很宠的，像掌上明珠一样，呵护疼爱，基本上小卫有什么要求，爸爸都会答应，他要把父母的爱，都给予女儿。原以为这样，女儿会和自己亲近一点，听话一点，让爸爸很无奈的是，小卫对爸爸的疼爱并不买账，爸爸的话，也是一个耳朵进，另一个耳朵出，这让爸爸很烦心，很痛苦。

更让爸爸揪心的是，女儿小卫似乎有了早恋倾向，经常有一些陌生的电话打进家，小卫一接电话，能讲个把小时。这让爸爸很担心。一次，小卫外出，将手机忘在了家中，爸爸偷偷打开了女儿的手机，里面有很多条短信，有的短信内容还很暧昧。爸爸十分生气。晚上女儿回到家中，忍无可忍的爸爸责问女儿那些短信是怎么回事？得知爸爸偷看了自己的手机，小卫也很生气，摔门进了自己的房间，任爸爸怎么敲门也不开。最后，爸爸不得不将小卫最喜欢的姑姑请来，做思想工作。小卫哭着向姑姑诉说了自己心中对爸爸的不满，说爸爸不尊重她，也根本不了解她。

原因分析：单亲家庭的情况大致有这样几种，单亲妈妈带着儿子，单亲妈妈带着女儿，单亲爸爸带着儿子，单亲爸爸带着女儿。情况比较复杂的是单亲妈妈带着儿子，和单亲爸爸带着女儿。由于性别原因，往往儿子不愿意与妈妈，或者女儿不愿意与爸爸进行沟通交流，心事都是藏在自己的肚子里，而单亲妈妈或单亲爸爸又往往只顾及孩子的生活起居，对孩子的心理需求给予的关怀很少，造成了与孩子的隔阂，使孩子得不到正常的教育和引导。

对策：单亲家庭很容易造成父爱或母爱的缺失，不完整的家庭环境以及不完整的亲情，会造成孩子某一方面的欠缺。单亲父母要多注意孩子的心理苗头，常和孩子情感沟通，了解孩子的动向。当发现问题时，可以向孩子的妈妈或爸爸求助，共同解决孩子的问题和危机。特别是家中有女儿的单亲爸爸，更要注重与女儿的情感培养，多关注女儿，多一些和女儿的共同语言，而不要简单粗暴地处理或干涉女儿的情感问题，那只会令女儿离自己越来越远。

171

12.兄弟之战

13岁的小图和11岁的小亨本没有任何关系，但是因为小图的爸爸和小亨的妈妈分别离异后，又组建了一个新的家庭，小图和小亨也就成了没有血缘关系的兄弟。

这个新家庭从成立那天起，就充满了火药味。

新家有三个房间，父母一间，兄弟俩一人一间。可问题是，一个房间大一点，朝南，是小图原来住的；一个房间小一点，朝北。小亨的身体不是很好，怕冷，所以，小亨的妈妈希望让小亨住朝南的房间。小图不答应了，这个房间一直是自己住的，为什么现在要让给他？最后，爸爸考虑到妈妈的感受，以及小亨的实际情况，还是决定让小图搬到朝北的房间去。小图为此一肚子怨气。

住到一起后，两个小家伙的矛盾冲突，就没有停止过。小图有的东西，小亨必须有；小亨享受到的，小图一定得补上。稍有不公，两个孩子就大闹不止，谁也不让谁。很小的一件事情，往往被两个孩子搅得硝烟弥漫。

原因分析：两个孩子的矛盾冲突，最终都体现在大人身上。妈妈觉得，小图身上有很多缺点，必须改正，可是，她不能管教他，哪怕轻轻说小图一句，小图也会反唇相讥，根本不服她的管教。爸爸觉得，小亨有点娇气，不像个男孩了，要是小图这样，他早就对他严厉管教了。可是，小亨不是自己亲生的，他得考虑到小亨和他妈妈，想来想去，还是息事宁人算了。两个大人，在教育孩子的问题上，也是摩擦不断。

更要命的是，两个孩子一旦感觉到在这个新家中受到不公待遇，就会跑到各自亲生的爸爸或妈妈面前，倒苦水，寻求帮助。两个孩子各自的亲生爸爸或妈妈，往往都会坚定地站在自己的孩子这边，不问青红皂白，对抚养孩子的一方大加指责，认为他们虐待了自己的孩子，不仁不义。各自的亲生爸爸或妈妈的支持和纵容，使两个孩子变得更加难以管束和调和。

对策：带着孩子组建的新家庭，在子女的教育上，面临着很多棘手的问题，特别是两人带的孩子同为男孩或同为女孩，矛盾会更加突出。这样的家庭教育，首要的是"一碗水端平"，但说起来容易，做起来很难，很多家庭最终不得不采取息事宁人的态度，但这种态度，又很容易使家庭教育缺失，孩子得不到应有的管教。

这样的家庭，首先要做的，是父母之间的沟通与共识，在对待各自子女及对方子女的教育问题上，态度一致，既不能偏袒，也不能放任。夫妻双方的互信，才能使各自的家庭角色定位不错乱、不缺位。其次，要就事论事，不宜将矛盾扩大化。还需要注意的是，夫妻双方的感情培养，及对各自孩子的感情培养，营造一个和谐的家庭氛围。

特别要注意的一点是，要得到孩子各自的亲生父母一方的理解和支持。孩子之间的矛盾，往往并没有根本性的冲突，但一旦在各自亲生的父母那儿得到不正确的支持和误导，孩子就会感觉到有了"靠山"，与新家庭更加格格不入，使很多正常的家庭教育无法进行。

13. 与爷爷奶奶相依为命的日子

小骅的家在农村。村里大多数的青壮年都进城打工去了，小骅八岁那年，爸爸妈妈终于也熬不住了，加入了外出打工的行列，夫妻两个一起，背上简单的行囊，辗转千里，南下去了，将小骅交给了爷爷奶奶。爷爷奶奶家还有大伯家的两个堂兄堂姐。大伯和婶婶，早几年就出去打工了。

那一年，小骅刚刚上一年级。村里有一家教学点，一个代课老师，教两个年级，一年级上课的时候，二年级的学生，就转过身去做作业，反之亦然。三年级开始，就要到乡中心小学去上学。小骅的家，离镇上有五六公里，要翻过一个小山冈，单程需要一个多小时。

从 10 岁开始，小骅每天一大早，就和堂兄堂姐及村里的其他孩子一起翻山越岭，去镇里上学。晚上回到家，天都快黑了。冬天天晚得早，回到家时天则完全黑了。

自从爸爸妈妈外出打工后，小骅就很少见到过他们，刚开始每年过年时，他们还能回来一趟，慢慢地就变成两三年才回来一次，据说有时候是买不到火车票，有时候是工厂里要加班。

小骅对爸爸妈妈的印象，基本上还停留在小的时候，那时候家里虽然穷，但一家人在一起，和和睦睦，还是让小骅很开心。自从爸爸妈妈出去打工后，家里的经济条件好多了，每年，爸爸妈妈都会寄几次钱回来，偶尔回来的时候，还会给小骅买不少新衣服和学习用品，有一年，爸爸甚至带了一个老款的 mp3 回来，让他学英语和听音乐，但是，这一点也不能改变小骅心中的失落感。

奶奶是个文盲，爷爷也只读过几年小学，勉强能签自己的名字，小骅他们哥几个每天的作业本上，只是签着爷爷歪歪扭扭的名字，爷爷对他们

的作业从来不检查，也无法检查，更不用说有什么辅导了。有了问题，哥几个就自己解决，解决不了的，就搁那儿。

小骅上初一那年暑假，爸爸回来了一趟，并将他接到了打工的城市，住了两个星期。小骅第一次进大城市，让他眼花缭乱，不过，爸爸妈妈打工的地方，他一次没去过，爸爸妈妈住的是地下室，又潮湿又昏暗，臭气熏天。小骅没有想到，爸爸妈妈在城里，就是生活在这样的地方。爸爸妈妈带他去了一趟城里的公园，让他回去之后，听爷爷奶奶的话，好好读书，长大了考进城里的大学，他们家就有盼头了。小骅自己心里清楚，就他那个成绩，根本与大学无缘，他也不想考什么大学，只想着快一点长大，也出去打工，减轻爸爸妈妈的负担。

原因分析：留守孩子，特别是农村留守孩子的教育问题，十分堪忧，他们缺少应有的人生引导，没有明确的人生追求，因缺少关爱而性格扭曲，大多数孩子长大之后，重复着父辈的道路。有的留守孩子，因为缺少父母的管教，养成了很多不良习惯，甚至走上了歧路，成为问题孩子。

174

对策：在现有的社会格局下，很多农村家庭摆脱贫困的唯一出路，就是外出打工，这是无可奈何的选择。夫妻共同出去打工，可以互相照顾，但家中的孩子，就只能交给老人或亲戚了，因此，相对理想的办法是父母中的一方出去打工，另一方在家照顾孩子和老人。现在比较流行的是近距离打工，即在家乡附近，既可以贴补家用，又能够兼顾到孩子的教育。如果不得不去远方打工，要加强和孩子的电话沟通交流，多给孩子精神关爱，多勉励孩子，不要等到孩子出问题了，才想到他们。

14.寄人篱下的生活

小琨的爸爸妈妈出去打工后，将他寄养在了县城的叔叔家。叔叔是个大学毕业生，当年为了支持叔叔读书，爸爸自己辍学打工，挣钱给叔叔交学费，帮助叔叔完成了大学学业。从感情上来讲，叔叔觉得欠了小琨爸爸的，所以，对哥哥提出的将小琨寄养在他们家，叔叔一口应承了下来。

那一年，小琨正好小学毕业，叔叔找了很多关系，将小琨送进了县城的一所初中借读。

小琨的中学生活，就这样开始了。叔叔家的妹妹还小，就将房间一分为二，一边住着妹妹，一边住着小琨。

叔叔对小琨很好，经常关切地询问小琨的学习。小琨在小学时，成绩就很好，一直是班级里的第一名。进城里的初中后，虽然不像小学时那么突出了，但是，成绩仍然排名前列。婶婶对于小琨的生活，也算照顾得不错。但是，小琨总是感到不自在。

比如小琨回家做作业的时候，刚上幼儿园的妹妹，老是在一旁捣乱，有一次，正赶上一道题解不出来，心烦意乱的小琨冲着妹妹发了一通火，妹妹哭着跑去找妈妈。虽然晚饭时，婶婶什么也没说，但从婶婶的眼神里，小琨感觉出了婶婶对自己的严重不满。更多的时候是，看到叔叔一家三口在一起亲亲热热的样子，小琨就觉得无比失落，无比寂寞，他总是一遍遍在心里对自己说：这不是我的家，这不是我的家。有时候，叔叔会找他谈谈心，他总是笑笑说很好，他不想将自己的烦恼告诉叔叔，毕竟是叔叔，不是自己的爸爸，他不想给叔叔惹什么麻烦。

原因分析：孩子寄养在亲戚家，生活上都会得到照顾，但是，终归是别人家，孩子很容易生出寄人篱下的失落感，当亲戚一家和和美美地享受天伦之乐时，孩子的这种失落感，往往会更加强烈。这种情况下，越是懂事的孩子，越可能将自己封闭起来，掩藏起自己内心的真实情绪，因不易察觉而常常被忽视，这种深藏不露的负面情绪一旦爆发，其危害往往更大。

对策：寄养在别人家的孩子，往往敏感而脆弱，所以，问题多半不是出现在生活照顾上，而是精神上的寂寞感、失落感，这就需要孩子的父母和寄养家庭的大人，在情感上给予孩子更多的关爱和呵护，使孩子在情感上对寄养家庭产生归属感、依赖感。寄养之后，孩子原有的同学、伙伴等都发生了变化，要鼓励孩子结交新朋友，可以适当邀请一些孩子的新朋友、同学、伙伴到家中来，促进他们的交往，帮助孩子消除孤独感、寂寞感，使孩子尽快适应新环境，融入新生活。

175

15.洋娃娃的寂寞

小央6岁那年，爸爸终于实现了梦想，获得了去美国一所著名大学攻读博士的机会。几年之后，爸爸学业有成，如愿以偿地留在了美国。小央和妈妈，继续留在国内，遥遥无期地等着爸爸为他们办理移民手续。

爸爸有了工作后，家里的经济条件，一下子改善了，第一年就将爸爸留学时的欠债还清了。爸爸很少回国，不过，每隔一段时间，爸爸就会邮寄或托人带回来一个大大的包裹，有妈妈的新衣服、化妆品，当然，还有送给小央的洋娃娃、好吃的洋糖果等等。

这时候，小央已经读小学四年级了。爸爸每次寄东西回来，她都会带一些到学校去，分给要好的伙伴。看到小央吃的用的，很多都是来自遥远的美国货，她的同学对她都很羡慕，这正是小央所需要的。看到同学们眼中流露出的艳羡的神情，小央就会异常得意。小小的小央，甚至学会了化妆，经常偷偷地将爸爸寄给妈妈的化妆品，涂抹在自己的小脸上。老师发现过几次，批评小央，没想到竟遭到了小央的反唇相讥：老师，你是不是没钱买这些高档化妆品，嫉妒我啊？

老师与小央的妈妈进行了沟通。妈妈也发现了小央的问题，这孩子，变得越来越虚荣了，有时候在小区散步，遇见邻居，她会故意突然大声地和妈妈谈起爸爸。爸爸在美国买给她的新衣服，她都要衣服上面有英文字母的，有时候衣服都穿了好多天了，还不让妈妈将商标剪掉。妈妈向老师诉苦：这孩子是怎么了？

原因分析：小央的表现，看起来是虚荣心在作怪，其背后的实质，是孩子因为缺少父爱，而表现出对外在物质的迷恋和追求。在孩子的成长期，父母是最重要的两个人，无论是缺少父爱，还是缺少母爱，孩子都会感到恐惧、寂寞、失落，尤其是看到别的孩子，有爸爸妈妈共同陪伴的时候，这种失落感会更加强烈。漂亮的洋娃娃身上，是小央对于远在大洋彼岸的爸爸的无尽思念和精神寄托。

对策：这几年，洋留守家庭呈增多趋势，为了创造更好的生活，有些人在成家或有了孩子之后，仍然选择远赴重洋，求学或工作，而将另一半和孩子，留在了国内。这样的家庭，在物质上会为孩子提供比较好的条件，但是孩子的精神生活，却往往被疏忽，缺少亲情的沟通交流，也缺乏对孩子的正确引导。事实上，物质永远也填补不了精神的饥渴，父母的追求很大程度上影响着孩子的价值取向。因此，父母自己首先要明确正确的人生观价值观，给孩子树立好的榜样，在任何情况下，父母的教育都不缺位。

16. 池塘边的三个身影

学校的围墙外面，不远的地方有一个池塘，每天放学后，都能看到三个小姑娘，来到池塘边。有时候坐在池塘边看书，有时候就是坐着发呆。有人将这个情况告诉了老师，是不是这几个孩子有什么想不开？老师一查，是刚转学来不久的三个女同学，三个人的家，原来都是几百公里之外的一个库区的，因为水库发展的需要，将库区里的居民都迁了出来，零散地安置到了十几个县市。

老师赶紧找她们谈心，问她们为什么老是跑到池塘边，告诫她们，那里很危险。

三个小姑娘低垂着头，半晌，其中大一点的小姑娘小娥终于开口说话了，她说，我们就是有点想家，所以，才跑到池塘边的。

小娥的家，在库区的小镇上，学校就在离家不远的半山坡上，坐在教室里，就可以俯瞰水库。同学也都是镇上和附近的村庄的，都是从小到大的伙伴。虽然库区比较闭塞，生活条件艰苦一点，但她们很开心。库区居民整体搬迁后，学校也解散了，以前的邻居、同学、伙伴，都被安置到了不同的地点。她们三个人虽然年级不同，但因为都是来自库区，在新学校没有其他认识的人，讲话也不大懂，没有朋友，所以，她们很快就成了朋友，经常聚在一起。想念库区的时候，她们就会来到池塘边，她们觉得，这些水，也许和家乡的水库，是相通的。

原因分析：这几年，由于征迁、拆迁等因素，使一些家庭不得不搬离生活了几辈子的故土，在新的地方、新的学校，这些迁移户的孩子没有伙伴，缺少朋友，往往感到孤单，与新环境格格不入，从而对原来的生活环境和伙伴，特别留念，生活上和学习上，都不能适应新环境。

对策：人处在一个别人都熟悉而自己陌生的环境中，会显得特别孤单、无助，鼓励和帮助孩子结交新朋友，获得认同，可以使孩子尽快融入新集体。这需要社会力量的支持，特别是老师，可以组织一些集体活动，为孩子们创造互相认识、了解、沟通的机会，在学习上多关心、多勉励、多肯定，使他们重新找到归属感。

17.现代版的孟母三迁

这是小荷上初中后，第三次搬家了。

第一次搬家，是小荷刚上初中不久。五年级开始，小荷的身体就发育了，出落成了一个亭亭玉立的大姑娘，在同学们中显得特别惹眼。初中的学校离家不远，从家走到学校，也就是十来分钟。但是，开学没多久，妈妈一次接送小荷，发现了一个严重的问题，在小荷回家的必经之路上，冒出了很多家小发廊，里面的灯泛着暧昧的红光，里面的姑娘穿着单薄暴露，看得妈妈都脸红心跳。想到女儿每天要经过这个是非之地，联想到女儿突然变得爱打扮了，妈妈就心惊肉跳。在和爸爸商量后，他们决定立即搬家。正好爸爸有个朋友全家出国去了，房子闲置着，他们将家搬了过去。虽然离学校远了点，但想到女儿上下学可以放心了，还是值得的。

安枕了一年多，让妈妈更担心的事，发生了。一次，妈妈路过小荷的学校门口，看见校门口不远处聚着一帮头发很长的小青年，对放学出来的女生，挤眉弄眼，吹着口哨。这时候，正好小荷也从学校走了出来。几个小青年对着小荷又嚷又叫，有个高个的小伙子，甚至拦在了小荷的前面。妈妈赶紧冲了过去。几个小青年闻风而散。路上，妈妈问小荷是怎么回事，小荷犹豫了半天，还是告诉妈妈，这几个人都是附近的小混混，经常跑到学校门口滋事，对男学生收取保护费，对漂亮的女学生动手动脚，学校也管过几次，根本没什么效果。有几次，几个家伙甚至一直跟在小荷身后，纠缠到了小区门口。小荷一直没敢告诉父母。

妈妈吓得不轻。和爸爸一商量，学校的周边环境太差，校风也不太好，两个人又都没时间接送女儿，让女儿一个人上下学实在不放心，思来想去，还是搬家，给女儿转学。

原因分析：不良环境，确实会对孩子产生消极影响，这也就是为什么古代便有孟母三迁的故事。孩子的判断力和意志力还不强，很容易受到环境的影响，父母担心孩子因此学坏，走上歧路。在无力改变环境的情况下，有的父母选择搬家，使孩子逃离原有的不好的环境。

对策：有条件的父母，可以接送孩子上下学，将孩子与不好的环境相隔离。搬家当然不失为一种选择，但这个成本比较大，不是所有的家庭想搬就能搬得了的，而且，还必须解决搬家之后，孩子对新环境的适应问题。相比较而言，提高孩子的是非辨别能力，增强他们自身的抵抗力，树立正确的人生观，不为环境所左右，对孩子和家庭来说，都无疑是一个更有效、更持久的办法。

18.第6个铅笔头

9岁的小语读三年级。个头长得很快，穿在身上的衣服，经常是吊在半空，一看就是长个子之前的衣服，质地都不错，就是太小，看起来很蹩脚。

小语是个大大咧咧、大手大脚的男孩，至少一二年级是这样，人也很大方，有什么好吃的好玩的，都愿意和小伙伴一起分享。不过，到了三年级下学期，情况突然变了，大大咧咧的小语，忽然变得沉默起来，和同学的交往，也少多了。老师感到最吃惊的变化是，经常看到小语拿着一支很短的铅笔头，吃力地写着字。现在的孩子，已经很少用铅笔头了，往往是写到半截多一点，就不肯再用了，换成一支新的铅笔。一次下课，老师趁孩子都跑到教室外去玩耍，检查了一下小语的铅笔盒，里面除了一支长铅笔外，还有六支铅笔头，每一支铅笔头，都削得整整齐齐。

一次，小语到老师办公室交作业，老师问他，为什么那么短的铅笔头，还在继续用。老师本准备将他作为节约的典型，在班级里好好表扬一下的。小语嗫嚅了半天，终于向老师道出了实情，爸爸做生意亏本了，为躲外债，已经一个多月没回家了。妈妈以前都帮爸爸打点生意，也没别的工作，家里的经济，一下子陷入了窘境，连日常生活都是靠外公外婆帮补。虽然妈妈也帮他买过新铅笔，但他舍不得用，所以，才将以前的铅笔头都翻出来，重

179

新使用。听了小语的话, 老师摸了摸小语的头, 夸奖他懂事, 鼓励他振作起来, 和爸爸妈妈一起渡过危机。

原因分析: 家庭经济骤然发生巨变, 陷入困顿之中, 对孩子来说, 是一个挑战。这个挑战, 不仅来自物质窘迫的压力, 还有对孩子心理造成的影响。孩子很容易因此产生自卑和失落心理, 背负上沉重的心理压力, 不能正确地与人交往, 也无法集中精力学习。

对策: 家庭经济出现危机, 孩子的生活和学习, 势必都会受到影响, 以前所拥有的良好的物质条件, 不复存在, 或暂时丧失, 孩子难免心生失落, 甚至产生自卑情绪。但这也是个契机, 可以教会孩子淡化物质欲望, 从容面对生活中的困难, 和家人齐心协力, 共同担当, 摆脱困境。当然, 对于孩子基本的生活需求和学习需求, 父母还是应尽可能确保, 不让孩子感到太委屈。

19. 多了一个爸爸, 又多了一个妈妈

因为性格不合, 小笛爸爸妈妈的婚姻, 在维持了 12 年之后, 终于走到了尽头。离婚后, 小笛跟着爸爸, 住在原来的房子里, 妈妈则搬进了家中的另一处房子。两处房子相距不远。

虽然爸爸妈妈离婚了, 但在 11 岁的小笛看来, 变化并不大。他平时跟爸爸在一起生活, 但因为妈妈住得近, 他也可以随时到妈妈那里去住几天, 妈妈的家里, 同样为他准备了一个房间。爸爸妈妈对他也都像以前一样好, 特别是妈妈, 以前还老是管束他, 不准做这, 不准做那, 和爸爸离婚后, 对小笛的态度反而宽松多了。小笛甚至还尝到了爸爸妈妈离婚后的 "甜头", 爸爸不答应的事情, 他就去找妈妈, 妈妈都会答应他; 妈妈不答应的事情, 他就找爸爸, 爸爸满足他。

这样的好日子, 在持续了一年多后, 发生了改变, 爸爸谈了一个女朋友, 处了一段时间后, 结婚了。不久, 妈妈也经人介绍, 认识了一个男朋友, 也结婚了。再婚后, 爸爸希望他喊继母 "妈妈", 妈妈则希望他喊继父 "爸爸", 这让小笛很纠结, 也很反感, 他无法接受爸爸妈妈分别再婚的事实, 更无法接受一下子多出了一个妈妈, 又多出了一个爸爸。

矛盾由此而生。以前放学就回家的小笛，变得不想回家了，既不想回爸爸的家，也不想去妈妈的家。无处可去的小笛，有时候去爷爷奶奶家做作业，有时候去同学家玩，有时候干脆在外面闲逛，就是不愿意跨进家门。这让小笛的爸爸和妈妈很担忧，很无奈。

原因分析：父母离异，对孩子来说，最大的担忧是父母对他的爱和关心，变少了。父母离异之初，各自还没有组建新家庭的时候，对孩子来说，这种变化更像是父母分居，父母还是自己的父母，对自己的情感也没有太多变化。而父母一方或双方一旦再婚，组成新的家庭，孩子就会觉得，这不再是自己的家了，或者说，自己不再是家庭的中心了，这会令他们不安而恐惧，进而排斥、逃避。

对策：离异父母又各自再婚后，各自的新家庭中，孩子的位置和心态，都会发生微妙的变化。父母各自组建自己的新家庭，本身没有任何问题，但不能忽视孩子的感受，事前就应和孩子进行充分的沟通，使孩子有一个思想准备，体会到父母对于他的意愿的尊重，努力培养新家庭成员和孩子的感情，完成好过渡。孩子对家庭新成员的称谓，成为纠结很多再婚家庭的问题，这一点，父母应理解并尊重孩子的选择，而不宜强求。

20.校园里孤单的身影

小广的妈妈早年就病逝了，他和爸爸相依为命。祸不单行，爸爸的单位又破产了，失业之后的爸爸只好重新寻找工作，进入了一家工程公司。公司的流动性很大，哪里施工，就要到哪里去。没有办法，小广的爸爸和学校商量，将小广寄宿在了学校。

小广就读的初中，本不实行住宿制，大部分孩子都是走读生，只是近几年类似小广的情况不断增加，学校才应家长们的要求，临时腾出了几间宿舍，安顿需要寄宿在学校的孩子。因为大部分孩子不住宿，小广他们十几个同学，就成了校园里的另类，当别的同学放学都背上书包回家的时候，他们只能继续呆在校园里。

因为寄宿的学生不多，所以，学校也没有专门的管理机构，只是将管理任务交给了门岗的几个老师傅，其实就是一到放学后，就关上大门，不让这些孩子出去。剩下来的事情，全靠寄宿生自己解决。

小广的班级，只有他一个人寄宿，所以，他是跟高年级的同学住在一起。夜晚的校园太寂寥，在几个学长的撺掇下，有几个风雨交加的夜晚，他们偷偷翻围墙溜出了学校，在校园边的黑网吧里，一直泡到深夜。竟然没被发觉。此后，每隔几天，他们就会悄悄地溜出校园。几个人的成绩，都一落千丈。有一个孩子的家长，发现到孩子的变化后，干脆让孩子辍学，跟着自己打工谋生去了。

原因分析：因为大多数孩子都是走读，寄宿在学校的孩子，会感到另类、孤独而自卑，而非正规的住宿制生活，因为缺乏管束，孩子很容易放任自流，出现这样那样的问题。

对策：无论是家庭环境，还是学校环境，对孩子都有很大的影响。孩子寄宿在了学校，学校就应该加强管理，如果学校没有这方面的条件，父母可以考虑将孩子送到统一实行住宿制的学校。当然，无论孩子寄宿在什么样的学校，父母的责任都不可能减轻，对孩子的关心和了解，一刻也不能放松懈怠。特别是进入中学后的孩子，正面临着青春期的巨变，更需要父母的悉心关爱和循循引导，以帮助他们顺利度过人生的关键期。

第五章　对学校环境改变的适应

第一节　学校环境对孩子的影响

学校环境，既是孩子在学校的学习环境，也包含了其间的生活环境。孩子自小学入学的第一天开始，直到中学或大学毕业，告别校园，这期间的时光，大部分是在不同的校园之中度过的。校园是知识的海洋，文明的摇篮，人才的基地。孩子知识的获得、能力的培养、思想的养育、习惯的形成等，都离不开学校，学校大环境对学生的成长有着巨大的影响。

学校环境可以分为班级环境、校园环境及学校所处位置的周边环境。这些环境，都对孩子影响深远。

班级环境：班级是学生学习、生活、交流的"元场所"，学生每天的大部分时间，是在班级之中度过的，班级微观环境对学生思想道德素质、学习习惯形成和发展，都产生着深刻的影响，是学生成长和发展，并不断走向社会化的摇篮，它是学生身心健康发展必不可少的空间。

班级环境可划分为"硬环境"与"软环境"。"硬环境"是指班级中对学生的身心发展产生实际影响的，有较为明确要求和具体评价标准的客观条件，如教学设备、班级规章制度、班级的布置等等。如果将班级视为一个完整的系统，那么班级"硬环境"就是这个系统中的硬件，是

看得见好坏，容易改善的，一般对学生身心发展起积极促进作用。

班级的"软环境"是与"硬环境"相对存在的，它是班级系统中的软件，主要由老师营造、把握，以潜移默化的方式对学生的身心发展产生实际影响的各项条件。它对学生的身心发展产生怎样的影响，往往不易被发觉，其影响可能是积极的，也可能是消极的，但它却像空气一样与学生时刻相伴，日积月累，对学生的身心发展产生深远的影响。良好的班级"软环境"往往表现出积极向上、气氛活跃、协调融洽的特征，这种空间是一种催人向上的教育氛围，它有助于提高和优化学生的思想水平和行为方式，有助于学生心理的健康发展。不良的班级"软环境"则容易令学生产生一种压抑感，因而表现出拘谨、刻板、冷淡、紧张的特征，它往往降低学生的活动效率，扰乱学生的价值判断，助长班级中的冲突和消极行为。因此，教师尤其是班主任要为学生营造良好的班级"软环境"，给学生一个健康发展的空间。

校园环境：校园是学生和老师工作、学习、生活的舞台，同样包括教学设施、体育设施、生活设施、校规校纪等硬环境，及校园文化、校风、人文气息等软环境。校园环境的核心内容，是学校的校风、文化生活、人际关系和心理氛围，它以"外显内隐"的行为模式感染着孩子的思想观念、道德行为，潜移默化地启发学生对人生理想的追求，自觉不自觉地影响着学生走上社会后的发展。校园环境就像一个生态系统，囊括了硬件设施、文体活动、精神文化等全部内容。

校园的硬件设施环境。主要是指校园内经过人们建设、改造而形成的校容校貌和校园学习环境。具体指校容、校貌、自然物、建筑物及各种设施等，每一个细节都体现出学校的个性和精神，成为一位沉默而有风范的老师，潜移默化地起着无声胜有声的教育作用。

校园的文体活动环境。即满足师生不同需要的文化、体育、娱乐活动的环境。文体活动是校园文化中最具特色的部分，是校园文化的生命力之所在。

校园的精神文化环境。它是学校环境文化中最坚韧的物质和内核，体现在师生的精神面貌、校风、学风、校园精神、学校形象等各个方面。

校园精神环境是校园的灵魂，是学校师生认同的价值观和个性的反映，是一种潜在的教育力。良好的校园精神环境，能够使学生精神愉悦，具有催人奋发向上、积极进取、开拓创新的教育力量，形成团结、融洽、民主、奋进、友好、合作的良好氛围。

校园环境通过耳濡目染、潜移默化、养性怡情、陶冶情操等，对学生起着积极的作用。一是对学生心理和心态的影响。校园不仅是学生求知的场所，也是学生培养能力、陶冶性情、追求生活品质的渠道，学校的物质环境是否实用、舒适、卫生、优雅、安静、安全等等，都会影响学生的心理发展，也会使学生的心态发生改变。二是对学生的价值观念和行为习惯产生影响。在一个整洁的校园内，学生是不会随地吐痰的；在一个幽静的校园内，学生是不会大声喧哗的；在一个处处彰显文化气息的校园内，学生是可以陶冶情操的。三是对学生的学习和智力产生影响。学生的学习内容、学习方式、学习态度及学习效果，都直接或间接地受到校园环境的影响。

周边环境：作为社会的一个重要组成部分，学校不可能成为完全封闭的"象牙塔"，学校与社区、家庭、社会的联系越来越密切。学校周边的环境，对身在其中的学生，势必产生很大影响，尤其是校园周边一些非法经营的黑网吧、不健康的娱乐场所等等，吸引了不少学生流连其中，逃学旷课，夜不归宿，学习成绩一落千丈，不良的校园周边环境已危害到青少年学生的健康成长。

周边环境对学校的教育教学活动的影响。环境优美、街区整洁、秩序井然、和谐安定的周边环境，对学校的教学活动起着很大的促进作用。既为学校提供了一个健康和谐的大环境，还以真实生动的榜样进行示范，影响带动着孩子。相反，如果周边环境恶劣，嘈杂不宁，店铺林立，鱼龙混杂，邻里相争，案件频发，则学生很容易将校外不良的习气带到校内课堂上，分散听课的注意力。此外，社会上一些黑恶势力的滋扰，更是严重影响师生的人身安全，干扰正常教学秩序。

周边环境对学生行为习惯的养成影响很大。良好的校园周边环境，可以陶冶学生的情操，让学生时刻感受到现代文明和良好的人际关系，

激发学生对美好生活的追求。优美的校园周边给人以美的熏陶和感染，对学生的行为习惯、审美观都产生直接的影响，容易养成不随地吐痰、不乱扔垃圾的良好行为习惯以及正确的人生观和价值观。而不良的周边环境，则很容易使学生养成一些坏习惯、不健康心理和行为。如校园周边开设过多的饮食摊点、玩具店等，容易诱发学生不良的消费心理和习惯；学校周边的游戏室、小报摊、暧昧的小发廊等等，更是对学生的身心产生不良影响。有的学生沉迷网吧，到校上课时，还在想着网络游戏的情景，上课无精打采，甚至逃课逃学。

可见，学校环境对于学生的影响，非常深远，不容忽视。这就需要我们的学校、教育主管部门以及全社会，共同为学生营造一个优良的环境，让我们的孩子在获得知识的同时，身心都健康地发展。

第二节　新学期的困惑与适应

186

每个新学期开始的时候，令家长和老师都头疼不已的一件事情，就是在经过漫长的假期后，重回校园的孩子，很多都会出现一些不适应症，即我们常说的"新学期综合症"。

困惑："新学期综合症"是新学期开始的时候，孩子身上出现的一种特有的生理和心理症候，主要表现在：精力不集中，注意力涣散；思维迟钝，反应不敏捷；慵懒，没有丝毫紧张感；倦怠，甚至出现失眠、感冒、发烧、肚子疼等病兆；情绪不稳定，动不动发脾气，容易跟同伴发生冲突；丢三落四，不是忘了这个就是忘了那个；喜欢抱怨，厌学，作业对付，完成质量不高……

据了解，有五类学生群，易出现"新学期综合症"。

一是心理素质差的学生。心理素质不好的孩子，害怕环境的改变，在他们习惯了假期自由自在的生活后，对即将开始的新学期心生恐惧，无法实现自我调整。

二是适应能力较差的学生。适应能力差的孩子，对新环境的适应性比较弱，习惯按部就班，留恋旧环境，害怕面对新学期所带来的种种变化。

三是在学校经常受到老师批评的学生。有些孩子，在学校的表现不尽如人意，经常受到老师的批评，对学校和老师充满畏惧情绪，新学期开始之后，又要回到校园，面对老师，让他们心生不安，烦躁不已。

四是学习成绩不好的学生。成绩差的学生，往往对学习没有兴趣，得不到老师和家长的肯定，重回学校，令他们又不得不一次次面对失败和批评。

五是过于追求完美学业的优秀生。成绩优异，表现出色，追求完美的孩子，总希望自己跑在最前头，受到老师和家长的关注和表扬。度过了一个假期后，自己的优势还在不在？自己还能不能做到最好？老师是不是还像以前一样喜欢自己？等等问题，都会困惑着这些优秀生。

对策：孩子得"新学期综合症"，一方面与学生的适应、转换能力差有关，更重要的原因是社会教育、学校教育、家庭教育等的缺失，比如学期制度的不合理、功利型教育的影响、学校心理健康教育工作的缺失、不良家庭环境影响等。

心理医生认为，"新学期综合症"的症状表现，都是人潜意识的心理防御机制将一些不愿面对的、不认同的、被压抑的、不愉快的负面情绪转换成一些躯体症状而造成的，并会持续一段时间。只有消除"新学期综合症"，才能帮助孩子尽快适应新学期的学习和生活，完成假期和新学期的顺利过渡。

187

做好新学期的准备，孩子的自我调整非常关键，父母和老师积极的疏导、沟通，也可以有效地缓解孩子面对新学期的压力和不适。具体地说，可以做到五个"收"，即收心、收尾、收敛、收没和收拾。

收心。很多家长有这样一个感受，漫长的假期里，孩子的心玩野了，收不回来了。是的，新学期首先要让孩子做到的，就是收心。

所谓收心，就是收起散漫放纵的心思。假期里，学校会布置一些假期作业，父母也会对孩子有一些学习上的要求，但与日常在校时的学习强度比起来，明显轻松多了。孩子有了更多的时间，进行文体活动和休闲娱乐。有的孩子不懂得张弛有度，贪玩过度，散漫放纵；加上有的父母忙于工作，疏于对孩子假期的约束和引导，使孩子的心变"野"了，再回到紧张的学习节奏中，就变得很困难。

收心应从假期开始。假期理应让孩子多休息、多娱乐、多放松，这是假期的本来意义。但是，放假不是放任，要让孩子自己制定一个合理的假期生活学习安排表，张弛有度，松紧有序，不能玩"疯"了。在假期快结束的时候，就提前让孩子将主要精力，调整回新学期的适应状态，不要等到开学这一天了，才让孩子将心收回来。

收心不宜急刹车。有的父母没有提前启动收心程序，临到开学了，才发觉孩子的心思还没有回到学校，回到学习上来，于是赶紧踩急刹车，指望孩子能立即将心收回来。这是很不切合实际的想法，也是徒劳无功的。事实上，孩子经过假期休息，身心都处于松弛状态，如果突然给他们过多的压力，容易导致孩子情绪低落、萎靡不振，甚至有抵触情绪，对开学产生恐惧心理。收心有个过程，家长可以先正面引导孩子正确对待开学，唤起对校园生活和同学友情的向往，让孩子给好同学打个电话，谈谈心，聊聊新学年打算，以缓解孩子的紧张情绪，逐步唤回孩子的心。

收心需要信心。很多出现"新学期综合症"的孩子，对开学存在惧怕、逃避的心理，表现出慵懒、茶饭不思的消极症状，其原由是对自身缺乏自信，对学习没有信心，从而对新学期产生畏难情绪。父母可以激发孩子对新知识的兴趣和好奇，引导孩子进入新角色，告知其许多未完成的事可以等待下一个假期完成等。

收尾。要想收回心，适应新学期，就要做好假期的收尾工作。有的孩子，假期开始的时候，将作业和学习完全丢在一边，纵情放松，及至新学期要开始了，才发觉很多假期作业还没做，很多本想假期里安排的事情，或被遗忘，或半途而废，留下了很多尾巴。这些尾巴不解决好，孩子就有后顾之忧，内心就不可能踏实，就难以轻松愉快地回到校园。

收尾就是让孩子将自己的假期重新梳理一遍，查漏补缺。没有做完的作业，要赶紧补上；没有完成的任务，要抓紧完成；没有兑现的事情，也尽快兑现。

收尾需要时间来完成，不要等到火烧眉毛了才进行，收尾也需要有计划有步骤，不能东一榔头西一棒子，胡子眉毛一把抓，不得要领。

收尾和新学期的对接，是相辅相成的，有一个好的收尾，不但假期是完整的，还可以实现与新学期的无缝对接。

　　收敛。所谓收敛，就是减轻放纵。我十分赞成孩子的假期，由孩子自己做主，让孩子彻底地休息、放松、调整。但是，放松不等于放纵，有的孩子在假期中，睡得晚，起得迟，学无时，玩无度，自由散漫，放纵懈怠，造成的后果是，假期完了，心也散了。

　　适度地收敛孩子的行为，就是帮助孩子调整行为习惯，减少非学习活动，让心慢慢静下来，以免过度疲惫。同时，调整好孩子的生物钟，养成好的作息习惯，以适应即将开始的新学期的学习和生活。

　　收没。假期中，孩子在学习之外，可能还会上网络、看电视、打手机、玩游戏，等等，只要是健康的文娱或交际，都未尝不可。但是，诸如网络、电视、手机等工具，都是一把双刃剑，对辨别力、自控力等比较差的孩子来说，很容易走火入魔，深陷其中而不能自拔，让孩子分心分神，不能集中精力回到校园和学习之中。

　　因此，在新学期即将开始的时候，对孩子假期中使用的有些工具或物品，可以收没，或代为保管。特别是游戏机、手机、和电脑，很容易对孩子产生诱惑，分散孩子的注意力，耗费掉孩子大量的精力。父母应和孩子沟通后，可以果断地予以没收，以绝后患。

　　收拾。不少孩子，做事情没有计划，没有目标，随心而为，随性而定。行为上则表现为什么东西都乱摆乱放，丢三拉四。

　　收拾，就是让孩子整理好自己的物品，特别是书本，做到整洁有序，找起来方便，用起来顺手。新学期需要的书本物品，准备好，整理好，做到有备无患。

　　收拾的另一层重要的含义，就是帮助孩子收拾好自己的心情，糟糕的心情，不良的思绪，错误的念头，统统放下。同时，开学前，父母可以根据孩子的实际情况，与孩子一起交流，确定新学期的学习目标，制订科学的学习计划。有了目标，就有了方向，孩子在新学期里就会有学习的动力。

引航家庭教育

第三节 转学的困惑与适应

美国心理学家托马斯专门研究各种生活事件给人带来的压力，以及这些压力对人身体和精神的影响。在他设计的"心理压力分析表"上，"转学"位于第18位，压力分数为35分（最高100分）。可见转学对孩子来说，并非一件轻松愉快的事情，孩子为此将承受着非常大的压力。

困惑：孩子转学后，失去了原有的伙伴、社交圈，会感到孤独；在进入一个已形成的集体时，也会担心自己是否被接纳和认可。转学的孩子，往往敏感而脆弱，如果再受到一些诸如语言障碍、教学进度和学习内容的不同、生活习惯差异而带来的影响，很容易情绪低落，继而影响对新环境的适应。

孩子转学后，遇到的常见问题有这样几种：

一是人际交往问题。转学后，原来的同学、老师都变了，朋友都没有了，需要建立新的同学关系、师生关系。对于不擅交际的孩子来说，这是一个很大的障碍，很容易使孩子无法适应新集体而孤单无助。

190

二是面临新的教学内容和方法。跨地区转学的孩子，面临的教材可能不一样，教学进度不一样，需要孩子尽快适应新教材新进度。同一地区的转学，虽然教材是相同的，但教学进度可能有异，老师的教学方式方法不一样，孩子同样有一个适应的过程。

三是学习压力增大。因为通常转学是转到教学资源、教学质量更好的学校，这样的学校，生源质量可能比较好，老师的要求比较高，对转学的孩子来说，转学后的学习压力会陡然加大。

四是来自家长的压力。有一部分转学，是父母希望给孩子提供一个更好的学习环境。在这种情况下，通常转学后，父母会有意无意地流露出这样的态度：我们能做的都帮你做到了，剩下的就看你自己了。孩子觉得只能成功，不能失败，只能做得更好，给孩子无形的压力。

五是不自信。有一部分转学，是因为孩子在原来的学校，遇到了一些问题或困惑，父母希望通过转学后，帮助孩子摆脱原来的环境和问题。但是，因为孩子自身的问题也许并没有得到真正的解决，孩子转入新学校后，以前的问题和困惑可能也随之"转"过来了，致使孩子依旧困惑迷茫，没有足够的信心去适应新环境。

六是抵触心理。有的家长没有和孩子商量，或者在孩子不愿意的情况下，就自作主张，强行给孩子转学，很容易造成孩子对新学校的抵触情绪。

对策：转学之后，孩子能不能尽快适应新环境，将直接影响到孩子对于新环境的感情，学习的效果，及身心健康。因此，在转学的同时，必须同步解决好孩子所面临的问题。

一是和孩子一起，参观新学校。父母可以在孩子转学前几天，带他参观一下新学校，让孩子对新学校有一个感性的认识，了解教室、卫生间、食堂、图书馆等的方位，便于孩子以后能在校园里行动自如。

二是鼓励孩子主动与人交往，大胆展示自己。插班生都很想融入新的集体，但因为害怕遭到别人的拒绝或非议，而往往不敢主动交往，于是这些同学经常会显得与别人不一样，表面上非常冷淡，对别人和集体漠不关心，给人以孤傲而不合群的感觉，有的转学很长时间了，还没有一个朋友。父母和老师要鼓励孩子主动向同学伸出热情之手，同时，积极参加集体活动，融入到新集体之中；在课堂上大胆发言，让老师、同学能够对自己有更多的了解，产生良好的印象。

三是跟上学习节奏。转学后的孩子，不适应的一个很大原因，是学习跟不上，感到吃力，或者是得不到新老师的表扬和新同学的肯定，感到没有自信。新旧学校的教学内容不一致，或者教学进度不同步的话，父母和老师，应帮助孩子设法补上，可以通过补课或自修的方法，在学习上再加把力，努力跟上新学校的进度，不掉队。

四是将转学作为一次重塑形象的机会。孩子到了一个新环境后，在老师、同学们中的形象是一张白纸，这正是一次重塑形象的好机会。如果孩子以前有什么问题的话，父母应勉励孩子借机改正，与旧我告别，树立自己的新形象。即使孩子不存在这方面的问题，也可以鼓励孩子在新集体中展示自己的优点和长处，得到老师和同学的认同与喜爱。

五是父母、老师要和孩子勤沟通，及时了解孩子的问题，共同面对。

191

特别是老师，应给予插班生更多的关爱和鼓励，使孩子早日形成对新集体的归属感，找到自己的位置。

第四节 从走读到住校的困惑与对策

从走读生，到集中住校，对孩子来说，生活和学习上，都是一次很大的转变。离开了父母，受到父母的照顾要少了，与父母沟通交流也少了，大事小事要自己去做，还要适应全新的集体生活，学会与同寝室的孩子的相处，这些都是考验。

困惑：人际交往。走读时，同学之间的交往，更多的是来自学习方面，住校后，同学之间的生活往来变得密切，生活习惯不同，性格上的差异，都暴露出来。同住一个宿舍，互相看不惯，摩擦不断，不懂得互相尊重，互相体谅。住校生的矛盾冲突及互相适应，需要一个过程。

集体生活。在家是一个人住单独的房间，现在一个宿舍住五六个人，甚至更多；在家睡的可能是席梦思，住校睡的是上下铺，硬板床；在家的时间，大多可以自由支配，想看书就看书，想睡觉就睡觉，想听音乐就听音乐，住校后作息时间必须统一；在家起床就可以用卫生间，刷牙洗脸上厕所，住校后要排队等候……这些集体生活所带来的变化，会令很多自由自在惯了的孩子无法适应。

个人生活。以前在家时，个人生活也大多由父母家人打理，现在住校了，什么都得靠自己了。有的孩子生活陷入了混乱之中：早上不吃早饭，零食无节制；晚上熄灯了也不睡觉，不是开卧谈会，就是躲在被窝里玩手机、听音乐、看电影；换下来的衣服不知道洗，到处塞的都是臭袜子脏内裤；在食堂吃饭时挑食，只吃自己喜欢的菜，造成营养不均衡。

学习问题。住校之后，学生课堂之外的学习，更多地需要学生自主、自觉完成，没有了父母的检查督促，有的孩子学习上放松，出现一些问题。有的周末带回家的作业做不完，等到周日返校才对作业、补作业、抄作业。有的晚自习前无事可做，哄闹、懒散、懒得写作业、懒得看书学习。有的学习方法不当，学习没有效果，心灰意懒。

对策：一是帮助孩子做好自我调节，完成两个转变，即由父母的呵护转为自我管理。不能再什么事情都依靠父母或他人的帮助了，而要学会"我的生活我做主"，合理地安排好自己的生活和学习。另一个转变就是将以自我为中心转为同学之间和谐相处。孩子在家里往往都是中心，家庭的很多事情，都是围着孩子进行的，但住校之后，同学之间是平等的，不能总是以自我为中心，要求别人迁就自己。

二是合理安排时间和住校生活。适应并严格遵守学习的作息时间，上课和自习时认真学习，课外活动时尽情参与，休息时充分睡眠，使自己张弛有度。生活上要学会照顾自己，整理好个人内务，养成良好的卫生习惯和生活习惯。

三是学会和同学和睦相处，特别是同寝室的同学。不以自我为中心，不自私自利，与人为善；理解并尊重他人，同学来自不同的家庭，有着不同的教育背景和行为习惯，不能强求他人和自己一样，尊重他人的隐私；与同学发生矛盾时，懂得以宽容之心对待，和同学多交流，多沟通，多结交朋友。

四是正确处理好和异性同学的关系，不早恋。住校之后，男女同学学习、生活在一起，接触的时间和机会增多，异性之间在学习上多交流，生活上多关心，增进友谊，这是值得倡导的行为，但是，由于接触机会增多，有些男女同学产生了同学之外的感情，甚至发生早恋行为，则会影响到孩子的正常学习和生活。住校生异性交往是一个容易被忽视，也容易被误解，还容易出问题的问题。需要同学、家长和老师共同正确地面对。

第五节　留级生的困惑与对策

留级生曾经是一个很刺眼的词，它就像一顶不光彩的帽子，让戴上他的孩子感觉到羞愧不安，抬不起头来。

一般来说，符合留级条件的学生大都是"双差生"，学习成绩不好或者品行方面有问题，由于品行方面严重有问题的学生都由少管所等特

殊机构接收，所以，很少有因品行方面的原因而留级的学生。

不过，现在的中小学，已经几乎不存在留级生了。由于班级的好坏牵扯到班主任的升级和评职称，每年各校留给留级生的指标屈指可数，所以，教师们大都不愿接受留级生，而是以补考的机会让这些学生继续升学。由于现在城市学生的班级容量太大，学习差的一般很难留级，因为多一个留级生，就少一个择校生，所以学校也不愿意有留级生。此外，还有一个重要原因就是，在很多地方的九年义务制教育阶段，基本取消了留级生制度。

现在的留级生，留级的原因大致有这样几种：

一是因为学生身患疾病。治疗时间长的话，家长会选择休学，等到孩子病好了之后，再回到学校。因为长时间没有上学，学业跟不上而选择留级。

二是孩子成绩太差。自感学习很吃力，父母通过关系让孩子留级，希望通过多学一年，能够跟上进度。

194

三是孩子成绩还不错，但不是特别拔尖，而父母又希望孩子在中考或高考能够考出优异成绩，进入重点高中或名牌大学，于是通过各种办法，让孩子留级，打好基础。

困惑：不管是哪种原因造成的留级，对孩子来说，都是一次环境的很大改变，给孩子带来很多困惑和烦恼。

自卑。留级生这顶帽子，对孩子来说，是一种无形的巨大压力，特别是由于成绩原因而造成的留级。留级生中，最普遍的一种心理就是自卑情绪，感觉到在新同学中很另类、很异样，而以前的同班同学又都升级了，感到自己不如他们，在他们面前更是抬不起头来。

孤独。留级的孩子，总感到别人对自己指指点点，以异样的眼光看自己，因而不愿意和人来往。一方面很难融入新的班级，与新同学难以相处；另一方面，以前的同学又都升级了，自己不再属于那个集体，因而到处都没有归属感，从而总是孤单寂寞，形单影只。

再学一遍的烦恼。留级之后，所有的课程，都得重新再学一遍。再学一遍，固然有可能有所提高，赶上进度，或学得更扎实，但是，学习的接收，有时候并非与时间成正比，如果没有明显提高，孩子会对自己感到很失望，同时也可能让老师和同学看不起，学了两遍都不如别人。因此，再学一遍给孩子带来的压力和烦恼，往往很大。

对策：一是帮助孩子树立信心，不因为留级而自卑，自暴自弃。休学的孩子重回校园，心理问题相对会少一点，只要能够及时调整好学习状态，跟上学习节奏，孩子一般都能较快适应。因成绩差而留级的孩子，心理阴影比较重，压力大，再加上原本就感到学习困难，或不愿意学习，留级之后，可能更加没有信心，对学习更加反感。父母和老师应多予鼓励，帮助孩子重拾信心，坦然接受留级的现实，增强学习的动力。

二是父母应正确对待孩子留级，特别是希望通过留级来达到打实基础、提高成绩的父母。选择让孩子留级，说到底，还是父母在意孩子的成绩，把分数看得太重，而事实上，留级并非万能钥匙。首先，如果孩子是行为习惯不好，哪怕留级了一样需要改正。其次，如果是学习跟不上或者偏科，可针对知识空白点进行补救，留级不能解决问题。此外，孩子留级负面影响很多，孩子的自尊心都很强，如果带着自卑心理留级，反而会更糟，有的行为习惯不好的孩子留级，变成班里的"老大"，更难管教。父母的态度正确了，孩子的心理负荷才能减轻。

195

三是帮助孩子查找学习上的问题，找到症结所在，以全新的面貌开始新的学习。成绩不好，方法不当，或学习效果不理想，都是有因可循的，只有找到了问题，才能加以克服，并通过一年的再学习拾遗补阙，收到良好成效。

四是鼓励孩子尽快融入新集体，不要总是游离于新班级之外，而应主动融入。集体的温暖，可以帮助孩子树立信心，找回自我，打开新的一页。

第六节　高中文理分科的困惑与对策

文理分科是我国实行的一种教育制度，即将教学课程分为文科和理科让学生作出选择后进行分别教育。分科一般是在高一进入高二阶段进

行的。

文理分科，对孩子来说，是人生的一次重大抉择，它将在很大程度上，影响着孩子未来的人生道路。因为这一选择将决定将来孩子进入大学学习什么样的专业，往远了说这一选择将决定他将来走一条什么样的事业之路。

也正是因为其特殊的重要性，所以，不但孩子自己很重视，父母也往往给予很多的关注，纠结其中。可以说，是文是理的选择，远不仅是孩子自己的一个决定，而是一个家庭所共同面临的慎重选择。其带来的困惑与冲击，也就尤其复杂而深远。

困惑：最大的困惑，莫过于选择之难。到底是选择文科，还是理科？在分科之前，很多孩子和父母都面临着这个艰难的选择。

其次，对文理科作出自己的选择后，孩子就会面临一个新的课程设计和要求，怎样安排自己的学习和生活，适应新的学习节奏？

三是分科后的心理变化。无论是选择文科，还是理科，孩子的心理都会发生微妙的变化，对未来既渴望，又隐隐担忧。

四是学习压力的加大。分科之后，孩子会感觉到越来越近的高考的脚步，学习压力陡然增加。

五是班级重组后的困惑。分科后，有的班级会被撤消，有的班级会被兼并，有的班级会迎来新同学。同学、老师都会有所调整。

对策：分科是孩子一生中，非常重要的一次选择，而孩子的人生阅历、对事物的判断、对未来的把握，还都带有不可避免的局限性，这就需要父母、老师和孩子共同探讨，作出正确的选择，顺利完成过渡，以崭新的面貌迎接高考。

一、帮助孩子作出正确的选择。唯其意义重大，所以，帮助孩子在关键时刻，作出切合自身的正确选择，就显得特别重要。到底选择文科，还是理科？这是每一个高中生都不得不面对的难题。需要特别说明的一点是，在孩子的文理科选择上，父母永远只做参谋和助手，而不要强行干涉孩子的选择。高中孩子已经有了自己的判断力，家长应该让孩子对自己负责，通过思考做出选择。而且，处于这个阶段的孩子，内心最需要的就是别人的肯定和尊重，父母应该充分尊重孩子的选择。对于孩子来说，既然是自己的选择，他就会认真对待，朝着自己设定的目标努力。如果这个决定是父母做的，或者是父母逼迫孩子做的，孩子会有推卸责任的心理，觉得做不好也不是自己的问题。

首先是不要盲目，避免盲从。分科的时候，孩子容易一边倒，班里选哪科的人多就跟着选哪科；二是实用主义，认为哪科将来有前途，就选哪科；三是态度不当，认为哪科省力好念就选哪科；四是冲动选择，为了某个好朋友，或舍不得原班集体和班主任老师而选科；五是根据家长的要求而选科等。这样的选科结果，不是出于对自身的客观真实考量而作出的慎重选择，带有很大的盲目性，孩子很容易在日后后悔。

其次是克服两种偏见。一种偏见是对高考的错误判断，认为文科不好考，理科好考，所以，不管自己的实际情况，选择理科；另一个偏见是对未来的片面认识，认为文科出路窄，理科将来就业面广，就业机会多。

197

其实，文科固然招生少，但报考人数也比理科少得多，而且随着经济的发展，社会需要的管理人才会越来越多。同时，因为理科难度较高，确实有一些学生是因为理科学不下去，才无奈地选择了文科，以致一些喜欢文科的同学，怕选了文科后成为"二等公民"，而放弃学文。

第三，尊重自己的理想。每个人都有理想，而且它可能是孩子的奋斗目标。那么选择与自己的理想接近的学科，不但对此学科的学习起促进作用，而且，使自己离理想目标逐步靠近。很多孩子，在面临文理科选择时，羞于谈到自己的人生理想，仅仅是出于将来择业的考虑，而作出实用主义的选择，这是十分可惜的。

第四，兴趣特长优先。兴趣是最好的老师，也是学习的最大动力，兴趣使听课和学习都变成一件快乐的事情，因此，若自己在生活中对某方面感兴趣，很关注，或上某科课时比较有精神，就可以考虑选这方面的学科。

特长是学习的推进剂。它将使一个人的学习得心应手，在竞争上胜人一筹，是文理科选择的重要依据。如果你对某科感觉特别好，或用相同的时间得到的效果比起其他科更好，或以少量时间获得的效果与其他学科花费大量时间获得的效果相当或更好，如果你自身的某些特长与某科的联系很密切，都说明你有学习这一科的特长和能力。你就应该考虑，相应的能更好地发挥和促进你的特长的那科。

曾经有个文科状元对采访他的记者说："我的强项是理科，但我从小钟爱文科，并一直保持到高中，所以我选了文科并取得成功。"

第五，成绩是必要的参考。成绩是文理选择的最实际的依据，所以了解自己各科成绩的确切情况是非常重要的，并据此作出具体的比较分析，看自己哪科更具竞争力，从而作出最后的选择。

二、尽快适应分科之后的学习。文理分科后，学习压力剧增，身边原本水平相当的同学也会加快学习步伐，形成你追我赶的局面。高二文理分科，课程少了，有的孩子会觉得身上的担子，一下子轻了不少。事实上，学习的任务只会随着高考脚步的临近，而越来越紧张。这就需要孩子们尽快适应文理分科后的学习，找到感觉，巩固基础，乘势而上。

文科的学习：文科学习一个最大的特点是，记忆量大。因此，孩子在学习文科课程时所采用的学习方法，就必然要明显不同于理科。同时，文科不同于理科的一点是，侧重平时的积累，潜移默化地起作用。

一是要注重课堂笔记。文科课程有大量的文字信息，老师讲过的内容会很快忘记一部分，即使当时没有忘记，时间长了也会印象不深刻。如果上课不记笔记，那么遗忘的部分将永远从你的大脑知识库中消失。当然，笔记不是流水账，不是句句实录，而是择其要领。

二是听课要投入，集中注意力，思路跟着老师走，思维要活跃。

三是加强课外知识的积累。课本知识是基础，课外知识能帮助孩子更好地掌握、应用课本的知识。课外知识丰富了，阅读、分析、理解、写作水平也就上去了。平时，同学间可多讨论，以提高表达能力。

理科学习：理科的学习特点，与文科有很大的不同。一是渐进性，理科的学习是由浅入深，由表及里，必须要充分掌握基础的概念，才能进行运算。二是逻辑性，理科学习逻辑性很强，学科知识之间环环相扣，紧密相连。三是技能型，理科学习既需要理解，也需要动手，许多课程都需要通过实验、操作运算、制图等来完成。

一是学习中养成良好的预习习惯。预习既能培养和提高自学能力，又使听课更具有针对性，目标明确的听课总能更多地解决问题，同时还会思考出新的问题。

二是在学习中养成良好的听课习惯。听课的精力要集中在理解上而不是在记忆上，逐步培养独立思考和解决问题的能力。

三是养成及时反思、总结、回顾的习惯。老师课堂上讲的东西，不能以听懂为满足，下课后，要自己认真琢磨一番，看是否还有没消化的问题。

四是学习方法的完善和思维习惯的改良。"学习有法，但无定法，贵在得法"。要想学会学习，不仅要向别人学习好的学习方法，还要善于总结自己的学习方法。

三、鼓励学生迅速融入新班级。文理分科后，紧接着遇到的一个问题，就是重新分班，有的孩子原来所在的班级，可能被整体撤消，分并到其他班级。重新组合过的班级，对孩子们来说，是一个新的集体。

学生来自不同的班级，对原班级的老师、同学有一定的恋旧情绪。尽管在原班级师生关系、同学关系也未必和谐，但俗话说"失去的总是最好的"，来到新的班级后总会有意无意的拿现在老师的缺点和原来老师的优点相比较，拿现在的同学和以前的同学相对比，心理容易失衡，产生失落感，不合群。

199

同时，在经历了一年高中的学习后，孩子大致都养成了自己独特的学习习惯，这些习惯大都是和原班级老师相适应的。与新的老师、新的方法，也有一个互相磨合适应的过程。

帮助孩了适应新班级，老师特别是班主任老师的作用，非常重要。

一是相互信任。对于新组建的班级来说，信任是构建和谐师生关系的基础。在师生交往活动中，处于主导地位的老师在信任学生的基础上，还必须让学生信任自己。而要争取学生的信任，教师的信用是不可缺的。

二是建立交流平台，拉近师生距离，做学生心灵的朋友。高中生介于少年和成人之间，心里话往往不大愿意再与别人说，特别是对老师，认为什么话都和老师讲，显得很幼稚。这就需要想办法创设一个让每个学生都能感受到自主的尊严、感受到心灵成长的愉悦的平台，来为师生之间轻松、融洽、真诚的交流服务，营造和谐的班级氛围。

三是抓住最佳教育时机，从小事入手，以理服人的同时做到以情感人，少讲空洞的大道理，让孩子心服口服。有时教师的一句平常话、一个普通的动作都会引起学生的内心波动，对师生关系产生正面或负面的影响。

第七节　七个典型个案剖析

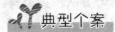典型个案

1.忧心忡忡的尾巴

小瑛是爸爸妈妈的骄傲，从上学的第一天开始，小瑛就没让父母费什么心。小姑娘学习的自觉性特别好，又很聪明，上进心特别强。成绩在班里一直名列前茅，年年都是三好生。

和别的孩子不同，虽然放假了，小瑛的心，也从来没有野过、散过。每天还是一大早就起来，看书、做作业、复习或预习功课。懂事的小姑娘，让爸爸妈妈既骄傲，又心疼，常常是爸爸妈妈"逼"着小瑛出去玩玩，或者看看电视，陪妈妈去逛逛超市。

每次都是假期还不到一半，老师布置的作业，小瑛就都完成了。这时候，小瑛就会让爸爸帮她借来下学期的课本，提前预习。小瑛的爸爸是中学数学老师，小瑛学习上有什么问题，都会问爸爸。看着女儿这么懂事，这么自觉，爸爸妈妈很满意，很开心。

但也有让爸爸妈妈心痛不已的时候，那就是每学期开学前的几天，小瑛都会一反常态，变得唠唠叨叨，显得有点忧心忡忡。爸爸和小瑛谈过几次心，才了解到，即将开学了，小瑛是担心自己的学习优势会不会丧失？会不会别的同学比自己更用功？言谈中，小瑛流露出对自己假期中的表现不太满意，"我应该更用功一点的，这样就不会被淘汰了"。爸爸心疼地摸摸女儿的头。

原因分析：像小瑛这样成绩优异、表现突出、自觉性很高的孩子，对自己的要求往往也特别高，总担心自己做得不够好，还不够努力，因此，在潜意识里，对自己的表现仍然不满意，容易自责，而且，害怕被人赶上，希望永远走在最前头，思想包袱重。在新学期前，这种担忧会集中爆发。

对策：苛求完美，事实上与自虐，只有一步之遥。对这样的孩子，一方面要保护好他的学习热情，不要损伤他的自尊心和上进心，但另一方面，要适当地为其减负减压，帮助孩子放下心理包袱，不要什么事情都想做到尽善尽美，那是不可能的，也是完全没必要的。孩子的主要任务是学习，但人生的意义，绝不只是学习，而是要快乐地学习，快乐地生活，快乐地面对人生，不要让孩子成为学习的机器，学习的奴隶，丧失了孩子天真快乐的本性。

2. 越换越大的房子，越来越陌生的家

小润读初中二年级了，进入初中之后，他总算结交了几个不错的伙伴，每天一起上学，一起放学，一路上欢歌笑语。不过，这样的好日子持续不了几天了，因为，小润家又要搬家了。

已经记不得这是第几次搬家了。小时候，外婆家边上就有一个幼儿园，小润基本上是在外婆家度过的。后来上学了，小润回到了自己的家。那时候，家是一个很旧的二居室的小房子，一家人住在一起很紧巴。住了两年，爸爸贷款买了一套80平方的新房子，在小学三年级快开学前没几天，小润搬家了。搬家后，新房子离原来的学校太远，正好新房子附近有一所小学，小润转学了。

在新家住了两年多，爸爸和妈妈一商量，房子还是太小，没有书房，也没有客房，而且，学区所在的初中校风不太好，要是一直住这儿的话，小润就只能上那所初中。思来想去，小润的父母又四处借债，并将以前的房改房卖了，又在临近郊区的地方，买了一个120平方的新房子。装修了大半年，赶在小润6年级下学期开学前，全家又一次搬迁。这一次，小润倒是没有转学，每天来回倒腾几个公交车上下学。

初中小润就进了现在这所学校。新的房子也不算小了，小润以为，这

一次可以安定下来了。没想到，才住了两年多，爸爸听说购房政策要调整，可能今后要限制购房了，于是将80平方的房子卖了之后，在更远的地方又买了一套170平方的大房子。原本也不打算搬家的，但大房子是精装修的房子，总不能就那么闲着，新房子又舍不得出租，思来想去，小润的父母决定再次搬家，然后将现在的房子租出去。

虽然每次搬家，都不需要小润做什么事情，但是，颠沛流离的感觉让小润很不爽，而且，这次搬家意味着小润又得转学，因为大房子离现在的学校，实在是太远了。爸爸妈妈带小润去看过大房子，确实更宽敞，可是小润对大房子一点好感也没有，完全没有家的感觉。而且一想到又要转学，小润的头皮就发麻，他实在不明白，为什么爸爸妈妈要一次次换房子、一次次搬家？

爸爸已经帮他提前联系好了新学校，初二下学期就搬家、转学。小润在焦躁不安中，度过了自己的初二上学期。还有一年多就要中考了，成绩一直不太理想的小润，感到前所未有的恐惧。

202

原因分析：现在的很多人，为了住上大房子，一次次折腾，不断地迁居，房子是越来越大了，孩子对家的感觉，却越来越淡了。一次次搬家所带来的不稳定感，对孩子的身心影响很大，每次搬家前后的相当长一段时间，孩子都是在动荡不安中度过的，对孩子的生活和学习，都造成很大的困惑。每次转学，孩子都有一个适应期，以前固有的平衡被打破，让孩子感到无所适从。

对策：有人说，现在的城里孩子，很多是没有发小的一代，一次次搬迁，使孩子没有稳定的伙伴，内心缺少安全感。在孩子上学期间，父母应尽可能地少搬家，少为孩子转学。纵令不得不搬家，也应尽可能在孩子小升初或初升高时进行，以给孩子一个相对稳定的学习环境。搬家的同时，要与孩子提前沟通，多交流，征得孩子的理解和支持，帮助孩子适应搬家和转学所带来的变化。特别是孩子转学之后，父母要多关心孩子，多和新学校的老师沟通，了解孩子的动态。父母必须要知道的一点是，房子不是孩子的家，房子大了，家未必更温暖。

3.千里迢迢的转学

这是一位母亲的困惑：

我儿子今年16岁，这个学期念初三。但开学不到一个月，儿子就不愿意去上学了，他竟然说在学校什么都学不到，要在家中自学。现在，儿子已经在家里呆了两个月，两个月来，从没见他学习，只见他成天上网打游戏。

我不明白，原来在东北老家学习表现一直不错的儿子，为什么到南方之后就厌学了？这一年，孩子的变化太多了。南迁，为了一家人的团聚，为了更好的生活，难道我的选择错了？

我和儿子去年暑假从东北来到南方的这座城市。他爸爸常年在这里工作，为了结束一家人这种聚少离多的生活，也为了让孩子感受更多的父爱，我下定决心告别年事已高的父母、相处多年的朋友同学，带着儿子来到南方。

本来以为南方的文明、美丽对儿子的成长有利无弊，本来以为一家人团聚温馨满怀……但让我意想不到的是，一年过去了，儿子却怎么也融入不进南方的环境中。他说英语老师发音不准，他说语文老师普通话难听，他说这里没有朋友……

儿子为自己从学校逃离找了许多理由。

其实，我自己也很苦恼，虽然南方这座城市很文明也很美丽，但感觉中还是没有家乡亲切，南北差别很大。一年来，我自己想家的念头不断，有时甚至有把工作扔下、不管不顾就要回家乡的冲动，那种感觉很折磨人……当我烦恼时会往家乡打电话，说说思乡之苦，可儿子根本就不说，但我明显地感觉到儿子不快乐。

在东北家乡，儿子课后会和同学一起去打篮球，去学校游泳馆游泳，还会去打网球，可到了南方，他对学习不感兴趣，什么活动也没去参加，一天到晚话也不说。

我觉得自己理解儿子的痛苦，但却不知道该怎样帮助他。孩子他爸爸经常出差，而作为母亲，我觉得自己是那样的无助，本来以为到南方利于孩子将来的发展，现在却似乎正好相反。眼看孩子初中就要毕业，可孩子却选择了离开学校，只有初中文化，将来走向社会孩子能做什么？

转学，对孩子难道是另一种伤痛？我内疚极了，也揪心极了。我害怕孩子生病，害怕孩子就这样一直在家呆下去……

原因分析：转学的心理预备不足，以致孩子无法适应南方的生活和学习。地域文化的差异，学校教学进度、教学要求、班级建设、同学交往、学校文化及校园资源等各方面的变化，以及搬迁到南方后，家庭自身秩序的重新定位和调理等，都需要孩子以及这位母亲慢慢适应。很显然，这位母亲自己都还没有适应南方的生活，消极情绪在母子间相互感染，使问题变得更加复杂。

对策：孩子的父亲应该发挥自己对南方比较熟悉的优势，帮助妻儿熟悉南方，保留各自的兴趣爱好，营建丰富而有序的新家庭生活。和孩子感同身受，多关心孩子的内心感受，帮助孩子梳理情感。引导孩子慢慢了解、接纳、包容新环境，适应新生活。老师也应发挥自己的作用，组织一些积极的班集体活动，帮助转学而来的孩子尽快融入进来。

4.为了心中的一个梦

一想到儿子转学这件事，小戊的爸爸妈妈，肠子都悔青了。

小戊是个初三学生，原来在一所普通初中上学。学校离家很近，而且很多同学大都是家住附近的小学时的同学，还有一两个同学，甚至从幼儿园就开始在一起了。有这么多从小长大的伙伴，小戊很开心。

小戊的成绩一直不错，基本上都是班级前三，年级排名在前20左右。以这个学校每年的中考情况来看，小戊考上一所重点高中问题不大。小戊的爸爸妈妈对儿子充满了希望。

在小戊升入初三后，一次偶尔的机会，小戊的爸爸遇到了大学时的一个同学，这个同学在市教育局工作。闲谈中谈到孩子的升学问题，同学听说小戊就读的初中后头直摇，说那所学校教育质量一般，每年重高的升学率不高。同学的评价，让小戊的爸爸心里直捣鼓，儿子的成绩虽然不错，但中考可是全市的初中生同台较量，孩子的优势也许就不存在了。心急如焚的爸爸托同学帮帮忙，看能不能把儿子转到一所好的初中，也许通过将近一年的努力，儿子的成绩能有所提高，增加考上重高的把握。同学很热心地答应了小戊爸爸的恳求。

没多久，爸爸的同学还真帮小戊联系了一所很好的初中，那所学校的校长和同学的关系不错，同意小戊转学。就这样，小戊在初三上学期，转入了新的学校。

那是一所要求很严格的初中，学生的质量也非常高，不少孩子是小学时从全市特招进去的。在小戊的父母看来，儿子进入这样的学校学习一年，成绩必然有很大提升，考上重高的把握，更大了。

孰料事与愿违。小戊转学后不久，就是期中考试，向来在班级里名列前茅的小戊，在新班级中，成绩只勉强达到中游，在全校的排名，更是一下子退到了300多名。虽然理论上来讲，这个名次与原来的学校相比，未必是退步，但对小戊来说，这依然是一次沉重的打击，他无法接受现状。

小戊以前的成就感，荡然无存。这所学校的要求很严，老师的教学进度很快，小戊感到跟不上节奏，学起来很吃力。小戊陷入了深深的痛苦之中。而且，小戊也觉得与新同学难以相处，对以前的老同学和生活无比怀念。小戊变得颓丧，消沉，脾气也变得特别坏，稍有不顺心就大发雷霆，多次表达意愿，想重新回到原来的学校。

原因分析：可怜天下父母心，总希望孩子能有一个更好的教育环境，因而想方设法为孩子转学，孰不知，好心却办成了坏事。孩子在原来的学校，有熟悉的校园、友好的同学、彼此了解的老师，孩子对这一切充满了感情，对自己也充满了信心。转学后，这一切都变化了，不复存在了，尤其是自感不如他人，对孩子的自信心是个严重挫伤，使孩子对学习的兴趣锐减。

对策：转学首先应征得孩子的同意，仅凭父母的良好愿望，很多时候适得其反，不但无益，反而有害。什么是好环境？适宜于自己孩子的环境，就是最好的环境。所以在转学问题上，父母应慎之又慎，尤其不要在孩子的关键时期盲目地、冲动地、自作主张地替孩子转学。在实际转学之后，则要尽可能地协助孩子，减少转学带来的波动和不适应。

5.每天脑海里就盘旋着一个念头：想家

上初一之后，和其他同学一样，小柳住进了学校。

小柳的小学，是在离家不到一公里的小学上的，每天，爸爸负责送小柳上学，妈妈负责接小柳放学，一直到小学毕业。小柳很聪明，也很好学，所以在小学毕业时，以校第一名的成绩，被这所实验中学录取。她也是该小学唯一一名被录取的学生。

这令全家无比骄傲。这所实验中学，分初中部和高中部，初中部是在全校统一招生，大部分同学初中毕业后，将直接升入高中部，让人兴奋的是，这所中学的高考一本达线率，每年都是在90%以上，这意味着，不出意外的话，能进入这所中学的学生，一只脚都已经跨进了重点大学的门槛。

学校实行全封闭的寄宿制。开学那天，小柳的爸爸妈妈一起，送小柳入学。妈妈帮小柳铺好被子，打扫好寝室的卫生，就准备和爸爸走了。没想到，小柳一下子抱住了妈妈，坚决不让她离开。妈妈只好又陪了小柳一会。直到上课铃声响了，小柳才极不情愿地放开妈妈，磨磨蹭蹭地走向教室。

妈妈前脚刚进家，小柳的电话就打回来了。小柳想家了。妈妈只是笑笑，以为这是女儿刚离开家的缘故。没想到，晚上十点多钟，小柳又打电话回来了，声音很轻，似乎是躲在被窝里打的，小柳带着哭腔说：睡不着，想家。

每天都是这样。总算到了星期五，爸爸开车去接小柳。小柳是全校第一个跑出校门的。小柳在家开心了两天。本来应该周日傍晚送小柳回校的，小柳死活赖着不肯回，爸爸只好周一一大早，将小柳送回学校。

一直持续了一个多月。小柳还是没有适应住校生活，她对妈妈说，每天脑海里经常翻腾着一个念头：想家。

原因分析：初次住校生，第一次离开父母的身边，都会有一个适应的过程，特别是年龄小、对父母比较依赖的孩子，适应的过程会更慢。

对策：孩子的自立意识、自理能力，应从小培养，这样，在需要放手的时候，就会比较顺利。父母应从长远考虑，孩子能自己做的事情，尽量自己做，不要依赖父母。对待初住校又对父母特别依恋的孩子，父母要多打电话和孩子沟通，给予鼓励，让孩子正视现实，初期父母可以定期或不定期去探望孩子，给孩子以精神抚慰。

6.我是来打酱油的

小菘是一所重点高中的高二学生。不过，这已是他第二次读高二了，他是个"留级生"。留级的原因，不是因为成绩不好，也不是因为休学，而是他和父母的一个共同选择：留一年，打好基础，考一所更好的大学。

小菘的成绩很不错，考一所一般的重点大学，没有任何问题。但是，要想考上一所一流的大学，以小菘的实力，还显得逊色了些。为了保险起见，小菘的父母决定不惜代价，让小菘留一级，把基础打得再扎实点。

为了能让小菘如愿以偿地达到留级的目的，小菘的父母可谓绞尽脑汁，总算为小菘办好了相关手续。当小菘的同学都升入高三，忙着备战高考的时候，小菘悠哉悠哉地继续坐在高二的教室，和下一届的学弟学妹们成了同学。

新同学都知道小菘为什么会留级，所以"留级生"这顶帽子，倒没有让小菘有什么不适感，相反，小菘觉得自己是个"老大哥"，成绩又不错，自我感觉很好。他也确实以"老大哥"自居，曾经的学长身份，让他的新同学们都对他另眼相看。新同学有什么解决不了的问题，都会向他这个"老大哥"讨教。

因为重学了一年，刚考试的时候，小菘在班级里的成绩名次，一下子提升了不少。得意之下，小菘变得有点吊儿郎当，认为自己反正已经学过了，跑在了前面，因此在学习上放松，还很快和一些表现不太好的同学打成了一片。直到期中考试时，小菘的成绩大幅度下降，父母才慌了神，和班主任老师一沟通，才了解到小菘在学校的表现。

原因分析：为了将基础打得更扎实，这是不少选择非正常留级的父母的初衷，但他们忽视了一点，那就是孩子在留级之后，很可能因为再学一遍，没有紧迫感，而变得放松，甚至放纵，以致不但没有打好基础，反而滋生了一些不良习惯，导致学习成绩非但没能有效提升、反而下降的被动局面。

对策：有没有必要留级，留级的利弊，向来莫衷一是，关键是看孩子自身的认识和表现。学习是个渐进的过程，需要孩子保持适度的紧张感，一旦这个持续稳定的状态被打破，孩子可能会紧张过度，或骤然放松。两者都不利于孩子完成学业。所以，一般情况下，并不提倡孩子非正常留级。而一旦选择了留级，父母和老师都要加强对孩子的管理和督促，使孩子保持适度的紧张感和危机感，不忘自己的目的，正确地审视自己，真正达到打基础强实力的目的。

7.爱好诗歌的理科生

小砻从小的理想，就是当个作家。小学的时候，小砻就报名加入了报社的小记者团，发表了不少文章。那时候，爸爸妈妈也都很支持他。

进了中学后，学习的压力增大了，小砻也将主要精力，都用在了学习上，以不错的成绩，考取了一所重点高中。眨眼高一就过去了，一进入高二，立刻面临着文理分科。小砻想都没想，就选择了文科。

放学回到家，得知小砻选择了文科，家里一下子炸开了锅，爸爸妈妈全部极力反对：爸爸的理由是，文科没什么前途。爸爸自己是早年的中文系大学生，现在一家事业单位工作；妈妈的理由很简单，文科将来找工作难。

这个晚上，成了父母的批斗会和劝降会，两个人推心置腹，苦口婆心，归结为一点，就是让小砻放弃文科，选择理科。在父母的双重压力下，小砻只好作出让步，改选理科。

小砻进入了理科班，虽然小砻的数理化成绩也不错，但是，背离了自己的初衷，还是让小砻感到隐隐的失落，他自嘲地和同学开玩笑说："在理科生中，我的诗写的是最好的；在写诗的人中，我的数理化最强。"

原因分析：在对待孩子文理科的选择上，父母考虑更多的，可能是一些现实的问题：比如就业前景，比如将来的出路。这些出发点，也许是为孩子好，但我们不能忘记一点，那就是孩子的人生道路，得孩子自己走，因而，也应该由孩子自己来选择。父母的意志强加给孩子，孩子即使不忤逆，但也可能埋下一颗苦果。

对策：文理分科时，父母的一个重要原则，就是只做参谋，不干涉，决定权应该交还给孩子。事实上，文理本无本质的区别，无论是文科，还是理科，都需要人才，也都可能成功，关键是孩子的兴趣点在哪里，孩子的理想是什么？尊重孩子的选择，就是对孩子最大的支持。

后　记

　　这本书写到这儿，我想说的，我所能说的，都已经差不多了。

　　在我写这本书的时候，我的孩子正在紧张地迎接高考。无论是对孩子自己，还是对我们整个家庭，这都是一个非常关键的时刻。和天下的父母一样，我也希望自己的孩子能够考进一所不错的大学，打开自己的理想大门。在高考的脚步越来越近的时候，我能够感受到越来越紧迫的空气。我一直在想，我能为孩子做什么呢？

　　我们家的电视，已经很久没有打开过了。我听过很多家有高考生的父母说过，为了给孩子一个安宁的环境，他们走路都是蹑手蹑脚的，电视不敢看，说话不敢大声。这个宁静的环境里，事实上充满着硝烟的味道。我不知道孩子会不会喜欢，但如果是我，我会感到压力。我没有看电视，是因为我没有时间，我必须赶书稿。有时候，儿子看书累了，会走进我的书房，看看我在干什么，当看见我埋头在电脑上敲打文字的时候，儿子会很懂事地安静地走开，偶尔还会关切地问问我书稿的进度。我没有刻意为之，但我感觉得出，这反而恰好给了孩子一个非常好的氛围，让他感受到，我们都在为着自己的事情做出努力。这是一种力量的传递，孩子给我的，以及我给孩子的。

　　我恍然明白，这就是环境。

　　我们能给予孩子什么呢？生活条件？物质环境？言语鼓励？精神支持？在我看来，这些都是必要的。而其中最为关键的，是精神的力量。我有一位远房亲戚，她每天在菜市场卖菜，孩子放学回到家，做完作业后，就会跑到菜市场去，不是去玩，而是帮妈妈卖菜。从小到大，都是这样。

他从来不以卖菜的妈妈自卑，也从没有因此影响到自己的学习，相反，妈妈的一言一行，都给了他莫大的激励。他最终获得了美国一所著名大学的博士学位。妈妈传递给他的，不是怎样去学习，也不是烦琐的叮咛，更不是喋喋不休的说教，而是自己不自卑、不自馁、不放弃、不低头的生活态度。这种态度感染着孩子，给孩子源源不断的力量。

我们能给孩子怎样的物质环境，其实并不是非常重要，重要的是我们给予孩子什么样的精神环境。孩子从你那儿感受到了精神的力量和支持，他就能够克服一切困难，去实现自己的人生理想。

我要说的是，也许你无法为孩子选择或改变环境，但你可以改变自己，对孩子来说，父母就是对他一生影响最大且无法选择的环境。因此，说到底，帮助孩子适应各种环境的改变，首先要做的，就是父母对于各种环境的适应和改变。

你适应了，孩子才有可能适应。那么，亲爱的父母们，你们适应了吗？你们做好了准备吗？

211

2012 年春于杭州